Englisch: Grammatik

BASISWISSEN

Wolf-Dietrich Bald

Sylvia Goulding

Englisch: Grammatik

Der Autor:
Wolf-Dietrich Bald hat zahlreiche Lehrwerke und akademische Studien zur englischen Linguistik veröffentlicht. Seit 1988 ist er Professor für Angewandte Sprachwissenschaft: Anglistik an der Universität Köln.

Die Mitautorin:
Sylvia Goulding wurde in Berlin geboren und hat an der Universität Köln Englische Linguistik studiert. Seit 1978 lebt sie in London und ist dort als Journalistin und Redakteurin tätig.

Der Herausgeber der Reihe:
Christopher Wightwick hat Großbritannien beim Fremdsprachenprojekt des Europarates vertreten und ist ehemaliger Oberinspektor für Neuere Sprachen im englischen Schulwesen.

© 1994 Berlitz Publishing Company, Ltd.,
Peterley Road, Oxford OX4 2TX, U.K.

Alle Rechte vorbehalten, insbesondere das Recht der Vervielfältigung und Verbreitung sowie der Übersetzung. Ohne schriftliche Genehmigung des Verlags ist es nicht gestattet, den Inhalt dieses Werks oder Teile daraus auf elektronischem oder mechanischem Wege (Fotokopie, Mikrofilm, Ton- und Bildaufzeichnung, Speicherung auf Datenträger oder ein anderes Verfahren) zu reproduzieren, zu vervielfältigen oder zu verbreiten.

Berlitz International, Inc., und seine Tochtergesellschaften sind weltweit die einzigen Eigentümer des Namens Berlitz in bezug auf Sprachunterricht, Sprachlehrbücher, Sprachtonbänder und -kassetten sowie Sprachschulen. Der Gebrauch des Namens Berlitz ist anderen ausdrücklich untersagt, es sei denn, dies wurde von Berlitz durch formellen Vertrag erlaubt. Der Kauf oder Wiederverkauf dieses Titels oder irgendeiner anderen Veröffentlichung von Berlitz berechtigt weder den Käufer noch jede andere Person, den Namen Berlitz in Zusammenhang mit Sprachunterricht und in jeder anderen Verbindung zu gebrauchen.

Berlitz ist ein beim U.S. Patent Office und in anderen Ländern eingetragenes Warenzeichen.

1. Ausgabe 1994
Printed in England by Clays Ltd, St Ives plc

INHALT

Wie man dieses Buch benutzt xi

A Ausdrücken, Beschreiben, Appellieren: Wörter

1 Die Einteilung der Wörter in Klassen 2

1a Inhalts- und Funktionswörter 2
1b Weitere Unterteilungen der Inhaltswörter 3
1c Weitere Unterteilungen der Funktionswörter 3

2 Orthographie und Interpunktion 4

2a Orthographie und Aussprache 4
2b Das Alphabet 5
2c Orthographie der Wörter 5
2d Interpunktion 8

3 Wortbildung 11

3a Wortableitungen 11
3b Wortzusammensetzungen 15

B Wie aus Wörtern Sätze werden: Syntax

4 Sätze konstruieren 18

4a Was ist ein Satz? 18
4b Satztypen 18
4c Andere Satzglieder 20
4d Für die Syntax wichtige Satzglieder 20

5 Aussagesätze 21

5a Satzstellung 21
5b Die Bedeutung des Prädikats 21
5c Verneinung 22
5d Verben mit zwei Objekten 22
5e Prädikat und Adverbien 22
5f Veränderte Stellung von Objekten 25
5g Veränderte Stellung von Subjekt und Objekt im Passiv 25

6 Fragesätze 26

6a Entscheidungsfragen: ja oder nein? 26
6b Ergänzungsfragen: wer, was, wo, wann, wie? 30
6c Alternativfragen: entweder - oder? 33

7 Befehlssätze 35

- 7a Anordnungen geben 35
- 7b Wie man negative Befehle formuliert 35
- 7c Aussagesätze mit *you* 36
- 7d Sätze mit *let's* 36
- 7e Befehlssätze abwandeln 37

8 Komplexe Sätze 38

- 8a Satzverbindungen: *and, or, but* 38
- 8b Satzgefüge: Haupt- und Nebensätze 41
- 8c Relativsätze: nachgestellte Bedeutungsmodifikationen 42

9 Adverbialsätze 49

- 9a Adverbialsätze der Zeit 49
- 9b Adverbialsätze des Ortes/der Richtung 50
- 9c Adverbiale Bedingungssätze 50
- 9d Andere Adverbialsätze 54

10 Subjekt- und Objektsätze 56

- 10a Subjektsätze 56
- 10b Objektsätze 56

11 Direkte und indirekte Rede 57

- 11a Direkte Rede 57
- 11b Indirekte Rede 58
- 11c Indirekte Fragesätze 62
- 11d Indirekte Befehlssätze 63

12 Vergleichssätze 65

- 12a Einfache Konjunktionen zum Ausdruck der Ähnlichkeit 65
- 12b Zweiwort-Konjunktionen 65
- 12c Komparativ in Vergleichssätzen 65
- 12d Verkürzung von Vergleichssätzen 66

13 Sätze zur Hervorhebung von Satzgliedern 67

- 13a Spaltsätze 67
- 13b Hervorhebung von Prädikaten 67
- 13c Weitere Möglichkeiten der Hervorhebung 68

C Handlungen, Ereignisse und Zustände: Verben und ihre Verwendung im Satz

14 Wozu Verben dienen — 70

- 14a Vollverben — 70
- 14b Hilfsverben — 70
- 14c Mit Verben über verschiedene Zeiten reden — 70

15 Vollverben — 71

- 15a Nur Subjekt: intransitiv gebrauchte Verben — 71
- 15b Subjekt und Komplement: Kopulaverben — 71
- 15c Ein Objekt: transitiv gebrauchte Verben — 73
- 15d Zwei Objekte: — 74
  (di)transitiv gebrauchte Verben
- 15e Objekt und adverbiale Bestimmung — 75

16 Wozu Hilfsverben dienen — 76

- 16a Hilfsverben für Tempus, Aktiv und Passiv — 76
- 16b *have* als Hilfsverb — 76
- 16c *be* als Hilfsverb — 77
- 16d *do* als Hilfsverb — 78
- 16e Modale Hilfsverben: Formen — 79
- 16f Modale Hilfsverben: Bedeutungen — 80
- 16g Modale Hilfsverben: — 81
  Einschätzung von Tatbeständen
- 16h Modale Hilfsverben: — 82
  Veranlassung oder Aufforderung
- 16i Die einzelnen Modalverben — 82
- 16j Seltene modale Hilfsverben — 90

**17 Über verschiedene Zeiten reden: — 93
Gegenwart, Zukunft und Vergangenheit**

- 17a Wie man von der Gegenwart redet: Präsens — 93
- 17b Wie man von der Zukunft redet: Futur — 95
- 17c Wie man von der Vergangenheit redet — 97
- 17d Zeitliches Nacheinander: — 101
  Plusquamperfekt und Futurperfekt
- 17e Weitere Hinweise zur Verlaufsform — 103

18 Wünsche, Vorschläge, Anregungen: Konjunktiv — 105

- 18a Formen des Konjunktivs — 105
- 18b Gebrauch des Konjunktivs Präsens — 105
- 18c Gebrauch des Konjunktivs Präteritum — 106

19 Verschiedene Handlungsperspektiven: Aktiv und Passiv — 107

- 19a Verbformen im Passiv: einfache Tempora — 107
- 19b Gebrauch des Passivs — 110
- 19c Verben mit zwei Objekten: zweimal Passiv — 111
- 19d Aktiv - aber kein Passiv — 112
- 19e Passiv bei komplexen Verben — 112
- 19f *get* statt *be* als Passiv-Hilfsverb — 113

20 Möglichkeiten der Hervorhebung und Betonung — 114

- 20a Betonung — 114
- 20b Hervorhebung mit *do* — 115

21 Verbformen ohne eigenen Zeitbezug — 116

- 21a Infinitive — 116
- 21b Partizipien — 119

22 Verneinung — 122

- 22a Verneinung mit *not* — 122
- 22b Negative Adverbien und Satzgliedstellung — 123
- 22c Der Effekt der Verneinung auf andere Wörter im Satz — 124

23 Umgangssprachliche Zusammenziehungen — 127

- 23a Zusammenziehungen bei Hilfsverben — 127
- 23b Hilfsverben und Verneinung — 129

24 Besonderheiten der Orthographie — 131

- 24a Buchstaben werden getilgt: Grundform des Verbs + *ing* — 131
- 24b Buchstaben werden geändert — 131
- 24c Verdoppelung von Buchstaben — 131
- 24d Sonderfälle — 132

25 Verbtabellen — 133

- 25a Tempusformen der Verben *be*, *have*, *do* — 134
- 25b Tempora der Vollverben — 135
- 25c Modale Hilfsverben und ihre Ersatzformen — 138
- 25d Tabelle der häufigen unregelmäßigen Verben — 139

D Personen, Sachen oder Ideen: Nomen und Nominalphrasen

26 Untergliederung der Nomen — 144

- 26a Eigennamen und allgemeine Nomen — 144
- 26b Zählbare und nichtzählbare Nomen — 144
- 26c Abstrakte und konkrete Nomen — 144
- 26d Bezeichnungen für Menschen — 145
- 26e Genus bei Nomen — 145

27 Eins oder mehr: Singular oder Plural — 146

- 27a Regelmäßiger Plural — 146
- 27b Unregelmäßiger Plural — 149

28 Kasus bei Nomen: Genitiv — 156

- 28a Der Gebrauch des Genitivs — 156
- 28b Schreibung und Aussprache des Genitivs — 157
- 28c Zugehörigkeit ausdrücken: die Präposition *of* — 159
- 28d Besondere Genitivkonstruktionen — 160

29 Nomen näher bestimmen: Bestimmungswörter — 162

- 29a Bestimmungswörter: Übersicht — 162
- 29b Der unbestimmte Artikel: *a/an* — 163
- 29c Der bestimmte Artikel: *the* — 166
- 29d Bezeichnungen für eine Gattung — 170

30 Mengenangaben — 171

- 30a Zahlwörter — 171
- 30b *All, both, half*: alle, beide, die Hälfte — 171
- 30c *Few, a few* und *little, a little*: wenige, einige; wenig, ein wenig — 173
- 30d *Many* und *much*: viele und viel — 173
- 30e *No, none, nothing*: kein, keines, nichts — 174
- 30f *Some* und *any*: etwas, einige — 175
- 30g Verbindungen mit *else* — 177
- 30h *Every* und *each*: jeder — 177

31 Stellvertreter für Nomen und Nominalphrasen: Pronomen — 179

- 31a Personalpronomen — 179
- 31b *One* oder *you* »man«: unbestimmtes Personalpronomen — 182
- 31c Mein oder dein: Possessive — 183
- 31d Sich selbst: Reflexivpronomen — 185
- 31e Sich gegenseitig: reziproke Pronomen — 186

31f	Dieser oder jener: Demonstrative	187
31g	Wiederholungen vermeiden: Pronomen *one/ones*	187
31h	Relativpronomen	188
31i	Fragepronomen	189
31j	Den Pronomen vergleichbare Pro-Formen	191

32 Adjektive 193

32a	Unterschiedliche Adjektivklassen: die Satzstellung	193
32b	Unterschiedliche Adjektivklassen: die Wortform	196
32c	Steigerung bei Adjektiven	197
32d	Eine Form: Adjektiv oder Adverb	200
32e	Komplexe Adjektivkonstruktion	200
32f	Sätze mit Vergleichen	202

E Bedeutung erweitern und verändern: Präpositionen und adverbiale Bestimmungen

33 Beziehungen herstellen: Präpositionen 204

33a	Wie sehen Präpositionen aus?	204
33b	Präpositionen, die aus einem Wort bestehen	204
33c	Komplexe Präpositionen	205
33d	Wozu braucht man Präpositionen?	206
33e	Welche Beziehungen stellen Präpositionen her?	209
33f	Präpositionalphrasen und ihre Wirkung auf Satzteile	211
33g	Liste der Präpositionen	213

34 Adverbiale Bestimmungen und ihre Formen 228

34a	Was sind adverbiale Bestimmungen?	228
34b	Adverbien: Ursprung und Bedeutung	228
34c	Steigerung von Adverbien	232

35 Adverbiale Bestimmungen und ihre Wirkung auf Sätze 234

35a	Durch adverbiale Bestimmungen modifizierte Satzteile	234
35b	Aussagen von adverbialen Bestimmungen	237

F Der Umgang mit Zahlen

36 *Zahlen und Zahlwörter* *242*

  36a Zählen: Kardinal- oder Grundzahlen 242
  36b Ordnung schaffen: Ordinal- oder 245
       Ordnungszahlen
  36c Unterteilen: Brüche und Dezimalangaben 248

37 *Zeiten und Daten* *250*

  37a Die Uhrzeit 250
  37b Tage, Monate, Jahre 252

G Sachregister

BENUTZUNG DIESES BUCHS

Wie man dieses Buch benutzt

• Auf zwei Wegen kann man zur gesuchten grammatischen Information kommen: über das Inhaltsverzeichnis und über das Sachregister.

• *Das Inhaltsverzeichnis* bietet den geeigneten Zugang, wenn man schon Vorkenntnisse von Grammatik hat und weiß, in welchem Kapitel ein bestimmtes Thema auftaucht, oder wenn man sich eines der größeren Gebiete, die im Inhaltsverzeichnis aufgeführt sind, insgesamt ansehen möchte, um sich einzuarbeiten oder um im Zusammenhang zu wiederholen.

• *Das Sachregister* bietet den geeigneten Zugang, wenn nur ein Stichwort, vielleicht nur ein bestimmtes englisches Wort bekannt ist, das mit der gesuchten Information verknüpft ist. Das Stichwort im Sachregister führt zu einem oder mehreren Abschnitten in der Grammatik, so daß vom Stichwort ausgehend umfassendere Information zu finden ist.

• Manchmal wird es zweckmäßig sein, Inhaltsverzeichnis und Sachregister zu verwenden, wenn nicht genau klar ist, wo die gesuchte Information im System der Grammatik verankert sein könnte.

• Die Grammatik des Englischen ist wie die jeder anderen Sprache ein integriertes, organisches System, dessen Teile vielfältig zusammenhängen und aufeinander bezogen sind.

Jede Beschreibung ist linear und greift nacheinander Teile des Ganzen heraus. In der vorliegenden Grammatik wird versucht, das Ineinandergreifen der Teile sichtbar zu machen, damit es für die Sprachverwendung nutzbar wird. Deshalb führt die Beschreibung über Wörter zu Sätzen, die dann wieder in ihre Teilstücke zerlegt werden, den Verbteil, den Nominalteil, die Adverbien und Präpositionen usw. In der Darstellung von Sätzen muß man auf Eigenheiten von Wörtern eingehen, denn Wörter erhalten ihre besondere Qualität oft erst im Satz. Deshalb finden sich Informationen über Sätze in Kapiteln über Wörter oder Wortklassen und umgekehrt.

• Die in der Beschreibung verwendete Terminologie ist auf das nötige Mindestmaß beschränkt, wobei traditionellen Bezeichnungen mit größerem Bekanntheitsgrad der Vorzug gegeben wurde, wenn sie adäquat sind. Die wichtigeren werden im übrigen im Text erläutert, angezeigt durch D (= Definition) im Sachregister.

BENUTZUNG DIESES BUCHS

- Die Betonung dieser Grammatik liegt auf dem Sprachgebrauch und schlägt sich in den Beispielen nieder, die versuchen, kurze Texte mit plausiblen und typischen Situationen zu liefern, sofern die jeweiligen grammatischen Phänomene dies erlauben. Auch in den Überschriften wird oft eine wesentliche Funktion oder Bedeutung der Strukturen und Formen angezeigt. Weiterhin werden Hinweise auf solche Elemente gegeben, die entweder eher dem formellen oder dem deutlich informellen Sprachgebrauch angehören. Die meisten Illustrationen bieten übliches, umgangssprachliches Englisch, das in vielen Situationen benützt werden kann.

- Damit die Grammatik nicht zu einem Vokabelproblem wird, sind alle Beispiele ins Deutsche übersetzt worden. Dadurch kann man mit Hilfe dieser Gebrauchsillustrationen ungehindert die Grammatik erarbeiten, und gleichzeitig wird das Vokabular erweitert.

Auch trotz der Übersetzungen der Beispiele finden sich noch viele Stellen, an denen der Benutzer ein Wörterbuch zu Rate ziehen kann, was wiederum den Zusammenhang von Wörtern und Sätzen belegt, der oben erwähnt wurde.

A

Ausdrücken, Beschreiben, Appellieren: Wörter

1 Die Einteilung der Wörter in Klassen
2 Orthographie und Interpunktion
3 Wortbildung

WÖRTER

Die Einteilung der Wörter in Klassen

1a Inhalts- und Funktionswörter

Diese Unterscheidung beruht hauptsächlich auf der Bedeutung der Wörter und ihrer Rolle im Satz.

(i) Inhaltswörter

Inhaltswörter bezeichnen zum Beispiel

- Gegenstände oder Konzepte (= *Nomen*) (**book** »Buch«, **cat** »Katze«, **river** »Fluß«; **freedom** »Freiheit«, **love** »Liebe«, **truth** »Wahrheit«);
- Tätigkeiten (= *Verben*) (**eat** »essen«, **play** »spielen«, **write** »schreiben«);
- Eigenschaften (= *Adjektive*) (**blue** »blau«, **happy** »glücklich«, **solid** »fest«);
- Umstände, Ort oder Richtung (= *Adverbien*) (**wisely** »klug«, **here** »hier«/»hierher«, **thoroughly** »gründlich«).

Für diesen Bereich des Vokabulars ist es typisch, daß neue Wörter geschaffen werden können, z.B. wenn neue Produkte entstehen (offene Klassen).

(ii) Funktionswörter

Funktionswörter lassen sich am ehesten durch ihre Rolle im Satz charakterisieren.

- *Konjunktionen* verknüpfen Sätze oder Satzteile (**and** »und«, **or** »oder«, **because** »weil«, **if** »falls«) [➤8a, b];
- *Präpositionen* stehen vor nominalen Ausdrücken und hängen gleichzeitig von anderen ab (**in** »in«, **over** »über«, **under** »unter«) [➤33];
- *Pronomen* stehen anstelle anderer Ausdrücke (**he** »er«, **that** »das«, **hers** »ihres«) [➤31];
- *Bestimmungs-* und *Zahlwörter* bestimmen auf verschiedene Weise Nomen oder nominale Phrasen (**a** »ein«, **the** »der/die/das«) [➤29a].

Für die Funktionswörter ist typisch, daß sie in den Untergruppen jeweils zahlenmäßig begrenzt sind (geschlossene Klassen).

EINTEILUNG IN KLASSEN 1b

1b Weitere Unterteilungen der Inhaltswörter

Die Nomen, Verben, Adjektive und Adverbien lassen sich aufgrund ihrer grammatischen Eigenarten vielfältig unterscheiden. Generell ist jedoch zu beobachten, daß Wortformen durch verschiedene Satzstellungen den verschiedenen Wortklassen zugerechnet werden.

Betty was celebrating her fortieth birthday and all her friends had come *round*. She had made a vast *round* cake. Many a *round* was drunk and everyone got quite drunk. The police even had to *round up* the last revellers. Mike passed out. Luckily he lived just *round* the corner. So when he came *round* again, he didn't have far to go.	Betty feierte ihren vierzigsten Geburtstag, und ihre ganzen Freunde waren *vorbei*gekommen. Sie hatte einen großen, *runden* Kuchen gebacken. So manche *Runde* wurde getrunken, und jeder war ganz schön blau. Die Polizei mußte sogar die letzten Feiernden *zusammentrommeln*. Mike wurde ohnmächtig. Zum Glück wohnte er direkt *um* die Ecke. Als er wieder *zu sich kam*, hatte er es also nicht weit.

Round wird als Nomen, Adjektiv, Adverb, Verb und Präposition gebraucht. So vielfältig verwendbar sind natürlich nicht alle Wörter des Englischen, doch sie können fast immer in mehr als einer Wortklasse fungieren [➤3a(iii)].

1c Weitere Unterteilungen der Funktionswörter

Auch die Funktionswörter lassen sich weiter unterteilen. Im Unterschied zu den Inhaltswörtern sind sie stärker auf ihre Wortklasse festgelegt, so daß weitere Unterteilungen hauptsächlich die Eigenbedeutung betreffen.

The next day, they went back *into* the pub to clean up. They both went *into* fits of laughter – one of the guests was still fast asleep in the corner!	Am nächsten Tag gingen sie *in* die Kneipe zurück, um aufzuräumen. Sie bekamen beide einen Lachanfall – einer der Gäste lag noch tief schlafend in der Ecke!

Man kann oft eine konkrete (**into the pub**) und eine abstrakte, übertragene Bedeutung (**into fits of laughter**) unterscheiden.

Orthographie und Interpunktion

Die Orthographie (Rechtschreibung) ist im Englischen wesentlich an die Wörter gebunden, die bis auf wenige Ausnahmen immer nur eine Form haben [➤23 und 24]. Bei der Großschreibung von Wörtern spielt der Satzanfang eine wichtige Rolle.

Die Interpunktion (Zeichensetzung) ist dagegen fast ausschließlich an Sätze geknüpft, mit Ausnahme des Bindestrichs zwischen Wortzusammensetzungen [➤3b(i)C].

2a Orthographie und Aussprache

Nach herkömmlichen Zählungen besitzt das Englische knapp über 40 Vokale und Konsonanten, die zur Unterscheidung von Wörtern verwendet werden. Das Alphabet hat jedoch nur 26 Buchstaben. Daraus ergibt sich das Problem, daß Schreibung und Aussprache in einem recht komplexen Verhältnis zueinander stehen. Meistens entspricht eine bestimmte Schreibung mehreren Aussprachen; eine Aussprache kann aber auch auf verschiedene Arten geschrieben werden.

Besonders im Grundwortschatz muß man sich sowohl Schreibung als auch Aussprache des betreffenden Wortes merken. Unbekannte Wörter schlägt man am besten im Wörterbuch nach.

Die nachstehende Tabelle enthält die international üblichen Zeichen für Aussprache (Transkription) mit einem Beispielwort:

(i) Vokale

/iː/	tree »Baum«	/ɜː/	bird »Vogel«
/ɪ/	sit »sitzen«	/ʌ/	cut »schneiden«
/e/	bet »Wette«	/ə/	singer »Sänger«
/æ/	cat »Katze«	/eɪ/	pay »bezahlen«
/aː/	father »Vater«	/aɪ/	dry »trocknen«
/ɒ/	pot »Topf«	/əʊ/	home »Heim«
/ɔː/	door »Tür«	/aʊ/	cow »Kuh«
/ʊ/	put »stellen, legen, setzen«	/ɔɪ/	boy »Junge«
/uː/	fool »Narr«	/ɪə/	hear »hören«
/ɛə/	pair »Paar«	/ʊə/	poor »arm«

ORTHOGRAPHIE UND INTERPUNKTION 2a

(ii) Konsonanten

/p/	**p**ill »Pille«	/s/	**s**ing »singen«
/b/	**b**ill »Rechnung«	/z/	**z**one »Zone«
/t/	**t**ea »Tee«	/ʃ/	**sh**oe »Schuh«
/d/	**d**ay »Tag«	/ʒ/	**g**arage »Garage«
/k/	**c**at »Katze«	/h/	**h**ouse »Haus«
/g/	**g**ive »geben«	/m/	**m**an »Mann«
/tʃ/	**ch**air »Stuhl«	/n/	**n**ame »Name«
/dʒ/	**j**eep »Jeep«	/ŋ/	so**ng** »Lied«
/f/	**f**ind »finden«	/l/	**l**ive »leben«
/v/	**v**ery »sehr«	/r/	**r**ead »lesen«
/θ/	**th**ing »Ding«	/j/	**y**ear »Jahr«
/ð/	**th**ere »dort«	/w/	**w**all »Mauer«

2b Das Alphabet

Das gedruckte englische Alphabet entspricht dem deutschen; beide gehen auf das lateinische zurück. Die folgende Liste enthält jeweils Groß- und Kleinbuchstaben mit der zugehörigen Aussprache als Buchstabe:

A a	B b	C c	D d	E e	F f
/eɪ/	/bi:/	/si:/	/di:/	/i:/	/ef/
G g	H h	I i	J j	K k	L l
/dʒi:/	/eɪtʃ/	/aɪ/	/dʒeɪ/	/keɪ/	/el/
M m	N n	O o	P p	Q q	R r
/em/	/en/	/əʊ/	/pi:/	/kju:/	/a:/
S s	T t	U u	V v	W w	X x
/es/	/ti:/	/ju:/	/vi:/	/dʌblju:/	/eks/
Y y	Z z				
/waɪ/	/zed/				

2c Orthographie der Wörter

(i) Großschreibung

(A) Das erste Wort im Satz wird immer groß geschrieben:

WÖRTER

The barmaid looked at her watch. *Any* minute now, the landlady was due back.	*Die* Bardame sah auf die Uhr. *Jeden* Augenblick sollte die Wirtin zurück sein.

(B) Eigennamen, Titel, die zum Namen gehören, und das Pronomen **I** »ich« werden immer groß geschrieben.

In the afternoon *I* met *Marie* in *The Railway Tavern*. She had a copy of *The Guardian* under her arm with an article about *Nelson Mandela* and the political situation in *South Africa*.	Am Nachmittag habe *ich Marie* in der *Railway Tavern* getroffen. Unter den Arm geklemmt hielt sie den *Guardian* mit einem Artikel über *Nelson Mandela* und die politische Lage in *Südafrika*.

(C) Adjektive, die von Eigennamen abgeleitet sind, wie z.B. Nationalitäten, werden ebenfalls immer groß geschrieben.

Mandela is the first *South African* president from the black majority. *British* and *German* reporters covered the elections.	Mandela ist der erste *südafrikanische* Präsident aus der schwarzen Mehrheit. *Britische* und *deutsche* Reporter berichteten über die Wahlen.

(ii)   Worttrennungen

Für Worttrennungen im Britischen und im Amerikanischen Englisch gibt es keine allgemeingültigen Regeln. Nachstehend können deshalb nur einige Anhaltspunkte gegeben werden. Im Zweifelsfall muß man im Wörterbuch nachschlagen. Im großen und ganzen aber sollte man Trennungen möglichst vermeiden. Zwei Faktoren beeinflussen die Worttrennung:

• die Aussprache der Wörter einschließlich ihrer Betonung
• die interne (morphologische) Struktur der Wörter, d.h. Vorsilben, Endungen, Wortstamm.

(A) Bei der Trennung wird darauf geachtet, daß der Lautwert erkennbar bleibt.

preposi-tion	Präposition	*tion*	=	/ʃn/
pre-cious	wertvoll	*cious*	=	/ʃəs/
reli-gion	Religion	*gion*	=	/dʒən/
offi-cial	offiziell	*cial*	=	/ʃəl/

ORTHOGRAPHIE UND INTERPUNKTION 2c

vi-sion　　　　Vision　　　*sion*　　=　　/ʒən/

In den Beispielen wird **t**, **c**, **g**, **s** vor **i** »weich« ausgesprochen, d.h. als Zischlaut. Diese Buchstaben dürfen deshalb nicht vom folgenden getrennt werden.

(B) Es wird immer nach **x** und **ck** getrennt.

ex-ercise	Übung	**aux-iliary**	Hilfsverb
prox-imity	Nähe	**luck-ily**	glücklicherweise
stock-ing	(Damen)Strumpf		

(C) Einzelbuchstaben werden nicht abgetrennt.

*a*gain	wieder	thirst*y*	durstig
*A*bel	Abel	Indi*a*	Indien

Also nicht **a-gain*, **A-bel*, **thirst-y*, **Indi-a*.

(D) Einsilbig gesprochene Wörter werden nicht getrennt: **turned** »wendete«, **stopped** »hielt an«, usw.

(E) Wenn zwei Vokale in Wörtern, bei denen keine innere Struktur erkennbar ist, aufeinandertreffen, werden die Vokale getrennt.

du-el	Duell	**po-et**	Dichter
du-et	Duett	**tri-al**	Gerichtsverfahren

(F) Ist die interne Wortstruktur mit Vorsilbe, Endung und Stamm gut erkennbar, so wird entsprechend getrennt.

un-happy	unglücklich	**bak-er**	Bäcker
long-er	länger	**im-portant**	wichtig
miss-ing	fehlend	**per-mit**	erlauben
beauti-ful	schön	**trans-late**	übersetzen
govern-ess	Gouvernante	**match-ing**	passend
hope-less	hoffnungslos	**mak-ing**	machend
fool-ish	dumm	**tak-en**	genommen
add-ed	addierte/addiert	**butch-er**	Fleischer

(G) Durch die Wortzusammensetzung entstandene doppelte Konsonanten werden getrennt.

big-ger	größer	**hot-test**	heißeste
get-ting	bekommend	**nod-ded**	nickte/genickt
stop-ping	haltend	**gras-sy**	grasartig

(H) Wenn keine wortinterne Struktur ersichtlich ist, wird zwischen zwei Konsonanten oder zwischen langem Vokal und einfachem Konsonant getrennt.

WÖRTER

remem-ber	erinnern	**No-vember**	November
fol-low	folgen	**po-ny**	Pony
mil-lion	Million	**fa-ther**	Vater
pub-lic	öffentlich	**Ra-chel**	Rachel
whis-per	flüstern	**ei-ther**	entweder
fas-ten	befestigen	**fu-rious**	wütend
dip-lomat	Diplomat		

(I) Bei der Kombination Doppelkonsonant + einfacher Konsonant wird zwischen den doppelten Konsonanten getrennt, solange der Rest als Silbe aussprechbar ist.

mid-dle	Mitte	**cat-tle**	Vieh
muz-zle	Mündung	**gig-gled**	kicherte/gekichert

(J) Ein kurzer, betonter Vokal zieht einfache Konsonanten an sich (von links oder von rechts).

cát-egory	Kategorie	**prép-osition**	Präposition
prés-ent	Geschenk	**móth-er**	Mutter
tráv-el	reisen	**héav-ily**	schwer
de-téct	entdecken	**e-lícit**	hervorlocken
e-réct	aufrecht	**de-píct**	abbilden

2d Interpunktion

(i) Zeichensetzung nach Hauptsätzen

Die Zeichensetzung nach verschiedenen Hauptsatztypen entspricht der im Deutschen üblichen und braucht deshalb nicht weiter erläutert zu werden: Nach Aussagesätzen steht der Punkt (**full stop**), nach Fragesätzen ein Fragezeichen (**question mark**) und nach Befehlssätzen sowie Ausrufen ein Ausrufezeichen (**exclamation mark**).

Auch Doppelpunkt (**colon**), Semikolon (**semicolon**) und Anführungszeichen (**quotation marks**) werden im wesentlichen gleich verwendet. Dabei ist zu beachten, daß englische Anführungszeichen immer oben an der Zeile angesetzt werden: '...'.

(ii) Kommasetzung

Deutliche Unterschiede gibt es beim Gebrauch des Kommas (**comma**). Während sich die Kommasetzung im Deutschen in erster Linie nach syntaktischen Beziehungen zwischen Sätzen und Satzteilen richtet, treten im Englischen die Bedeutungsbeziehungen, die Klarheit und die Eindeutigkeit der Information in den Vordergrund.

ORTHOGRAPHIE UND INTERPUNKTION 2d

(A) Ein Komma steht:

- nach der Anrede im Brief (wie auch im Deutschen möglich) und nach den Verabschiedungsfloskeln (im modernen Stil wird das Komma oft weggelassen):

Dear John, ... Best wishes, Jane	Lieber John! (oder ,) ... Viele Grüße, Jane
Dear Mr. Major, ... Yours sincerely, Angela Smith	Lieber Herr Major, ... Mit freundlichen Grüßen, Angela Smith
Dear Sir, (oder: Dear Sir or Madam,) ... Yours faithfully,	Sehr geehrte (Damen/) Herren, ... (Hochachtungsvoll) Mit freundlichen Grüßen

- manchmal bei Aufzählungen vor **and**:

The robbers ran into the bank, forced all the customers into one corner, *and* threatened the cashier with a machine gun.	Die Räuber rannten in die Bank, zwangen alle Kunden in eine Ecke *und* bedrohten die Kassiererin mit einer Maschinenpistole.

- **too** »auch«, **however** »jedoch«, **of course** »natürlich«, **obviously** »natürlich« werden oft mit Kommas abgetrennt:

Obviously, **the cashier immediately handed over all the bank notes. The gangsters were**, *however*, **after the gold bars**, *too*. **They had to blow up the safe and the noise could,** *of course*, **be heard for miles.**	*Natürlich* übergab die Kassiererin sofort alle Geldscheine. Die Verbecher waren *jedoch auch* noch hinter den Goldbarren her. Sie mußten den Tresor aufsprengen, und *natürlich* konnte man den Knall meilenweit hören.

- nach dem Einleitungssatz der direkten Rede:

The police constable shouted, 'That sounds like an explosion.'	Der Polizist rief: »Das hört sich wie eine Explosion an.«

- um Lesefehlern oder Unklarheiten in der Bedeutung vorzubeugen:

WÖRTER

> **People rushed out, out of curiosity.**
> Die Leute hasteten hinaus, vor Neugier.

 Abweichend vom Deutschen fehlt das Komma meistens zwischen Haupt- und Nebensätzen, mit Ausnahme der nichtrestriktiven Relativsätze [➤8c (v) B].

(B) Es steht keinesfalls:

- vor *that*-Sätzen (daß-Sätzen):

> **A 999 call quickly confirmed *that* there had been an explosion.**
> Ein Notruf bestätigte schon bald, *daß* es sich um eine Explosion gehandelt hatte.

- vor restriktiven Relativsätzen:

> **Three police constables interviewed the bank clerks and *the customers who* had been present during the raid.**
> Drei Polizisten befragten die Bankangestellten und *die Kunden, die* während des Überfalls anwesend gewesen waren.

- Es steht manchmal nach einem vorangehenden **if**-Satz (jedoch fast nie, wenn der **if**-Satz auf den Hauptsatz folgt):

> **'*If* you had sounded the alarm straight away, the robbers might never have taken the gold,' one of the officers suggested. – 'We might not be alive now *if* I had done,' retorted the cashier.**
> »*Wenn* Sie sofort den Alarm ausgelöst hätten, hätten die Räuber das Gold vielleicht nie genommen«, meinte einer der Polizisten. – »Wir wären vielleicht nicht mehr am Leben, *wenn* ich das getan hätte«, entgegnete die Kassiererin.

Wortbildung

Wie in fast allen Sprachen gibt es auch im Englischen Wörter mit mehreren Bedeutungen. Für vielschichtigere Informationen stellt die Sprache jedoch auch komplexe Wörter zur Verfügung, die auf zwei Arten entstehen: Wörter können durch Präfixe (Vorsilben) und Suffixe (Endungen) abgewandelt oder aus Einzelwörtern zusammengesetzt werden. Im folgenden werden einige häufig auftretende Muster dargestellt. Im Zweifelsfall sollten Sie Wortableitungen und Wortzusammensetzungen im Wörterbuch nachschlagen.

3a *Wortableitungen*

Hierunter versteht man den Vorgang, vorhandene Wörter mit Präfixen und Suffixen abzuwandeln.

(i) Präfixe

(A) Im Englischen gibt es eine große Anzahl von Präfixen, von denen hier nur einige genannt sind.

happy – *un*happy	glücklich – unglücklich
human – *in*human	menschlich – unmenschlich
smoker – ***non-***smoker	Raucher – Nichtraucher
loyal – ***dis***loyal	loyal – unloyal

Diese Beispiele zeigen, daß besonders bei der Negation verschiedene Präfixe mit ähnlicher Bedeutung in der Sprache vorkommen können. Womit sie verknüpft werden, muß im Wörterbuch nachgeschlagen werden, denn nicht jedes Präfix läßt sich vor jedes andere Wort stellen.

(B) Es gibt Präfixe, die dieselbe Form, aber verschiedene Bedeutungen haben; diese muß man im Zusammenhang identifizieren:

***un**happy*	unglücklich	***un**lock*	aufschließen
***un**true*	unwahr	***un**dress*	ausziehen
***un**believable*	unglaublich	***un**pack*	auspacken
***un**pleasant*	unerfreulich	***un**tie*	aufknoten

In der linken Gruppe handelt es sich um **un-** in der Bedeutung »un-/nicht«, das mit Adjektiven verknüpft wird; in der rechten Gruppe wird **un-** mit Verben verbunden und die jeweils gegenteilige Handlung des Verbs ohne Präfix bezeichnet.

WÖRTER

(C) Bisweilen paßt sich die Form der Präfixe dem ersten Laut des Grundwortes an, vor allem im Wortgut, das aus dem Lateinischen stammt:

adequate – *in*adequate	adäquat – inadäquat
possible – *im*possible	möglich – unmöglich
legal – *il*legal	legal – illegal

(D) Im heutigen Englisch gibt es viele präfixähnliche Elemente, die häufig vorkommen:

*hyper*sensitive	hypersensitiv	*hyper*active	hyperaktiv
*counter*productive	kontraproduktiv	*co*-pilot	Kopilot
pro-American	proamerikanisch	*anti*-Communist	antikommunistisch

Solche Kombinationen werden manchmal mit, manchmal ohne Bindestrich geschrieben. Auch dasselbe Wort kann variieren (**co-operate/cooperate** »kooperieren«).

(ii) *Suffixe*

Auch hier können nur einige typische Ableitungen illustriert werden.

(A) Bei vielen Suffixen ändert sich die Wortklasse, zu der das Grundwort gehört.

- Mit **-ness** und **-ity** werden Adjektive zu Nomen:

happy – happi*ness*	glücklich – Glück
elastic – elasti*city*	elastisch – Elastizität

- Mit **-al**, **-er**, **-ation** werden Verben zu Nomen:

propose – propos*al*	vorschlagen – Vorschlag
write – writ*er*	schreiben – Schreiber
explore – explor*ation*	erforschen – Erforschung

- Mit **-al**, **-ous**, **-ish**, **-ly**, **-ic** werden Nomen zu Adjektiven:

nation – nation*al*	Nation – national
danger – danger*ous*	Gefahr – gefährlich
child – child*ish*	Kind – kindisch
mother – mother*ly*	Mutter – mütterlich
demon – demon*ic*	Dämon – dämonisch

- Mit **-able**, **-ive** werden Verben zu Adjektiven:

drink – drink*able*	trinken – trinkbar
attract – attract*ive*	anziehen – anziehend

WORTBILDUNG 3a

• Mit **-en**, **-ify**, **-ize** werden Adjektive zu Verben:

black – black*en*	schwarz – schwärzen
simple – simpl*ify*	einfach – vereinfachen
modern – modern*ize*	modern – modernisieren

• Mit **-ly** werden Adjektive zu Adverbien:

happy – happi*ly*   glücklich

(B) Es gibt auch Ableitungen, bei denen sich die Eigenbedeutung der Fügung, nicht aber die Wortklasse selbst verändert:

brother – brother*hood*	Bruder – Bruderschaft
king – king*dom*	König – Königreich
friend – friend*ship*	Freund – Freundschaft
book – book*let*	Buch – kleines Buch, Heft
John – John*ny*	Hans – Hänschen
blue – blu*ish*	blau – bläulich

(C) Bei den Ableitungen mit Suffixen ist auf einige Schreibregeln zu achten.

• »Stummes« **e** fällt weg, wenn ein Suffix mit Vokal beginnt:

writ*e* – writ*er*	schreiben – Schreiber
simpl*e* – simpl*ify*	einfach – Einfachheit
conceiv*e* – conceiv*able*	sich vorstellen – vorstellbar
explor*e* – explor*ation*	erforschen – Erforschung

• »Stummes« **e** bleibt jedoch erhalten, wenn es die Aussprache eines vorhergehenden Konsonanten klärt:

manag*e* – manage*able*	/mænədʒəbl/
plac*e* – place*able*	/pleɪsəbl/

• **y** wird zu **i**, wenn ein Konsonant vor **y** steht:

happ*y* – happi*ness*   glücklich – Glück

(D) Bei manchen Ableitungen ändert sich die Aussprache des Grundwortes.

• Vor Suffixen mit **i** wird **c** /k/ zu /s/:

elasti**c**	– elasti*city*	electri**c**	– electri*city*

• Die Suffixe **-ic**, **-ity** beeinflussen die Betonung. Der Hauptton liegt auf der Silbe vor dem Suffix:

dèmon	– demònic	elàstic	– elastìcity

WÖRTER

• **àtion** wird immer auf der eigenen ersten Silbe betont:

explòre – **exploràtion**   **òrganize** – **organizàtion**

(iii)   Kontextbedingter Wortklassenwechsel (Konversion)

(A) Im Abschnitt über Wortableitungen sind einige Endungen des Englischen genannt, die eine bestimmte Wortklasse signalisieren, z.B. **-ness** für Nomen oder **-ize** für Verben.

Viele Wörter im Englischen können jedoch im Satzzusammenhang die Wortklasse und die Funktion ändern. Die Form bleibt dabei unverändert.

'My *love* for you is immense and endless like the ocean,' he whispered into her ear. – 'Oh, my darling, I *love* you too, more than words can say.'	»Meine *Liebe* zu dir ist riesig und uferlos wie das Meer«, flüsterte er ihr ins Ohr. – »Oh, mein Liebling, ich *liebe* dich auch, mehr als Worte je sagen können.«
Many council *houses* stand empty, yet nobody *houses* the homeless.	Viele Sozial*wohnungen* stehen leer, und dennoch *bringt* niemand die Obdachlosen *unter*.

Die Formen **love** und **house** sind einmal als Nomen, einmal als Verb gebraucht. Manchmal ändert sich die Aussprache bei einem Wortklassenwechsel: Nomen **house** /haʊs/ und Verb **house** /haʊz/.

Es ist ratsam, sich jeweils im Wörterbuch zu vergewissern. Meistens bleibt die Aussprache jedoch unverändert.

(B) Es gibt eine Gruppe von Wörtern im Englischen, die ohne Formänderung in verschiedenen Wortklassen auftreten, die aber eine Änderung in der Betonung aufweisen: ein Verb wird zu einem Nomen oder Adjektiv. Das Verb wird jeweils auf der zweiten und das Nomen oder Adjektiv auf der ersten Silbe betont. Einige Beispiele:

absènt (oneself) – àbsent	(sich) entfernen – abwesend
abstràct – àbstract	abstrahieren – Zusammenfassung
accènt – àccent	akzentuieren – Akzent
contràst – còntrast	kontrastieren – Kontrast
expòrt – èxport	exportieren – Export
objèct – òbject	einwenden – Objekt
progrèss – prògress	fortschreiten – Fortschritt

WORTBILDUNG 3a

rebèl – rèbel rebellieren – Rebell
recòrd – rècord aufzeichnen – Aufzeichnung/ Schallplatte

(C) Auch Adjektive können ohne Formänderung zu Nomen werden, wenn sich ihre Bedeutung auf eine Gesamtheit bezieht [➤27b(vi)]. Sie können dann nur im Plural gebraucht werden.

Social service cuts mean Kürzungen im Sozialetat
great hardship for the *elderly* bringen viel Elend für *Ältere* und
and the *disabled*. *Behinderte* (Menschen).

3b *Wortzusammensetzungen*

Auch im Englischen sind Wortzusammensetzungen erlaubt, um die Ausdrucksmöglichkeiten der Sprache zu vergrößern.

(i) Nomen + Nomen

(A) Am häufigsten findet man Zusammensetzungen bei Nomen, wobei das zweite Nomen als Stammwort fungiert und das erste eine Variante darstellt:

steamboat Dampfschiff
houseboat Hausboot
silver plate Silberteller
headache Kopfschmerzen
birth-control Geburtenkontrolle
milk-float/milkfloat Milchauto

(B) Bei manchen Zusammensetzungen, besonders bei idiomatischen Ausdrücken, ist die Bedeutung nicht mehr als Kombination der Einzelwortbedeutungen zu erkennen:

egghead Intellektueller (»Eierkopf«)
blockhead Dummkopf (»Klotzkopf«)
butterfingers Tolpatsch
redbreast Rotkehlchen

Es ist daher ratsam, im Wörterbuch nachzuschlagen, weil viele Zusammensetzungen eine eigene Bedeutung entwickeln.

(C) Wie die Beispiele zeigen, gibt es bei Zusammensetzungen drei Schreibweisen: Zusammenschreibung, Schreibung mit Bindestrich und Schreibung in zwei Wörtern. Je stärker eine Zusammensetzung in die Sprache integriert ist, desto eher

WÖRTER

wird sie zusammengeschrieben. Eine straffe Regelung existiert jedoch nicht; daher am besten im Wörterbuch nachschlagen.

(D) Viele Zusammensetzungen werden auf dem ersten Wortteil betont und unterscheiden sich so auch formal von syntaktischen Kombinationen, die aus Adjektiv + Nomen bestehen:

blàckbird – a black bìrd	Amsel – ein schwarzer Vogel
blùebell – a blue bèll	Glockenblume – eine blaue Glocke

In manchen Fällen wird der zweite Teil der Zusammensetzung betont [➤nächster Abschnitt, 3b (ii)].

(ii)   Nomen + Adjektiv

age-òld	uralt
midnight blùe	mitternachtsblau
grass-grèen	grasgrün
hòme-màde (Brit. Englisch)/	
hòmemàde (Amerik. Englisch)	hausgemacht
brèathtaking	atemberaubend

Hier finden sich einige Zusammensetzungen mit der Betonung auf dem zweiten Teil, doch manche haben als isolierte Wörter (**hòmemàde**) gleichstark betonte Teile, die sich erst im Satzzusammenhang verändern:

Many pubs offer '*hòme-made* food', but often it is not really *home-màde*.	Viele Kneipen bieten »*hauseigene* Küche« an, aber das Essen ist oft nicht wirklich *hausgemacht*.

(iii)   Nomen + Verb

to bottle-feed	mit der Flasche füttern
to sleepwalk	schlafwandeln
to lip-read	von den Lippen lesen

Solche Bildungen, die durch Wegfallen einer Endung entstehen (**bottle-feeding** wird zu **bottle-feed**), sind oft nur in der Grundform oder im Präsens verwendbar.

B

WIE AUS WÖRTERN SÄTZE WERDEN: SYNTAX

4 Sätze konstruieren

5 Aussagesätze

6 Fragesätze

7 Befehlssätze

8 Komplexe Sätze

9 Adverbialsätze

10 Subjekt- und Objektsätze

11 Direkte und indirekte Rede

12 Vergleichssätze

13 Sätze zur Hervorhebung von Satzgliedern

SYNTAX

 Sätze konstruieren

4a Was ist ein Satz?

Wenn man bestimmte Wörter zusammenfügt, erhält man einen Satz. Sätze können komplexe Inhalte ausdrücken und werden vor allem in der Schriftsprache gebraucht. In der Umgangssprache begnügt man sich oft mit Satzfragmenten (unvollständigen Sätzen, Ausrufen usw.), die nur im Kontext gesehen einen Sinn ergeben. Die Regeln, nach denen Wörter zusammengefügt werden, sind unter dem Begriff *Syntax* zusammengefaßt.

4b Satztypen

Sätze, die etwas feststellen oder beschreiben, nennt man Aussagesätze (Deklarativsätze). Sätze, mit denen man eine Frage stellt, heißen Fragesätze (Interrogativsätze). Wenn man mit einem Satz Befehle erteilt, andere auffordert, etwas zu tun oder zu lassen, spricht man von Befehlssätzen (Imperativsätze). Diese drei Satztypen sind teilweise unterschiedlich konstruiert, weisen aber auch einige Gemeinsamkeiten auf.

(i) Subjekt und Prädikat als Satzglieder

Ein einfacher Satz besteht aus zwei Satzgliedern, die Subjekt (S) und Prädikat (P) genannt werden.

John (S) smiled (P). His business (S) was flourishing (P).	John strahlte. Sein Geschäft florierte.

Subjekt und Prädikat müssen unbedingt vorhanden sein, ehe man von einem Satz spricht. Subjekt und Prädikat eines Satzes sind aufeinander bezogen.

(ii) Verschiedene Subjektarten

(A) Typische Subjekte sind Nomen und Pronomen, doch auch komplexe Ausdrücke können als Subjekte fungieren.

SÄTZE KONSTRUIEREN 4b

> *John* (S) checked the boxes.
> *He* (S) wanted to reject the delivery. *Most of the speakers* (S) had not been produced to his specifications. Only *part of the consignment* (S) was fault-free.
> *John* prüfte die Kisten. *Er* wollte die Lieferung nicht annehmen. *Die meisten Lautsprecher* waren nicht nach seinen Anweisungen gebaut. Nur *ein Teil der Lieferung* war fehlerfrei.

(B) Auch **ing**-Formen von Verben [Gerundium ➤21b(ii)] oder Adjektivnomen können als Subjekte verwendet werden.

> *Selling audio equipment* (S) is a lucrative business, but only *the young* (S) are interested in the latest technological developments.
> *Der Verkauf von Stereoanlagen* ist ein ertragreiches Geschäft, aber nur *junge Leute* interessieren sich für die allerletzten technologischen Neuerungen.

(C) Ganze Sätze können ebenfalls als Subjekt auftreten [➤10].

> *That John should now want to invest in computer games* (S) is hardly surprising.
> *Daß John nun in Computerspiele investieren will*, ist kaum verwunderlich.

(iii) *Verschiedene Prädikatarten*

Der Kern eines Prädikats ist immer ein Verb. Ob noch weitere Elemente dazugehören, hängt von den verschiedenen Verben selbst ab und davon, auf welche Zeit der Sprecher sich bezieht und ob er außerdem noch eine Einstellung zu dem Gesagten ausdrücken will.

> Madeleine *yawned.* (P) She *was tired.* (P) She *had finished a hard week's work.* (P) She *drove the car into the garage and kept the door locked for the whole weekend.* (P)
> Madeleine *gähnte*. Sie *war müde*. Sie *hatte eine anstrengende Woche hinter sich*. Sie *fuhr das Auto in die Garage und verschloß die Tür fürs ganze Wochenende*.

SYNTAX

Manchmal besteht das Prädikat nur aus einem Verb (**smiled**) oder aus Verb + Adjektiv (**was happy**), aus komplexen Tempusformen (**had finished**), aus Verbformen und Objekt (**her work**) oder aus Verbformen und Objekt sowie Ortsangabe (**the car in the garage**).

Da die Tempusformen und die Objekte unmittelbar mit dem Verb zusammenhängen, werden sie dem Prädikat zugerechnet, das intern also sehr komplex sein kann.

4c Andere Satzglieder

Weitere Satzglieder neben Subjekt und Prädikat (einschließlich derjenigen, die dem Prädikat zugerechnet werden) sind adverbiale Bestimmungen (Adverbien). Die häufigsten sind Adverbien der Art und Weise (wie ein Ereignis, eine Handlung oder ein Vorgang vonstatten geht), des Ortes (wo etwas vonstatten geht), der Richtung (wohin etwas geht) und der Zeit (wann etwas vonstatten geht).

Tony drove *fast*. He had to get to *London before 7 o'clock*.	Tony fuhr *schnell*. Er mußte *bis 7 Uhr in London* sein.

Die Adverbien lassen sich durch Fragen identifizieren: **how?** »wie?« (Art und Weise), **where?** »wo«/»wohin?« (Ort oder Richtung), **when?** »wann?« (Zeit).

➤ [Weitere Adverbien und mehr Einzelheiten ➤34.]

4d Für die Syntax wichtige Satzglieder

Subjekt, Prädikat und die unmittelbar vom Verb abhängigen weiteren Satzglieder wie Objekte oder manche Adverbien sind für den Satzbau wesentlich: Darauf beziehen sich viele der folgenden Regeln.

Die freieren Adverbien nehmen nicht solchen Einfluß auf den Satzbau, doch auch für sie gibt es einige wichtige Regeln.

Aussagesätze

5a Satzstellung

Die grundlegende Anordnung der Satzglieder im Aussagesatz ist: Subjekt – Prädikat (mit Objekt, falls vorhanden) – (Adverbien, falls vorhanden), abgekürzt S – P – (O) – (A). Das Subjekt geht dem Prädikat voraus. Wenn ein Objekt vorhanden ist (oder zwei), folgt es dem Verbkern des Prädikats; dann erst stehen die Adverbien.

S	P	(O)	(A)	(A)
Tony	**cursed.**			
He	**had forgotten**	**the map.**		
He	**got lost**		**on his way to Mary's house**	**almost every time.**
Tony	fluchte.			
Er	hatte	seine Landkarte	vergessen.	
Er	verfuhr sich		fast jedes Mal	auf dem Weg zu Marys Haus.

Als Kernregel muß man sich S – P – (O) merken.

5b Die Bedeutung des Prädikats

Das Prädikat kann sehr komplex werden, wenn die Hilfsverben zum Vollverb hinzutreten [➤16]. Zwischen den Gliedern des Prädikats herrscht eine strenge Ordnung: Die Verbform, die für ein Tempus steht, ist die erste; sind Hilfsverben vorhanden, ist eine Form des Vollverbs immer die letzte. Dem zeitbezogenen (Hilfs-)Verb (I) folgen die infinitiven Formen (IIa) [➤21a], dann die Partizipien Perfekt (IIb) [➤17c(iv)A, 19a(i)], und dann die Verlaufsformen (III) [➤17a(i), b(i), b(iv), e]:

	I	IIa	IIb	III	
Jim	**sings.**				Jim singt.
Jane	**is**			**singing.**	Jane singt gerade.
Jill	**will**	**sing.**			Jill wird singen.
Jack	**will**	**be**		**singing.**	usw.
Jean	**will**	**have**	**been**	**singing.**	
Jacob	**has**		**sung.**		
Josh	**will**	**have**	**sung.**		

SYNTAX

5c Verneinung

Wenn die Verneinung **not** hinzukommt, tritt diese immer an die zweite Stelle im Prädikat:

Max is not singing.	Max singt nicht.
Mike will not sing.	Mike wird nicht singen.
Mo has not been singing.	Mo hat nicht gesungen.
Milly has not sung.	Milly hat nicht gesungen.
Mimi does not sing.	Mimi singt nicht.

➤ [Verneinung ➤22]

5d Verben mit zwei Objekten

Manche Verben haben zwei Objekte [➤15d], die in geregelter Reihenfolge nach dem Verb stehen: indirektes Objekt (Oi) – direktes Objekt (Od):

Tony brought *Madeleine* (Oi) *some flowers* (Od).	Tony brachte *Madeleine einen Blumenstrauß* mit.

➤ [Es sind bestimmte Abweichungen möglich ➤5f und 15d.]

5e Prädikat und Adverbien

Wie bereits erwähnt, sind Adverbien meist nicht so eng mit dem Prädikat oder anderen Satzgliedern verbunden wie z.B. Objekte. In bezug auf ihre Stellung im Satz sind sie dadurch weniger stark festgelegt. Es gibt jedoch durchaus übliche Positionen, die man sich merken muß.

(i) Adverbien des Ortes/der Richtung und der Zeit

Diese stehen üblicherweise am Schluß des Satzes.

Tony arrived at her door *long past midnight*.	Tony kam *lange nach Mitternacht* vor ihrer Tür an.

Sie können aber auch am Satzanfang erscheinen: In diesem Fall sind sie stärker betont und hervorgehoben.

AUSSAGESÄTZE 5e

Somewhere in the house he could hear footsteps, but *after several minutes* he was still waiting for the door to be opened.	*Irgendwo im Haus* konnte er Schritte hören, aber *nach einigen Minuten* wartete er immer noch darauf, daß die Tür geöffnet wurde.

(ii)   Adverbien der Art und Weise, der Häufigkeit oder Intensität

Diese werden vor das Vollverb oder, falls vorhanden, hinter das erste Hilfsverb gestellt, vor allem, wenn sie nur aus einem Wort bestehen.

Tony *impatiently* pushed the letterbox open and *loudly* shouted Madeleine's name. When she heard his voice, she *quickly* came running. Finally, they were *happily* reunited.	Tony stieß *ungeduldig* den Briefschlitz auf und rief *laut* Madeleines Namen. Sowie sie seine Stimme hörte, kam sie *schnell* angerannt. Endlich waren sie wieder *glücklich* vereint.

(iii)   Stellung der Adverbien

Falls der Satz jedoch aus einem einfachen Prädikat ohne Objekte oder andere zugehörige Satzglieder besteht, stehen auch die Einwort-Adverbien der Art und Weise oder der Häufigkeit am Satzende.

Adrian listened *carefully*. The noise couldn't be heard *very often*.	Adrian hörte *sorgfältig* hin. Man konnte das Geräusch *nicht oft* hören.

Adverbien der Intensität stehen jedoch immer in der Mittelposition.

He was *deeply* worried.	Er war *zutiefst* beunruhigt.

(iv)   Aus komplexen Ausdrücken bestehende Adverbien

Wenn die Adverbien aus komplexen Ausdrücken bestehen, werden sie ans Satzende gestellt.

SYNTAX

Adrian looked at Laura *with a puzzled expression on his face*. She had told him about the knocking in her chimney *again and again*, but he'd never believed in poltergeists.	Adrian schaute Laura *fragend* an. Sie hatte ihm *immer wieder* von dem Klopfen im Kamin erzählt, aber er hatte nie an Poltergeister geglaubt.

(v) Sätze mit mehreren gleichgearteten Adverbien

Stehen mehrere Adverbien der gleichen Art in einem Satz, so sind sie in der Regel nach ihrer Bedeutung geordnet: »Zeitpunkt« ist näher am Verb als größerer »Zeitraum«, »kleinerer Ort« ist näher am Verb als »größeres Gebiet«.

We will meet (at nine o'clock) (on Wednesday) (next week). The meeting can take place (in the pub) (opposite the station) (in Sheffield).	Wir werden uns um 9 Uhr am Mittwoch nächster Woche treffen. Das Treffen kann in der Kneipe gegenüber dem Bahnhof in Sheffield stattfinden.

(vi) Sätze mit mehreren verschiedenartigen Adverbien

(A) Wenn verschiedene Typen von Adverbien am Satzende zusammentreffen, gibt es auch eine übliche Reihenfolge: Art und Weise – Ort/Richtung – Zeit (**manner – place – time**).

Maggie listed her receipts (as requested) (on her expense sheet) (before the end of the month).	Maggie listete ihre Quittungen (wie erbeten) (auf ihrer Spesenrechnung) (vor Monatsende) auf.

(B) Wenn diese Anordnung verändert wird, dient es der Hervorhebung: Im folgenden Beispiel erscheint die nachgestellte Ortsangabe wie ein Nachgedanke, der betont hinzugefügt wird, was im übrigen auch durch das Komma angezeigt wird.

Maggie listed her receipts (as requested) (before the end of the month), (on her expense sheet).	Maggie listete ihre Quittungen (wie erbeten)(vor Monatsende) auf, (und zwar auf ihrer Spesenrechnung).

AUSSAGESÄTZE 5e

(vii) Besonderheiten bei der Stellung von Adverbien

Eingangs wurde schon darauf hingewiesen, daß die Adverbien im allgemeinen »mobiler« sind als andere Satzglieder. Es ist jedoch zu beachten, daß eine Abweichung von der üblichen Stellung im Satz in der Regel zu einer besonderen Hervorhebung und Betonung führt. Dadurch kann ein Sprecher sehr feine Bedeutungsnuancen ausdrücken.

5f Veränderte Stellung von Objekten

Zum Zweck der Hervorhebung und Betonung kann auch bei Objekten, die normalerweise dem Verb innerhalb des Prädikats folgen, von der üblichen Satzstellung abgewichen werden.

She refused most business gifts, but *the books she accepted*.	Sie wies die meisten Firmengeschenke zurück, aber *die Bücher nahm sie an.*

5g Veränderte Stellung von Subjekt und Objekt im Passiv

Hinzuweisen ist auf das Passiv, das eine Änderung der Satzposition von Subjekt und Objekt bewirkt und dadurch die unterschiedliche Darstellung eines Geschehens erlaubt [Einzelheiten ►19].

Emma repaired the bicycle. *The bicycle was repaired* **by Emma.**	Emma reparierte das Fahrrad. *Das Fahrrad wurde* von Emma *repariert.*

SYNTAX

6 Fragesätze

In diesem Abschnitt werden die Besonderheiten der Konstruktion von Fragen dargestellt. Was an Eigenschaften aller einfachen Sätze bestehen bleibt [➤4], wird als gegeben vorausgesetzt.

6a Entscheidungsfragen: ja oder nein?

Entscheidungsfragen können mit »ja« oder »nein« beantwortet werden, auch wenn die meisten Sprecher mehr Information hinzufügen, um verbindlicher und freundlicher zu klingen.

(i) Hilfsverb vor Subjekt

Typisch für eine Entscheidungsfrage ist, daß vor dem Subjekt ein Hilfsverb steht. Die Satzgliedfolge des Aussagesatzes wird also in diesem Punkt verändert, bleibt aber ansonsten bestehen [➤5a].

(A) Man kann sich die Frage als Umwandlung einer Aussage vorstellen, indem das erste Hilfsverb des Aussagesatzes vor das Subjekt gestellt wird.

Have you thought of phoning Reg?	Haben Sie daran gedacht, Reg anzurufen?
Was your boss there?	War Ihr Chef dort?
Had he been waiting for your call?	Hatte er auf Ihren Anruf gewartet?

Je nach Situation könnte die Antwort »ja« oder »nein« lauten.

(B) Man muß beachten, daß die Formen von be (**am, is, are, was, were**) immer wie Hilfsverben fungieren und deshalb in Fragen an erster Stelle stehen.

(ii) do als Ersatzelement in Fragen

Geht man bei der Fragebildung von einem Aussagesatz aus, so ist in allen Sätzen ohne Hilfsverb eine Form von **do** als Ersatzelement einzusetzen.

FRAGESÄTZE 6a

I *do* not know where the letter is. *Do* you have any ideas? *Does* Geraldine still look after the post, or *did* someone else do it today?	Ich weiß nicht, wo der Brief ist. Hast du eine Ahnung? Kümmert sich Geraldine noch um die Post, oder hat das jemand anders heute gemacht?

Bei den Formen von **do** muß auf die richtige Entsprechung zum Subjekt und zum Zeitbezug geachtet werden [Einzelheiten ➤16d]. **Do/does** bzw. **did** tauchen nur im Präsens bzw. Präteritum auf, weil alle anderen Zeiten mit Hilfsverben gebildet werden.

Durch die Verwendung von **do** und seinen Formen – wenn kein anderes Hilfsverb zur Verfügung steht – ist sichergestellt, daß immer ein Hilfsverb vor dem Subjekt steht.

(iii)   Intonation

Es gibt eine andere Möglichkeit, Entscheidungsfragen zu stellen, und zwar mit Hilfe der Satzmelodie (Intonation), wobei die Satzglieder nicht umgestellt werden. Dieser Fragetyp wird auch Intonationsfrage genannt; die Satzmelodie muß an der wesentlichen Stelle ansteigen.

The firm is bánkrupt? And you knéw about it and didn't téll me?	Die Firma ist bankrott? Und Sie wußten davon und haben mir nichts gesagt?

(iv)   Aussagesätze als Frage

Bei einem weiteren Fragetyp fügt man einem Aussagesatz ein Frageanhängsel an. Auch dieser Fragetyp ist im Kern eine Entscheidungsfrage. Er wird aber oft verwendet, um die Angesprochenen durch eine zustimmende Äußerung in die Unterhaltung einzubeziehen.

(A) Wenn in einem positiven Aussagesatz ein Hilfsverb vorhanden ist, wird dasselbe Hilfsverb verneint und mit dem zum Subjekt passenden Pronomen angehängt.

Alice is still waiting, *isn't she*?	Alice *wartet* immer noch, *nicht wahr*?

SYNTAX

> *Your other customers are finished, aren't they?* So *she can* now come in, *can't she?* *She has been* extremely patient, *hasn't she?*
>
> *Ihre anderen Kunden sind* fertig, *oder?* Also *kann sie* jetzt hereinkommen, *nicht? Sie ist* äußerst geduldig *gewesen, nicht wahr?*

Be wird stets wie ein Hilfsverb behandelt. Außer in der formellen Schriftsprache wird die Verneinung im Anhängsel immer verkürzt [▶23b].

Die unverkürzte Form ist sehr selten; dann wird **not** ans Ende gestellt.

> Ailsa is late, *is she not?*
>
> Ailsa kommt zu spät, *nicht wahr?*

(B) Wenn in einem positiven Aussagesatz kein Hilfsverb vorhanden ist, wird das Frageanhängsel mit einer Form von **do** gebildet.

> **Children eat a lot of junk food,** *don't they?*
> **After the war, people ate more vegetables than today,** *didn't they?*
>
> Kinder essen viel »junk food«, *nicht wahr?*
> Nach dem Krieg haben die Leute mehr Gemüse gegessen als heute, *oder?*

(C) Wenn zu einem verneinten Aussagesatz das Frageanhängsel zu bilden ist, wird das jeweils vorhandene Hilfsverb ohne **not** verwendet.

> **The designers haven't developed any new ideas,** *have they?* **Their boss obviously didn't invest enough money,** *did he?* **Obviously, the bank won't offer them any loans in the future,** *will it?*
>
> Die Gestalter haben keine neuen Ideen entwickelt, *oder?* Ihr Chef investierte offensichtlich nicht genug Geld, *nicht wahr?* Die Bank wird mit Sicherheit keine weiteren Darlehen anbieten, *nicht?*

(D) Um die Bedeutung der Fragen mit Frageanhängsel richtig zu erfassen, muß man auf die Intonation achten. Hier sind einige Hinweise:

FRAGESÄTZE 6a

• Wenn die Intonation auf dem Anhängsel ansteigt (und auf dem Aussagesatz meistens fällt), ist die Erwartung des Sprechers bezüglich der Antwort relativ offen und neutral:

You like her, dón't you?	Du magst sie, oder?
a) Yes, I do.	Ja, das stimmt.
b) Well, not really.	Na ja, eigentlich nicht.

Beide Antworten könnten gegeben werden.

• Wenn die Intonation auf dem Anhängsel (und dem Aussagesatz) fällt, erwartet der Sprecher allerdings nur noch Zustimmung zu dem, was er sagt:

You could write to her, còuldn't you? You don't want to phòne her, dò you?	Du könntest ihr schreiben, nicht wahr? Aber du würdest sie (doch) nicht anrufen, oder?

In diesen Sätzen erwarten den Sprecher Antworten wie '**Of course I could**' und '**No, never; I wouldn't**'.

(E) Bei den bisherigen Frageanhängseln entsprach ein positiver Aussagesatz einem verneinten Frageanhängsel und umgekehrt.

Es gibt auch einen Typ, bei dem Aussagesatz und Frageanhängsel positiv sind. Sehr häufig haben Fragen dieser Art einen ironischen Unterton. Die Intonation auf dem Anhängsel steigt in der Regel an.

So your alarm clock was wrong again, wás it?	Also ging dein Wecker mal wieder falsch, was?

(v) *Negative Entscheidungsfragen*

(A) Bei negativen Entscheidungsfragen drückt der Sprecher gewisse Erwartungen aus.

***Haven't* you told the bank? *Didn't* they ask you about the interest rate?**	*Hast* du (denn) der Bank *nichts* gesagt? *Haben* sie dich (etwa) *nicht* nach dem Zinssatz gefragt?

Bei einer solchen Frage erwartet der Sprecher eine positive Antwort (**Yes, I told the bank, they asked about the interest rate.**). Eine negative Antwort wäre überraschend für ihn.

SYNTAX

(B) Gelegentlich können negative Fragen auch eine positive Antwort nach sich ziehen. Bei entsprechender Wortwahl, etwa **fantastic**, **well**, **marvellous**, fungieren sie daher auch als Ausrufe der Bewunderung oder Anerkennung.

Isn't that a fantastic script? **Doesn't it fit well into our new programme? Isn't it marvellous?**	*Ist* das *nicht* ein fabelhaftes Drehbuch? *Paßt* es *nicht* gut in unser neues Programm? *Ist* es *nicht* herrlich?

6b Ergänzungsfragen: wer, was, wo, wann, wie?

Mit Ergänzungsfragen will der Fragende die schon bekannte Information um noch unbekannte ergänzen. Die Fragen richten sich auf bestimmte Satzglieder und werden mit Fragepronomen und -adverbien gebildet [➤31i, 6b(v)].

(i) Nach dem Subjekt fragen

Die Frage nach dem Subjekt eines Satzes ist mit **who?** (bei Personen) oder **what?** (bei Sachen) möglich.

Who came to your party and what happened?	*Wer* kam zu deiner Feier, und *was* geschah?

Als Antwort auf **who?** ist **John**, **my boss**, **our neighbours** usw. denkbar, auf **what?** z.B. **nothing** (**happened**).
Meistens wird die Antwort in der Kurzfassung gegeben; der Rest des Satzes wird nicht wiederholt.

Zu beachten ist, daß bei Fragen nach dem Subjekt die Satzgliedstellung S (= Fragepronomen) – P – (O) – (A) erhalten bleibt [➤5a].

(ii) Nach anderen Satzgliedern fragen

Bei allen anderen Fragen (nach dem Objekt, der Zeit, dem Ort usw.) muß nach dem Fragepronomen an zweiter Stelle ein Hilfsverb stehen, wie bei den Entscheidungsfragen [➤6a (i), (ii)]. Hat der entsprechende Aussagesatz kein Hilfsverb, so wird wiederum eine Form von **do** eingefügt.

(iii) Nach dem Objekt fragen

Die Frage nach dem Objekt wird mit **who/whom?** (für Personen) oder **what?** (für Sachen) gestellt.

FRAGESÄTZE 6b

(A)

'I need some help. *Who (Whom)* could I ask about different sizes?' – '*What* are you looking for? An evening dress or a casual outfit?'	»Können Sie mir bitte helfen. *Wen* könnte ich über verschiedene Größen befragen?« – »*Was* suchen Sie? Ein Abendkleid oder legere Bekleidung?«

Die Konstruktion besteht aus Fragepronomen – Hilfsverb – S – P – A, denn die Stelle für das Objekt, nach dem gefragt wird, ist sozusagen frei, weil das Fragepronomen am Anfang steht.

(B) Die Form **whom** gehört zum formelleren Stil (Schriftsprache), während **who** eher umgangssprachlich ist.

Whom did you reach with your last advertisement?	*Wen* haben Sie mit der letzten Anzeige erreicht?
Who do you want for this job?	*Wen* wollen Sie für diese Stelle?

(C) Verben mit Partikel müssen besonders beachtet werden [▶15c(ii)], denn die Partikel kann mit dem Fragepronomen verknüpft werden oder beim Verb bleiben. Wenn sie vor dem Fragepronomen steht, ist nur noch **whom** möglich. Bleibt sie beim Verb, so ist **who** gebräuchlicher.

Who/Whom do you want to talk *to*?	*Mit wem* wollen Sie sprechen?
To whom do you want to talk?	

In der Umgangssprache steht die Partikel meist beim Verb.

(D) **Who/whom** macht keinen Unterschied zwischen direktem und indirektem Objekt, das im Deutschen durch andere Kasus ausgedrückt wird. Beim indirekten Objekt wird aber die Präposition **to** hinzugefügt.

Who/whom did you ask?	*Wen* fragtest du/hast du gefragt?
Who/whom did you give the book *to*?	*Wem* gabst du/hast du das Buch gegeben?

(E) **What** als Fragepronomen für Sachen bleibt unverändert.

What is that?	*Was* ist das?

SYNTAX

What did you say? *What* did you refer *to* in your letter? *To what* did your letter refer?	*Was* sagtest du/hast du gesagt? *Auf was/worauf* hast du dich in deinem Brief bezogen? *Worauf* hat sich dein Brief bezogen?

(iv)   Nach dem Prädikat fragen

Die Frage nach dem Prädikat ist komplexer als die nach Subjekt und Objekt, weil es nicht so eindeutige Fragewörter wie die Fragepronomen gibt. Man muß daher Verben mit einer relativ vagen Eigenbedeutung verwenden: **do** oder **happen**.

'**What** *happened*?' – 'We had an accident.' – 'What did you **do**?' – 'We photographed the scene of the accident.'	»Was *ist passiert*?« – »Wir hatten einen Unfall.« – »Was **haben** Sie *gemacht*?« – »Wir haben die Unfallstelle fotografiert.«

Die Antworten bestehen in der Regel nicht nur aus einem Satzglied wie bei Subjekt und Objekt, sondern aus ganzen Sätzen.

(v)   Nach verschiedenen Umständen fragen

Für Fragen nach den verschiedenen Umständen, wie, wann, wo, warum usw. etwas geschehen ist, stehen eigens Fragepronomen zur Verfügung: **how?** »wie?«, **where?** »wo/wohin?«, **why?** »warum?«, **when?** »wann?«.

'*How* did they treat you at the police station?' – 'Very politely, in fact.' – '*Where* had you met these rowdies?' – 'At the office party.'	»*Wie* haben sie dich auf der Polizeiwache behandelt?« – »Eigentlich sehr höflich.« – »*Wo* hattest du diese Rowdies kennengelernt?« – »Auf der Bürofeier.«
'*When* did you leave the office?' – 'Two hours ago.' – '*Why* did you start beating everyone up?' – 'I don't know.'	»*Wann* hast du das Büro verlassen?« – »Vor zwei Stunden.« – »*Warum* hast du angefangen, alle zu verprügeln?« – »Ich weiß nicht.«

Auch in diesen Ergänzungsfragen folgt dem Fragepronomen erst ein Hilfsverb, dann folgt der Rest des Satzes (S – P – (O) usw.) in der Anordnung wie im Aussagesatz.

FRAGESÄTZE 6b

Die Antwort besteht in der Regel nur in der Kurzform, mit der die Information ergänzt wird. Ein vollständiger Satz, der den größten Teil der Frage wiederholen würde, ist ungewöhnlich und wird nur gebraucht, wenn man sehr formell und präzise antworten will oder Zeit gewinnen möchte.

'*Why* haven't you written to your firm?' – 'I haven't written to my firm, because I was not sure what to say.'	»*Warum* haben Sie nicht an Ihre Firma geschrieben?« – »Ich habe nicht an meine Firma geschrieben, weil ich nicht sicher war, was ich sagen sollte.«

6c   Alternativfragen: entweder – oder

(i) Der Sprecher kann in der Frage gleich die Antwort suggerieren und somit auch die Antwortmöglichkeiten einschränken.

'Would you like to book *a room with bath or shower*? Will you arrive *before 6 o'clock or later*?'	»Möchten Sie *ein Zimmer mit Bad oder Dusche* reservieren? Werden Sie *vor 6 Uhr oder später* ankommen?«

Die Fragen enthalten Alternativen, zwischen denen der Gefragte sich entscheiden soll. Abgesehen von der Alternative entspricht die Konstruktion der Fragen den Entscheidungsfragen [▶6a (i)]: Hilfsverb – S – P – (O) – (A).

(ii) Intonation bei Alternativfragen

Durch die Satzmelodie (Intonation) kann ein Sprecher im übrigen verdeutlichen, ob die Auswahl in einer Alternativfrage auf die genannten zwei Dinge beschränkt sein soll oder ob noch andere Wahlmöglichkeiten bestehen.

(A) Fällt die Satzmelodie auf dem zweiten Element, so stehen auch nur die zwei genannten Elemente zur Auswahl.

Would you like to have the cheeseplatter first or swèets?	Möchten Sie zuerst die Käseplatte oder die Nachspeise?

(B) Wenn die Satzmelodie auf dem zweiten Element steigt, wird angezeigt, daß noch andere Möglichkeiten bestehen.

SYNTAX

Would you like brandy, or a liquéur?

Möchten Sie Weinbrand oder einen Likör?

Das heißt, es gibt vielleicht noch ein anderes Getränk, das der Angesprochene bekommen könnte.

7 Befehlssätze

7a Anordnungen geben

In manchen Situationen (z.B. bei Gefahr) ist es angemessen, knappe Anordnungen oder Befehle zu geben.

Stop!	*Halt!/Halt an!/Haltet an!/Halten Sie an!*
Look right first!	Erst nach rechts *schauen!/Schau/ Schaut/Schauen* Sie erst nach rechts!
Watch those cars!	Auf die Autos *achten!/Achte /Achtet/Achten* Sie auf die Autos!

Im Englischen gibt es nur eine Befehlsform, die Grundform des Verbs, die ohne Subjekt, aber mit allen anderen Satzgliedern Befehlssätze bildet. Für die Übersetzung ins Deutsche muß dem Kontext entnommen werden, ob eine unpersönliche Form wie »Erst nach rechts schauen!« oder die *du*-Form (»Schau erst nach rechts!«), die *ihr*-Form (»Schaut erst nach rechts!«) oder auch die *Sie*-Form (»Schauen Sie erst nach rechts!«) die Situation richtig wiedergibt. Im Englischen ist **you** als Subjekt des Befehlssatzes impliziert, was sowohl »du« als auch »ihr« oder »Sie« heißen kann [➤31a].

7b Wie man negative Befehle formuliert

Wenn man etwas verhindern oder verbieten will, kann man negative Befehle formulieren.

Do not **put your feet on the seats!**	Die Füße gehören *nicht* auf den Sitz!
Don't **even touch it!**	Bloß *nicht* anfassen!
Don't **be reckless!**	Sei/Seid/ Seien Sie *nicht* leichtsinnig!

Allen Verben wird als Verneinung **do not** oder dessen Verkürzung **don't** vorangestellt [➤23b].

SYNTAX

7c   Aussagesätze mit you

Es gibt Aussagesätze mit dem Subjekt **you**, die der Bedeutung nach Befehlssätzen nahekommen, doch eigentlich stärker Vorschlagscharakter haben.

You stay here, and I'll get the newspaper.	*Du* bleib/*Ihr* bleibt/*Sie* bleiben (ruhig) hier, und ich werde die Zeitung holen.

7d   Sätze mit let's

(i)   Positive Vorschläge

Ein Satz mit **let's** »laß uns/laßt uns/lassen Sie uns« (etwas eleganter ist die Übersetzung mit »vorschlagen«) hat ebenfalls Vorschlagscharakter und schließt den Sprecher mit ein.

Let's go by train to Aberdeen, and then let's fly back to London.	Ich *schlage vor*, wir fahren mit dem Zug nach Aberdeen und fliegen dann nach London zurück.

Man muß wieder dem Kontext entnehmen, ob die *du*-Form (»laß uns«), die *ihr*-Form (»laßt uns«) oder die *Sie*-Form (»lassen Sie uns«) die Situation richtig wiedergibt.

(ii)   Verneinung mit let's

Ein negativer Vorschlag wird mit der Verneinung **not** nach **let's** gebildet.

Let's not waste our time; this project is unrealistic.	*Laß* uns/*Laßt* uns/*Lassen* Sie uns *keine* Zeit vergeuden; dieses Projekt ist unrealistisch.

In der Umgangssprache findet sich manchmal auch **don't let's**.

Don't let's be too particular.	*Laß* uns/ *Laßt* uns/ *Lassen* Sie uns nicht zu eigen sein.

7e Befehlssätze abwandeln

Da ein Befehlssatz in vielen Situationen als zu direkt und deshalb zu unhöflich angesehen wird, wählt man eher Formulierungen mit Vorschlagscharakter. Besonders geeignet sind Sätze mit modalen Hilfsverben [➤16e–i], die Zurückhaltung signalisieren.

SYNTAX

8 Komplexe Sätze

So wie man Wörter zu komplexen Wörtern [➤3a, 3b] zusammensetzen kann, lassen sich auch Sätze zusammenfügen. Man unterscheidet dabei zwei Arten der Zusammenfügung: gleichrangige Sätze, die in einer Satzverbindung kombiniert werden können, oder ungleichrangige Sätze, die als Haupt- und Nebensätze in einem Satzgefüge kombiniert werden.

8a Satzverbindungen: and, or, but

Aussagesätze, Fragesätze und Befehlssätze nennt man auch unabhängige Sätze (oder Hauptsätze), weil sie unmittelbar Teil eines Textes sein können. Als unabhängige Sätze sind sie gleichrangig und können verknüpft werden. Die Verknüpfungswörter **and** »und«, **or** »oder«, **but** »aber« heißen Konjunktionen; das Resultat der Verknüpfung wird Satzverbindung oder Koordination (Gleichordnung gleichrangiger Teile) genannt.

*(i) Addition: **and** »und«*

(A) Durch **and** lassen sich Sätze addieren. Die Zahl der Sätze kann dabei unbegrenzt sein, doch in der Regel werden meist zwei oder drei Sätze kombiniert.

Adelaide is studying economics, *and* she is also bringing up two children. She will take over her parents' business, *and* Steve will stay at home to look after the children. Don't ask me why *and* don't even mention it to them!	Adelaide studiert Wirtschaftswissenschaften, *und* sie erzieht außerdem zwei Kinder. Sie wird das Geschäft ihrer Eltern übernehmen, *und* Steve wird zu Hause bleiben, um sich um die Kinder zu kümmern. Frag mich nicht warum, *und* erwähne es auf keinen Fall ihnen gegenüber!

Bei mehr als zwei Sätzen wird **and** normalerweise nur vor dem letzten Satz gebraucht. Die anderen Sätze werden mit Kommas getrennt.

(B) In vielen Satzverbindungen signalisiert **and** einfach eine Reihenfolge, die umkehrbar ist.

KOMPLEXE SÄTZE 8a

Brenda phoned the boss *and* **Stewart wrote to the bank.**
Brenda rief den Chef an, *und* Stewart schrieb an die Bank.
Stewart wrote to the bank *and* **Brenda phoned the boss.**
Stewart schrieb an die Bank, *und* Brenda rief den Chef an.

Je nach Zusammenhang kann eine Satzverbindung mit **and** jedoch anders interpretiert werden:

He shouted *and* **the baby cried.**
Er rief laut, *und* das Baby weinte.
The baby cried *and* **he shouted.**
Das Baby weinte, *und* er rief laut.

Gewöhnlich wird eine solche Satzverbindung als zeitliches Nacheinander oder sogar als Kausalzusammenhang verstanden; der jeweilige Satzkontext ist entscheidend.

(C) Wenn Sätze koordiniert werden, werden Satzglieder, die in beiden Sätzen auftreten, normalerweise im zweiten getilgt.

The manager **got stuck in a traffic jam, and** *the manager* **missed his plane.**
Der Manager blieb in einem Stau stecken und verpaßte sein Flugzeug.
The manager **got stuck in a traffic jam and missed his plane.**
He **had to rebook the flight, and** *he* **had to rebook the hotel.**
Er mußte den Flug und das Hotel neu buchen.
He **had to rebook the flight and the hotel.**

Solche Verkürzungen sind üblich, weil die Sätze knapper und weniger umständlich klingen.

(D) Die Interpunktion bei Satzverbindungen mit **and** ist zu beachten, weil sich die Regeln vom Deutschen unterscheiden [➤2d (ii)]. Wenn die durch **and** verbundenen Sätze beide lang sind, steht in der Regel ein Komma vor **and**; sind sie kurz oder, wie im vorigen Abschnitt beschrieben, durch Tilgungen noch enger miteinander verbunden, so steht kein Komma.

⚠ Im Deutschen werden zwei mit »und« verbundene unabhängige (Haupt-)Sätze immer durch Komma getrennt, solange Subjekt und Prädikat erhalten bleiben.

SYNTAX

(ii) Alternativen: **or** *»oder«*

(A) Mit **or** lassen sich zwei oder mehrere alternative Sätze miteinander verbinden.

It may rain, *or* it may be dry; we'll have to check the weather forecast in any case.	Es mag regnen, *oder* es mag trocken sein; wir müssen den Wetterbericht auf jeden Fall überprüfen.
Nick may be on his own, *or* he may have guests, *or* his girl friend may be there; the flat is always in chaos.	Nick kann allein sein, *oder* er kann Gäste haben, *oder* seine Freundin kann da sein; die Wohnung ist immer ein Chaos.

(B) Die alternative Bedeutung kann noch verstärkt werden durch die aus zwei Wörtern bestehende Konjunktion **either ... or** »entweder ... oder«.

Either Wayne is away on conferences *or* Wendy is doing one of her courses; you never meet the two together.	*Entweder* ist Wayne unterwegs auf Konferenzen *oder* Wendy ist auf einem ihrer Kurse; man trifft die beiden nie zusammen an.

(C) Es gibt eine aus zwei Wörtern bestehende negative Konjunktion **neither ... nor** »weder ... noch«, die **either ... or** als positiver Konjunktion entspricht. Man muß jedoch auf die Besonderheit achten, daß bei einem negativen Element am Satzanfang die Umstellung von Hilfsverb und Subjekt erfolgt [Inversion ▶22b].

The firm *neither* provided the finances, *nor* did they obtain the patent.	*Weder* hat die Firma die Finanzen bereitgestellt, *noch* hat sie das Patent erhalten.

(D) Satzglieder, die in den mit **or** oder **nor** koordinierten Sätzen identisch sind, können im zweiten Satz getilgt werden.

In the evening Gary reads, *or* Gary watches TV. In the evenings Gary reads *or* watches TV.	Am Abend liest Gary *oder* sieht fern.

Da die Sätze mit Tilgung eleganter klingen, ist die Verkürzung üblich.

KOMPLEXE SÄTZE 8a

(E) Bezüglich der Interpunktion ist zu beachten, daß vor **or** ein Komma steht, wenn die beiden verbundenen Sätze lang oder kompliziert sind. Bei kurzen Sätzen, besonders mit getilgten Satzgliedern, fehlt in der Regel ein Komma.

> Im Deutschen steht vor »oder« immer ein Komma, wenn zwei unabhängige (Haupt-)Sätze miteinander verbunden werden.

(iii) Gegensätze: **but** *»aber«*

(A) In Sätzen, die mit **but** verbunden werden, ist ein Gegensatz enthalten. Es werden immer nur zwei Sätze miteinander verbunden.

The city branch prospered, ***but*** the one in the suburbs was not so successful.	Die Zweigstelle in der Stadt florierte, *aber* die im Vorort war nicht so erfolgreich.

(B) Wenn in Sätzen, die mit **but** verbunden sind, identische Satzglieder auftreten, können diese im zweiten Satz getilgt werden.

The papers covered all the weekend events, ***but** the papers* did not cover the rest of the week.	*Die Zeitungen* berichteten über alle Wochenendereignisse, *aber die Zeitungen* berichteten nicht über die restliche Woche.
The papers covered all the weekend events, ***but*** not the rest of the week.	*Die Zeitungen* berichteten über alle Wochenendereignisse, *aber* nicht über die restliche Woche.
Jenny *found the article,* **but** Alice did not *find it.*	Jenny *entdeckte den Artikel, aber* Alice *entdeckte ihn nicht.*
Jenny *found the article,* **but** Alice did not.	Jenny *entdeckte den Artikel, aber* Alice nicht.

Solche Verkürzungen fördern einen knappen, eleganten Stil im Vergleich zur umständlichen Wiederholung.

(C) Vor **but** steht in der Regel ein Komma.

8b Satzgefüge: Haupt- und Nebensätze

Haupt- und Nebensatz sind, wie die Bezeichnungen signalisieren, nicht gleichrangig: Der Nebensatz hängt vom Hauptsatz

SYNTAX

ab, d.h., in den meisten Fällen ist der ganze Nebensatz ein Satzglied des Hauptsatzes.

Es gibt verschiedene Arten von Nebensätzen, die jeweils durch ihre eigenen Verknüpfungswörter (Konjunktionen) gekennzeichnet sind [➤9].

⚠ Für alle Nebensätze des Englischen gilt, daß sie nach der einleitenden Konjunktion die gleiche Satzgliedfolge haben wie die unabhängigen (Haupt-) Sätze, also S – P – (O) – (A) [➤4], ein deutlicher Unterschied zum Deutschen.

Zwei Nebensätze können auch gleichrangig sein und daher ebenfalls mit **and/or/but** verknüpft werden:

Joe and Stephanie stayed in because he was ill *and* she wanted to watch television.	Joe und Stephanie blieben zu Hause, weil er krank war *und* sie fernsehen wollte.

8c *Relativsätze: nachgestellte Bedeutungsmodifikationen*

Relativsätze sind entweder auf ein Satzglied des Hauptsatzes oder auf einen ganzen vorhergehenden Satz bezogen. Mit Relativsätzen wird die Bedeutung der Bezugssatzglieder oder -sätze modifiziert, wobei zwei Arten der Modifikation zu unterscheiden sind.

(i) Restriktive Relativsätze

Restriktive Relativsätze beziehen sich nur auf nominale Satzglieder des Hauptsatzes. Dabei wird die Bedeutung der Satzglieder begrenzt (daher der Name restriktiv).

Parents *who have lost their children* should immediately go to the information desk. Our staff will look after any children *who are found on our premises*.	Eltern, *die ihre Kinder vermissen*, sollten sofort zum Informationsschalter gehen. Unser Personal wird sich um alle Kinder kümmern, *die auf unserem Gelände aufgefunden werden*.

Die Bedeutung von **parents** und von **children** wird begrenzt: nicht alle Eltern oder Kinder, sondern diejenigen Eltern, die Kinder vermissen, und diejenigen Kinder, die aufgefunden werden. Diese Einschränkung der Bedeutung der Nomen ist mit der Einschränkung durch ein Adjektiv als Attribut vergleichbar [➤32a].

KOMPLEXE SÄTZE 8c

(ii) Restriktive Relativsätze: Wahl der Relativpronomen

Das Hauptnomen des Satzglieds, auf das sich ein restriktiver Relativsatz bezieht, bestimmt die Wahl des Relativpronomens [Tilgung des Relativpronomens ➤8c (iii) B].

(A) • Bei Bezeichnungen für Menschen stehen **who** oder **whom** zur Verfügung:

The girl *who* saw you ...	Das Mädchen, *das* dich sah, ...
The woman *who* complained ...	Die Frau, *die* sich beschwerte, ...
The man *who* lost his key ...	Der Mann, *der* seinen Schlüssel verlor, ...
The spectators *who* arrived late ...	Die Zuschauer, *die* zu spät kamen, ...

Who fungiert als Subjekt im Relativsatz. Seine Form bleibt immer konstant.

• **Whom** kann in etwas gehobenerem Stil verwendet werden, wenn es im Relativsatz als Objekt fungiert:

The girl *whom* we saw there ...	Das Mädchen, *das* wir dort sahen, ...
The guests *whom* we had not met ...	Diejenigen Gäste, *die* wir noch nicht kennengelernt hatten, ...

Auch **whom** verändert seine Form nicht, kann aber in der Umgangssprache durch **who** ersetzt werden:

The girl *who* we saw there ...	Das Mädchen, *das* wir dort sahen, ...
The guests *who* we had not met ...	Diejenigen Gäste, *die* wir noch nicht kennengelernt hatten, ...

• Wenn eine Präposition oder eine Partikel vor dem Relativpronomen steht, muß **whom** gebraucht werden:

The people *to whom* we turned ...	Die Leute, *an die* wir uns wendeten, ...
The boy *about whom* they had heard ...	Der Junge, *von dem* sie gehört hatten, ...

SYNTAX

In diesem Zusammenhang ist auf die für das Englische charakteristische Wahlmöglichkeit bei Verben mit Partikel hinzuweisen [➤6b(iii)C und 15c(ii)]: Wenn die Partikel beim Verb bleibt, besteht die Wahl zwischen **who** und **whom**; steht die Partikel vor dem Relativpronomen (s. o.), so ist nur noch **whom** möglich:

The stranger *who/whom* she talked to ... The stranger *to whom* she talked ...	Der Fremde, *mit dem* sie sprach, ...

(B) Bei Bezeichnungen für Tiere, Sachen oder abstrakte Vorstellungen werden die Relativpronomen **which** oder **that** gebraucht:

The cat *which/that* ran away ...	Die Katze, *die* weglief, ...
The book *which/that* she got as a present ...	Das Buch, *das* sie als Geschenk bekam, ...
The strange ideas *which/that* they had never heard of ...	Die fremden Ideen, *von denen* sie nie gehört hatten, ...
The new projects *about which* they read in the newspapers ...	Die neuen Projekte, *über die* sie in den Zeitungen lasen, ...

⚠️ In allen Positionen kann **which** stehen; **that** hingegen steht nie nach einer Präposition oder Partikel.

(C) Das Relativpronomen **that** erlaubt als einziges Pronomen eine Kombination von Personen und Tieren/Sachen als Bezugssatzglied:

All children and pets *that* are going to Edinburgh should go to platform 1.	Alle Kinder und Tiere, *die* nach Edinburgh reisen, begeben sich bitte zum Bahnsteig 1.

(D) Das Relativpronomen **whose** wird im Gegensatz zu **who/whom** oder **which/that** unmittelbar vor einem Nomen verwendet und hat die Bedeutung eines Genitivs (»wessen/dessen«).

Whose kann sich sowohl auf Personen als auch auf Sachen beziehen:

KOMPLEXE SÄTZE 8c

The woman *whose* handbag was stolen ...	Die Frau, *deren* Handtasche gestohlen wurde, ...
The tree *whose* branches touch the house opposite ...	Der Baum, *dessen* Zweige das gegenüberliegende Haus berühren, ...

Manchmal wird bei Sachen allerdings eine Konstruktion mit **which** bevorzugt:

The tree *of which* the branches touch the house ...	Der Baum, *dessen* Zweige das gegenüberliegende Haus berühren, ...
The tree the branches *of which* touch the house opposite ...	

Meist wird das nachgestellte **of which** gebraucht, das weniger umständlich klingt. Beide Wendungen sind aber gehobener als **whose**.

(iii) Restriktive Relativsätze: Relativpronomen auslassen

Diese Konstruktion ist eine Besonderheit des Englischen, die wegen ihrer Knappheit oft vorzuziehen ist, aber an zwei Bedingungen geknüpft ist.

(A) Wenn das Relativpronomen nicht das Subjekt des Relativsatzes ist, kann es ausgelassen werden:

The relatives *who/whom* the police had informed ...	Die Verwandten, *die* die Polizei informiert hatte, ...
The relatives the police had informed ...	
The books *which* they sold in London ...	Die Bücher, *die* sie in London verkauften, ...
The books they sold in London ...	

Die Unterscheidung nach **who/whom**, **which/that** spielt hierbei keine Rolle, nur die Funktion im Satz (= kein Subjekt) ist wichtig.

(B) Die zweite Bedingung ist, daß vor dem Relativpronomen keine Präposition oder Partikel steht:

SYNTAX

The workers *who/whom* they cared for ... The workers they cared for ... The problems *which* they talked about ... The problems they talked about ...	Die Arbeiter, *um die* sie sich kümmerten, ... Die Probleme, *über die* sie redeten, ...

Die Tilgung des Relativpronomens in den Beispielen ist erlaubt, weil Präposition/Partikel (= **for** und **about**) beim Verb bleiben; im Falle von **for whom they cared** oder **about which they talked** wäre die Tilgung unmöglich.

(iv) Restriktive Relativsätze: Kommasetzung

Im Englischen werden restriktive Relativsätze nie mit einem Komma vom Bezugssatzglied abgetrennt.

(v) Nichtrestriktive Relativsätze

Derartige Relativsätze können sich auf einzelne Satzglieder oder auch auf ganze Sätze beziehen. Dabei wird die Bedeutung der Bezugselemente durch den Relativsatz ergänzt, doch es findet keine Eingrenzung der ursprünglichen Bedeutung der Bezugselemente statt.

The Queen of England, *who* is now over sixty, ... Ian, *who* once met her, ... Our car, *which* is a VW, ...	Die Königin von England, *die* jetzt über sechzig ist, ... Ian, *der* sie einmal getroffen hat, ... Unser Auto, *das* ein VW ist, ...

Weil keine Eingrenzung der Bedeutung stattfindet, lassen sich auch Eigennamen von Individuen oder Bezeichnungen für einzigartige Ämter usw., die an sich nicht eingrenzbar sind, mit einem nichtrestriktiven Relativsatz ergänzen.

(vi) Nichtrestriktive Relativsätze: Wahl der Relativpronomen

In nichtrestriktiven Relativsätzen ist **that** als Relativpronomen ausgeschlossen. Außerdem kann im Gegensatz zu den restriktiven Relativsätzen das Relativpronomen nie ausgelassen werden.

KOMPLEXE SÄTZE 8c

(A) **Who/whom** bezieht sich auf Personen, **which** auf Tiere, Sachen usw.; es gelten die in Abschnitt B aufgeführten Bedingungen.

John, *who* saw the cat first, tried to catch it.	John, *der* die Katze zuerst sah, versuchte, sie zu fangen.
The cat, *which* seemed entirely lost, climbed the tree.	Die Katze, *die* gänzlich verwirrt erschien, kletterte auf den Baum.
The neighbours, to *whom* we explained the situation, called the fire brigade.	Die Nachbarn, *denen* wir die Situation erklärten, riefen die Feuerwehr.

(B) Wenn sich der nichtrestriktive Relativsatz auf einen Satz und nicht nur auf ein Satzglied bezieht, ist nur **which** als Relativpronomen möglich:

The weather was dry and sunny, *which* was a nice surprise.	Das Wetter war trocken und sonnig, *was* eine angenehme Überraschung war.
The people were really friendly, *which* we had expected.	Die Leute waren wirklich freundlich, *was* wir erwartet hatten.

(vii) *Nichtrestriktive Relativsätze: Kommasetzung*

Wie in den Beispielen veranschaulicht, werden nichtrestriktive Relativsätze immer mit Komma vom Bezugssatzglied oder -satz abgetrennt.

(viii) *Unterscheidung zwischen Relativsatztypen*

Die unterschiedliche Bedeutung von restriktiven und nichtrestriktiven Relativsätzen ist in (i) und (v) schon erläutert worden und soll hier noch einmal zusammengefaßt werden.

(A) Im schriftlichen Englisch bietet die Kommasetzung eine formale Kennzeichnung der Relativsatztypen:

My sister who lives in London has three children.	Meine Schwester, die in London lebt, hat drei Kinder.
My sister, who lives in London, has three children.	

SYNTAX

Im Deutschen ist der bedeutungsmäßige Unterschied nur aus dem Kontext zu erschließen, der im Englischen explizit ist: Das erste Beispiel enthält einen restriktiven Relativsatz, das Satzglied **My sister** wird begrenzt (auf diejenige, die in London lebt, d.h., der Sprecher muß noch mindestens eine weitere Schwester haben); das zweite Beispiel enthält einen nichtrestriktiven Relativsatz, das Satzglied **My sister** wird deshalb als nicht einzugrenzendes Individuum verstanden (d.h., der Sprecher spricht von seiner einzigen Schwester).

(B) Im gesprochenen Englisch kann ebenfalls der Unterschied zwischen den Relativsatztypen deutlich gemacht werden: Der restriktive Relativsatz wird mit seinem Bezugssatzglied als Einheit behandelt, d.h., er wird nicht durch eine Sprechpause und eine eigene Satzmelodie getrennt (//...// gibt einen Sprechtakt an). Der nichtrestriktive Relativsatz hingegen kann so getrennt werden.

The children who live next dòor ...	Die Kinder, die nebenan wohnen, ...
My sìster, // who lives in Lòndon, //...	Meine Schwester, die in London wohnt, ...

Aber man muß hinzufügen, daß Pause und Satzmelodie nur potentielle Markierungen sind, die sich oft nach anderen Gesichtspunkten der Sprecheinteilung richten. In diesen Fällen läßt sich die Bedeutung eines Relativsatzes nur aus dem Kontext erschließen.

9 Adverbialsätze

Die Funktion der Adverbialsätze entspricht den Adverbien im Satz, die Zeitbestimmungen, Angaben über Ort, Richtung, Bedingungen usw. enthalten. Alle Typen von Adverbialsätzen haben ihre eigenen Konjunktionen

9a Adverbialsätze der Zeit

Häufige Konjunktionen, die Adverbialsätze der Zeit einleiten, sind **after** »nachdem«, **as** »während«, **as soon as** »sobald «, **since** »seit«, **until** »bis«, **when** »als/wenn«, **while** »während«.

Adverbialsätze der Zeit können vor dem Hauptsatz oder auch danach stehen, je nachdem, was zeitlich logisch ist oder was in den Vordergrund treten soll.

After **the manager had closed the deal, he returned to the office.** *As soon as* **he got back, he talked to the shop stewards. They were satisfied** *when* **they heard the details, but they did not want to take a decision** *until* **all the workers had voted.**	*Nachdem* der Manager das Geschäft abgeschlossen hatte, kehrte er ins Büro zurück. *Sobald* er zurückkam, redete er mit den Betriebsräten. Sie waren zufrieden, *als* sie die Details hörten, aber sie wollten keine Entscheidung treffen, *bevor* alle Arbeiter gewählt hatten.

Bei Sätzen mit Bezug auf die Zukunft muß darauf geachtet werden, daß der **when**-Satz nur einfaches Präsens enthält.

⚠ Im Deutschen könnte hier auch ein Futur stehen.

You must tell us *when* **you** *arrive.*	Sie müssen uns sagen, *wann* Sie ankommen (oder: *wann* Sie ankommen werden).

SYNTAX

9b Adverbialsätze des Ortes/der Richtung

Die in diesen Adverbialsätzen am häufigsten gebrauchte Konjunktion ist **where**, das »wo« oder »wohin« heißen kann.

Nowadays you can go *where(ver)* you want; you nearly always meet tourists, even in places *where* life is dangerous.	Heutzutage kann man hingehen, *wohin* man will; man trifft fast immer auf Touristen, sogar an Orten, *wo* das Leben gefährlich ist.

9c Adverbiale Bedingungssätze

Häufige Konjunktionen, die Bedingungssätze einleiten, sind **if** »falls/wenn« (am vielfältigsten verwendbar), **in case** »im Falle/für den Fall, daß«, **unless** »wenn nicht«.

Mit den Bedingungssätzen formuliert der Sprecher eine Bedingung (Nebensatz, **if**-Satz) und spricht eine Konsequenz aus (Hauptsatz). Gleichzeitig drückt er aber durch die Wahl bestimmter Prädikate aus, inwieweit er selbst Bedingung und Konsequenz für erfüllbar hält.

(i) Erfüllbare Bedingungssätze

Erfüllbare Bedingungssätze, die sich auf Gegenwart oder Zukunft beziehen, haben im Nebensatz das einfache Präsens, ein Hilfsverb, bezogen auf die Gegenwart, oder auch ein *Present Perfect* und im Hauptsatz oft das Futur mit **will** [➤17a, b]:

If the shareholders *invest* early enough, the company *will be saved*. If the company *can get* the support of the banks, it *will be* able to expand. If they *fulfill* all the requirements, they *will be* allowed to start.	Wenn die Aktionäre früh genug *investieren, ist* die Firma *gerettet*. Wenn die Firma die Unterstützung der Banken *erhalten kann, wird* sie in der Lage *sein* zu expandieren (kann sie expandieren). Wenn sie alle Erwartungen *erfüllen, werden* sie anfangen dürfen.

Wenn sich Bedingung und Konsequenz auf allgemeingültige Feststellungen und Tatsachen beziehen und der Zeitbezug auf

ADVERBIALSÄTZE 9c

Gegenwart oder Zukunft im Hintergrund steht [➤17a(ii)], kann in Nebensatz und Hauptsatz das einfache Präsens stehen:

If Jeremy *is* angry, his wife *keeps* out of the way.	Wenn Jeremy verärgert *ist*, *geht* ihm seine Frau aus dem Weg.

Hier hat **if** die Bedeutung »wenn immer« und könnte auch durch **whenever** ersetzt werden.

(ii) Unerfüllbare Bedingungssätze

Unerfüllbare Bedingungssätze, die sich auf Gegenwart oder Zukunft beziehen, haben im Nebensatz entweder die Form **were** [Überbleibsel des englischen Konjunktivs ➤18a] oder ein Präteritum und im Hauptsatz **would** + Grundform des Verbs:

If I *were* you, I *would work* for that company. If the company *went bankrupt*, their competitors *would take over* all the personnel.	Wenn ich du *wäre*, *würde* ich für jene Firma *arbeiten*. Wenn die Firma *bankrott ginge*, *würden* ihre Konkurrenten das gesamte Personal *übernehmen*.

(iii) Zwischenstufen

Man kann auch Zwischenstufen zwischen erfüllbaren und unerfüllbaren Bedingungssätzen ausdrücken, und zwar mit Hilfe der modalen Hilfsverben [➤16e–i]:

If I *should come* home in time, I *will* repair the fence. If you *could help* me, I *would be* most grateful.	Wenn ich rechtzeitig nach Hause *kommen sollte*, *werde* ich den Zaun reparieren. Wenn du mir dabei *helfen könntest*, *wäre* ich dir äußerst dankbar.

Die Bedingungen mit **should** oder **could** sind vielleicht unwahrscheinlich, aber nicht als unerfüllbar eingestuft.

Zwischenstufen bezüglich der Erfüllbarkeit mit **should** oder **could** oder auch anderen modalen Hilfsverben sowie unerfüllbare Bedingungen werden oft als zurückhaltende und deshalb sehr höfliche Vorschläge verwendet. Der Sprecher signalisiert, daß etwas kaum oder nicht erfüllbar erscheint, und zwingt deshalb dem Angesprochenen keinen Wunsch auf.

SYNTAX

(iv) Bedingungssätze mit Bezug auf die Vergangenheit

(A) Erfüllbare Bedingungssätze lassen sich auch mit Bezug auf die Vergangenheit bilden.

If people *went* on holiday 50 years ago, they mostly *travelled* by train or boat.	Wenn Leute vor 50 Jahren in die Ferien *fuhren, reisten* sie meist per Zug oder Schiff.

Zu beachten ist, daß in Neben- und Hauptsatz das Präteritum steht (und nicht **would** + Grundform des Verbs im Hauptsatz). Um jedoch solche Sätze richtig zu verstehen, muß man auf den allgemeinen Zusammenhang achten.

(B) Unerfüllbare Bedingungssätze lassen sich ebenfalls mit Bezug auf die Vergangenheit formulieren:

If the company *had* not *lost* so many customers, it *would have survived*. If the sales staff *had been* more *competent*, they *could have changed* the whole situation.	Wenn die Firma nicht so viele Kunden *verloren hätte, hätte* sie *überlebt*. Wenn die Vertreter *kompetenter gewesen wären*, hätten sie die ganze Lage *verändern können*.

Da eine Situation aus der Vergangenheit berichtet wird und das Präteritum für unerfüllbare Bedingungssätze mit Bezug auf die Gegenwart oder Zukunft schon belegt ist, steht das Prädikat in der Bedingung im Plusquamperfekt. In der Konsequenz findet sich häufig **would** + Infinitiv Perfekt [➤21a(iii)]; auch andere modale Hilfsverben wie **could** tauchen auf.

(C) Statt der Konjunktion **if** kann vor allem bei unerfüllbaren Bedingungssätzen mit Bezug auf die Vergangenheit die Umstellung von Hilfsverb und Subjekt (Inversion) verwendet werden. Dies ist stilistisch formeller.

Had he noticed the advertisement, he would have applied.	*Hätte er* die Anzeige bemerkt, so hätte er sich beworben.

In anderen Bedingungssatztypen gibt es diese Umstellung sehr selten.

(v) Reihenfolge in Bedingungssätzen

Die häufigste Reihenfolge in Bedingungssätzen ist die, die auch am ehesten einleuchtet: erst die Bedingung, dann die Konsequenz. Wenn man jedoch aus rhetorischen Gründen

ADVERBIALSÄTZE 9c

erst die Konsequenz nennen möchte – vielleicht um jemanden zu überreden – ist die Reihenfolge auch vertauschbar:

I would be very grateful if you could pick up our guests.	*Ich wäre sehr dankbar,* wenn Sie unsere Gäste abholen könnten.

(vi) Negative Bedingungen

Neben positiven Bedingungen lassen sich auch negative Bedingungen ausdrücken:

If you *don't* need the tools any longer, please put them back into the car. *Unless* you still need the tools, please put them back into the car.	*Wenn* du die Werkzeuge nicht mehr brauchst, leg sie bitte wieder ins Auto.

Unless entspricht **if ... not**. Für den aktiven Sprachgebrauch wird jedoch **if ... not** vorgezogen, das in allen Kontexten eingesetzt werden kann.

(vii) Umgangssprachliche Zusammenziehungen und Verkürzungen

In der Umgangssprache gibt es Zusammenziehungen des Prädikats [➤23a], die auch komplexe Prädikate leicht aussprechbar machen. Vor allem nach Pronomen können **had** und **would** zu **'d** und **have** zu **'ve** verkürzt werden:

If I *had* seen you, I *would have* stopped. If I *'d* seen you, I *'d 've* stopped.	Wenn ich dich gesehen hätte, hätte ich angehalten.

Es gibt auch einige ebenfalls in der Umgangssprache anzutreffende Satzkürzungen:

If necessary, I'll be there at six o'clock, but *if possible* I'd prefer eight o'clock. *Unless required,* I wouldn't bring my helmet.	*Wenn nötig,* werde ich um sechs Uhr da sein, aber *wenn möglich,* würde ich acht Uhr vorziehen. *Wenn nicht erfordert,* würde ich meinen Helm nicht mitbringen.

SYNTAX

9d Andere Adverbialsätze

Um Bedeutungsbeziehungen zwischen Sätzen auszudrücken gibt es noch weitere Konjunktionen. Diese Satzgefüge enthalten jedoch nicht so viele Besonderheiten wie etwa die Bedingungssätze, so daß einige Beispiele ausreichen.

(i) Adverbialsätze des Grundes

Adverbialsätze des Grundes werden durch **as**, **because** oder **since** eingeleitet, die alle mit »weil/da« zu übersetzen sind. Die Nebensätze können vor- oder nachgestellt sein:

As the bus was late, he took a taxi. But he still did not catch his train, *because* they got stuck in a traffic jam.	*Da* der Bus zu spät kam, hatte er ein Taxi genommen. Aber er erreichte seinen Zug trotzdem nicht, *weil* sie in einem Verkehrsstau steckenblieben.

(ii) Adverbialsätze der Art und Weise

Adverbialsätze der Art und Weise werden durch **as** »wie«, **in a way which** »in einer Weise« eingeleitet. Diese Adverbialsätze folgen immer dem Hauptsatz.

They had treated the material *as* they had always done. But this time it reacted *in a way which* was not expected.	Sie hatten das Material (so) behandelt, *wie* sie es immer getan hatten. Aber diesmal reagierte es *auf eine Weise, die* sie nicht erwartet hatten.

(iii) Adverbialsätze des Zwecks oder der Absicht

Adverbialsätze des Zwecks oder der Absicht werden durch **so that** »so daß« oder **in order that** »um zu« eingeleitet. Letzteres ist sehr formell. Sätze mit **so that** sind nachgestellt, Sätze mit **in order that** meist vorgestellt:

***In order that* they could see the river, they felled two trees. But they had not asked for permission, *so that* they were now facing trouble.**	*Um* den Fluß sehen *zu* können, fällten sie zwei Bäume. Aber sie hatten keine Erlaubnis dafür eingeholt, *so daß* ihnen nun Ärger bevorstand.

ADVERBIALSÄTZE 9d

(iv) Konzessive Adverbialsätze

Konzessive Adverbialsätze werden durch **although** (abgekürzt zu **though**) »obwohl/obgleich«, **whereas** »wohingegen«, **while** »während« eingeleitet. Diese Nebensätze können vor- oder nachgestellt werden.

***Although* the car was a different make, the garage tried to repair it. They were very helpful, *whereas* the others had not even tried.**	*Obwohl* das Auto zu einer anderen Marke gehörte, versuchte die Werkstatt, es zu reparieren. Sie waren sehr hilfsbereit, *wohingegen* die anderen es nicht einmal versucht hatten.

SYNTAX

10 Subjekt- und Objektsätze

Statt nominaler Subjekte oder Objekte können auch Nebensätze die entsprechende Stelle im Satz einnehmen.

10a Subjektsätze

That the weather was so cold ruined their holiday.	Daß das Wetter so kühl war, ruinierte ihre Ferien.

Solche Satzsubjekte werden allerdings in der Regel dem Hauptsatz nachgestellt, und **it** dient als Platzhalter in der Subjektposition.

It ruined their holiday *that* the weather was so cold.	Es ruinierte ihre Ferien, *daß* das Wetter so kühl war.

Häufiger drückt man derartige Subjektsätze mit der **ing**-Form aus.

The weather *being* so cold ruined their holiday.	Daß das Wetter so kühl *war*, ruinierte ihre Ferien.

10b Objektsätze

They claimed *that they had seen the accident*. John thought *that they were lying*.	Sie behaupteten, *daß sie den Unfall gesehen hätten*. John glaubte, *daß sie lügten*.

Bei Objektsätzen handelt es sich wie im obigen Beispiel hauptsächlich um indirekte Rede und berichtete Gedanken, die im nächsten Kapitel eingehend behandelt werden.

11 Direkte und indirekte Rede

11a Direkte Rede

Die *direkte Rede,* also das, was unmittelbar gesprochen wird, wird im Englischen folgendermaßen dargestellt:

The boss said, 'I will pay an extra bonus if you finish that on time.'	Der Chef sagte: »Ich bezahle einen Extrabonus, wenn Sie das rechtzeitig fertigstellen.«

Der Einleitungssatz (mit Komma abgetrennt) enthält ein Verb des Sagens wie **say** »sagen«, **tell** »sagen, erzählen«, **exclaim** »ausrufen«, **shout** »rufen« usw. Die ursprüngliche Aussage wird in einfachen Anführungszeichen (im Amerikanischen Englisch in doppelten) zitiert.

Der Einleitungssatz kann verschiedene Positionen einnehmen:

The waiter said, 'Next week our restaurant will be closed.'	*Der Ober sagte:* »Nächste Woche wird unser Restaurant geschlossen sein.«
'Next week,' *the waiter said,* 'our restaurant will be closed.'	»Nächste Woche«, *sagte der Ober,* »wird unser Restaurant geschlossen sein.«
'Next week our restaurant will be closed,' *the waiter said.*	»Nächste Woche wird unser Restaurant geschlossen sein«, *sagte der Ober.*

Vor allem bei nachgestelltem Einleitungssatz können Subjekt und Prädikat vertauscht werden (Inversion):

'Next week,' *said the waiter,* ...	»Nächste Woche«, *sagte der Kellner* ...
'Now, now,' *said the bishop* to the actress ...	»Aber, aber«, *sagte der Bischof* zur Schauspielerin ...

SYNTAX

11b Indirekte Rede

Wenn jetzt ein anderer Sprecher (ein Berichter) berichtet, was jemand gesagt hat, nennt man das *indirekte* Rede. Es entsteht ein Satzgefüge mit Haupt- und Nebensatz:

Will says *that the car is ready.*	Will sagt, *daß das Auto fertig ist.*
Anne says *that she will leave now.*	Anne sagt, *daß sie nun losfahren wird.*

In der indirekten Rede findet sich in der Regel die Reihenfolge Hauptsatz (= Einleitungssatz) – Nebensatz.

(i)   Der Standpunkt des Berichters

Dadurch, daß der Berichter einen neuen Standpunkt einführt, sind manche Änderungen zu beachten. Anne kann sagen »**I will leave**«, aber der Berichter, der ja mit **I** nicht gemeint ist, muß statt dessen **she** verwenden. Ebenso (aber umgekehrt) wird **you** zu **we.**

Der neue Standpunkt eines Berichters kann auch andere Änderungen in der ursprünglichen Äußerung verursachen – im Tempus des Prädikats, bei Pronomen und bei Adverbien –, damit der ursprüngliche Sachverhalt erhalten bleibt.

(A) Tempusverschiebung

Das Tempus des Nebensatzes in der indirekten Rede hängt vom Tempus des Hauptsatzes ab.

a) Wenn der Hauptsatz im Präsens, Present Perfect oder Futur steht, bleibt das Tempus der ursprünglichen Äußerung in der indirekten Rede unverändert:

David: 'The strike *is* over.'	David: »Der Streik *ist* vorüber.«
David *says* that the strike *is* over.	David *sagt,* daß der Streik vorüber *ist* (*sei*).
Lucy: 'They *came* to an agreement.'	Lucy: »Sie *kamen* zu einer Einigung.«
Lucy *has reported* that they *came* to an agreement.	Lucy *hat berichtet,* daß sie zu einer Einigung *gekommen sind* (*seien*).

DIREKTE UND INDIREKTE REDE 11b

| The workers: 'We *have won.*' | Die Arbeiter: »Wir *haben gewonnen.*« |
| The workers *will say* that they *have won.* | Die Arbeiter *werden sagen,* daß sie *gewonnen haben* (*hätten*). |

⚠ Die im Deutschen mögliche Unterscheidung mit Konjunktiv in der indirekten Rede (*sei, seien* usw.) gegenüber dem Indikativ (*ist, sind* usw.) existiert im Englischen nicht.

b) Wenn der Hauptsatz im Präteritum oder Plusquamperfekt steht, wird das Tempus der ursprünglichen Äußerung in die Vergangenheit verschoben (Tempusverschiebung, **backshift of tenses**):

Jan: 'The shop *is* closed.'	Jan: »Das Geschäft *ist* geschlossen.«
Jan *said* that the shop *was* closed.	Jan *sagte,* daß das Geschäft *geschlossen war* (*wäre*).
Abigail: 'The owner *went* home.'	Abigail: »Der Besitzer *ging* nach Hause.«
Abigail *had said* that the owner *had gone* home.	Abigail *hatte gesagt,* daß der Besitzer nach Hause *gegangen war* (*wäre*).

c) Man kann sich die Tempusverschiebung folgendermaßen merken:

Hauptsatz	*direkte Rede*	*indirekte Rede*
Präteritum oder Plusquamperfekt:	Präsens	Präteritum
	Präteritum	Plusquamperfekt
	Present Perfect	Plusquamperfekt
	Plusquamperfekt	Plusquamperfekt
	Futur mit **will**	Konditional mit **would**

Das Tempus der direkten Rede wird gewissermaßen um eine Zeitstufe in die Vergangenheit verschoben, sofern eine solche Stufe vorhanden ist (das Plusquamperfekt läßt sich nicht weiter verschieben).

d) Wenn modale Hilfsverben in der direkten Rede auftreten, muß man auf deren Besonderheiten bezüglich Tempus achten [►16e]; im Plusquamperfekt können nur Ersatzformen verwendet werden:

SYNTAX

Alex: 'I *could* not *walk*; I *had broken* my leg.'	Alex: »Ich *konnte* nicht *gehen*, ich *hatte* mir das Bein *gebrochen*.«
Alex *said* that he *had* not *been able* to walk; he *had broken* his leg.	Alex *sagte*, daß er nicht *hatte gehen können*; er *hatte* sich das Bein *gebrochen*.

e) Es ist auf eine Abweichung von der Tempusfolge im Haupt- und Nebensatz hinzuweisen, mit der man feine Bedeutungsunterschiede signalisieren kann. Üblicherweise folgt auf ein Präteritum im Hauptsatz auch ein Vergangenheitstempus im Nebensatz. Aber auch folgendes ist möglich:

Galileo *asserted* that the sun *is* the centre of the universe.	Galileo *behauptete*, daß die Sonne das Zentrum des Universums *ist* (*sei*).

Bei diesem Satz identifiziert sich der Sprecher durch das Präsens gewissermaßen mit der Wahrheit des Nebensatzes. Hätte er gesagt, **that the sun was the centre of the universe**, so hätte er nur berichtet, ohne seine eigene Meinung kundzutun.

(B) Änderung der Pronomen

Durch den neuen Standpunkt des Berichters müssen oft auch die Pronomen geändert werden, damit der Bericht korrekt bleibt:

Zoë: '*I* do not like *this* hotel.'	Zoë: »*Ich* mag *dieses* Hotel nicht.«
Zoë said that *she* did not like *that* hotel.	Zoë sagte, *sie* möge *jenes* Hotel nicht.
Jez: '*We* can go to *our* old place.'	Jez: »*Wir* können zu *unserem* alten Hotel gehen.«
Jez said that *they* could go to *their* old place.	Jez sagte, daß *sie* zu *ihrem* alten Hotel gehen könnten.

Auch Demonstrativpronomen wie **this/these** »dieser, diese, dieses/diese« und **that/those** »jener, jene, jenes/jene« müssen wegen ihrer besonderen Bedeutung beachtet werden [▶31f]: **this/these** signalisiert Nähe zum Sprecher, **that/those** Ferne. Die tatsächliche Sprechsituation entscheidet daher über die Wahl des Demonstrativpronomens:

DIREKTE UND INDIREKTE REDE 11b

Kate: 'I would like to have *this* dress.'	Kate: »Ich möchte *dieses* Kleid haben.«
Kate says that she would like to have *this* dress.	Kate sagt, daß sie *dieses* Kleid haben möchte.

Dieses Beispiel impliziert, daß auch der Berichter sich unmittelbar bei dem Kleid befindet, daher **this**; andernfalls müßte **that** verwendet werden.

(C) Änderung der Ortsadverbien

Ortsadverbien, die sich am Sprecher orientieren, müssen bei einem neuen Berichterstandpunkt ebenfalls geändert werden:

Simon: 'My accident happened *here* at *this* corner.'	Simon: »Mein Unfall geschah *hier* an *dieser* Ecke.«
Simon said that his accident had happened *there* at *that* corner.	Simon sagte, daß sein Unfall *dort* an *jener* Ecke geschehen war.

Nur wenn der Berichter selbst an der Unfallecke stünde, könnte es in der indirekten Rede heißen: **here at this corner**.

(D) Verschiebung der Zeitadverbien

Zeitadverbien müssen je nach Datum verschoben werden:

Janice: 'I want to leave *today*.'	Janice: »Ich will *heute* abfahren.«
Janice said that she wanted to leave *today/yesterday*.	Janice sagte, daß sie *heute/gestern* abfahren wollte.

Today ist in der indirekten Rede nur möglich, wenn es noch der gleiche Tag ist; **yesterday** muß eingesetzt werden, wenn die Originalaussage am Tag vorher stattfand, **the day before yesterday**, wenn sie schon vorgestern stattfand, **three days ago**, wenn sie vor drei Tagen erfolgte, usw. Man kann allerdings auch ein konkretes Datum angeben:

Caroline: 'I want to leave *today*.' (= 27th of May) Caroline said that she wanted to leave on the *27th of May*.	Caroline: »Ich will *heute* abfahren.«(= 27. Mai) Caroline *sagte*, daß sie am *27. Mai* abfahren wollte.

(ii) Wahl der Verben

Die häufigsten Verben im Hauptsatz bei der indirekten Rede

SYNTAX

sind **say** und **tell**. Mit der Wahl der Verben kann aber auch die Art der Aussage verdeutlicht werden:

Patrick *shouted* that there was a fire in the shed. Miranda *muttered* that she wasn't surprised. The boy *had promised* that he would not touch matches again. He *told* us that it had been an accident.	Patrick *rief*, daß es im Schuppen brannte. Miranda *murmelte*, daß das sie nicht überraschte. Der Junge *hatte versprochen*, daß er nie wieder Streichhölzer anfassen würde. Er *erzählte* uns, daß es ein Unfall (gewesen) wäre.

(iii) *Die Konjunktion* **that** *»daß«*

Die Konjunktion **that** »daß« kann wegfallen, wenn der Hauptsatz vor dem Nebensatz steht. An der üblichen Satzgliedfolge im Nebensatz ändert sich nichts.

The manager *told us* (that) they wanted to set up a new branch.	*Der Manager sagte uns*, sie wollten eine neue Zweigstelle einrichten.

11c   *Indirekte Fragesätze*

So wie man Feststellungen und Aussagen in indirekter Rede berichten kann, lassen sich auch Fragen als Nebensätze zu indirekten Fragen umwandeln. Verben wie **ask** »fragen«, **inquire** »sich erkundigen«, **wonder** »sich fragen« oder **want to know** »wissen wollen« stehen im Hauptsatz, und der Nebensatz wird durch Konjunktionen wie **whether** »ob«, **if** »ob« oder durch Fragepronomen und -adverbien [➤6b, 31i] wie **what** »was«, **where** »wo/wohin«, **when** »wann« usw. eingeleitet.

(i) *Stellung der Satzglieder*

Die Satzgliedstellung im Nebensatz nach Konjunktion oder Fragepronomen ist identisch mit der im Hauptsatz: S – P – (O) – (A) [➤5a].

The policeman asked *whether* they had seen anything. He wanted to know *where* exactly they had sat and *what* they had done. The woman did not remember, *if/whether* the stranger had paid with cash or by cheque.	Der Polizist fragte, *ob* sie etwas gesehen hätten. Er wollte wissen, *wo* genau sie gesessen und *was* sie gemacht hatten. Die Frau erinnerte sich nicht, *ob* der Fremde bar oder mit Scheck bezahlt hatte.

DIREKTE UND INDIREKTE REDE 11c

(ii) Verkürzung

Indirekte Fragen lassen sich in vielen Fällen zu Infinitivsätzen verkürzen [➤21a(ii)]. Die Verkürzungen klingen oft einfacher und eleganter und werden deshalb häufig vorgezogen.

Robin asked himself what *he should do.* He wondered whether *he should leave* immediately. Robin asked himself what *to do.* He wondered whether *to leave* immediately.	Robin fragte sich, was *er tun sollte.* Er überlegte, ob er sofort *aufbrechen* sollte.

Der Infinitivsatz ist nur möglich, wenn im Haupt- und Nebensatz dasselbe Subjekt steht.

11d Indirekte Befehlssätze

Auch ein Befehl oder eine Aufforderung lassen sich in indirekte Rede verwandeln. Im Hauptsatz stehen Verben wie **ask** »auffordern«, **order** »anordnen/befehlen«, **tell** »sagen, befehlen«. Als Konjunktion wird **that** »daß« verwendet.

(i) Stellung der Satzglieder

Die Satzgliedfolge im Nebensatz ist identisch mit der im Hauptsatz: S – P – (O) – (A) [➤5a].

The foreman *ordered that* the production line should be stopped. He *told* the engineers *that* they should check the speed.	Der Vorarbeiter *befahl, daß* das Fließband gestoppt werden sollte. Er *sagte* den Ingenieuren, *daß* sie die Geschwindigkeit überprüfen sollten.

Sehr häufig findet sich die Form **should** »sollte« im Nebensatz, doch vor allem nach Verben des Bittens findet man manchmal eine Konstruktion, die ein Überbleibsel des Konjunktivs [➤18] ist:

The teacher requested that the pupils *should be/be* quiet.	Der Lehrer bat darum, daß die Schüler still *sein sollten.*

SYNTAX

Im Amerikanischen Englisch ist die zweite Ausdrucksweise sehr viel häufiger als im Britischen Englisch.

(ii)   Verkürzung von indirekten Befehlssätzen

Indirekte Befehlssätze lassen sich ebenfalls zu Infinitivsätzen verkürzen. Verkürzungen dieser Art sind beliebt, weil sie eleganter klingen.

The management asked *that the workers should start* an hour earlier. The workers told the shop stewards *that they should support* them.	Das Management forderte *die Arbeiter* auf, *daß sie eine Stunde früher anfangen sollten*. Die Arbeiter sagten *den Betriebsräten, daß sie sie unterstützen sollten*.
The management asked *the workers to start* an hour earlier. The workers told *the shop stewards to support* them.	Das Management forderte *die Arbeiter* auf, eine Stunde früher anzufangen. Die Arbeiter baten *die Betriebsräte, sie zu unterstützen*.

Die Übersetzungen zeigen, daß einige deutsche Verben ebenfalls einen Infinitivsatz zulassen.

12 Vergleichssätze

Dinge und Ereignisse lassen sich mit Hilfe von Vergleichs-Satzgefügen vergleichen. Außerdem sind auch Vergleiche zwischen Satzgliedern möglich [➤32f].

12a Einfache Konjunktionen zum Ausdruck der Ähnlichkeit

Wenn eine Ähnlichkeit ausgedrückt werden soll, dienen **as** »(so) wie« oder **as if** »als ob« als Konjunktionen. (Im Amerikanischen Englisch wird auch **like** statt **as** gebraucht.)

Sue was very punctual, *as* was usual for her. Nigel looked *as if* he had not noticed anything.	Sue war sehr pünktlich, *wie* sie es immer war. Nigel sah aus, *als ob* er nichts bemerkt hätte.

Dieser Satztyp überschneidet sich mit Adverbialsätzen der Art und Weise [➤9(iii)B]; die Bedeutung ist manchmal nicht unterscheidbar, weil die Art und Weise eines Ereignisses als Vergleich ausgedrückt wird.

12b Zweiwort-Konjunktionen

Beim Ausdruck der Ähnlichkeit von Dingen oder Ereignissen können auch Zweiwort-Konjunktionen verwendet werden: **as ... as** »so ... wie« oder deren Verneinung **not as /so ... as** »nicht so ... wie«.

The management was *as* interested in the deal *as* the workers were, but they were *not as* (*so*) confident *as* their bank seemed to be.	Die Geschäftsleitung war *ebenso* interessiert an dem Geschäft, *wie* es die Arbeiter waren, aber sie war *nicht so* zuversichtlich, *wie* ihre Bank es zu sein schien.

12c Komparativ in Vergleichssätzen

Wenn im Vergleich Unterschiede ausgedrückt werden sollen,

SYNTAX

geschieht dies mit einem Komparativ [➤32c] und **than**.

The new branch was *more productive than* they had expected. But they had *fewer* staff *than* comparable companies.	Die neue Zweigstelle war *produktiver, als* sie erwartet hatten. Aber sie hatten *weniger* Angestellte *als* vergleichbare Firmen.

12d Verkürzung von Vergleichssätzen

Häufig werden Vergleichssätze abgekürzt, weil sie identische Satzglieder enthalten und die volle Bedeutung aus dem Zusammenhang ersichtlich ist.

For some types of work computers are more useful than people *are*. **For some types of work computer are more useful than people.** **My neighbour was as careful as I *was*.** **a) My neighbour was as careful as I.** **b) My neighbour was as careful as me.**	Für manche Arbeiten sind Computer nützlicher als Menschen. Mein Nachbar war genauso sorgfältig wie ich (selbst).

In der Umgangssprache überwiegt die Verkürzung b) mit **me** statt **I**.

Sätze zur Hervorhebung von Satzgliedern

13a Spaltsätze

Man kann Satzglieder auf verschiedene Weisen hervorheben: durch Umstellung der normalen Satzgliedstellung [➤5e, f], durch Intonation [➤20] oder aber durch ein spezielles Satzgefüge, das den Namen Spaltsatz (**cleft sentence**) trägt.

The police found the car in the woods.	Die Polizei fand das Auto im Wald.
a) It *was* the police *that* found the car in the woods.	a) Es *war* die Polizei, *die* das Auto im Wald fand.
b) It *was* the car *that* the police found in the woods.	b) Es *war* das Auto, *das* die Polizei im Wald fand.
c) It *was* in the woods *that* the police found the car.	c) Es *war* im Wald, *daß* die Polizei das Auto fand.

⚠️ Mit der unpersönlichen Konstruktion »Es ist/war ...« kann im Deutschen die Hervorhebung nur in einigen Fällen wiedergegeben werden. Zwischen **It is/was ... that ...** können nominale Satzglieder wie Subjekte, Objekte und adverbiale Bestimmungen gestellt werden, die dadurch hervorgehoben und betont werden.

13b Hervorhebung von Prädikaten

Eine ähnliche Hervorhebung ist auch für Prädikate in Sätzen möglich.

Trevor cancelled the date. *What* Trevor *did was* (to) cancel the date.	Trevor strich den Termin. *Was* Trevor machte, *war* den Termin streichen.

SYNTAX

13c *Weitere Möglichkeiten der Hervorhebung*

Es gibt weitere Möglichkeiten der Hervorhebung mittels Satzgefüge, z.B.:

You need help. *What* you need *is* help. The explosion happened here. Here *is where* the explosion happened.	Du brauchst Hilfe. *Was* du brauchst, *ist* Hilfe. Die Explosion geschah hier. Hier *ist* es, *wo* die Explosion geschah.

C

Handlungen, Ereignisse und Zustände: Verben und ihre Verwendung im Satz

14 Wozu Verben dienen

15 Vollverben

16 Wozu Hilfsverben dienen

17 Über verschiedene Zeiten reden: Gegenwart, Zukunft und Vergangenheit

18 Wünsche, Vorschläge, Anregungen: Konjunktiv

19 Verschiedene Handlungsperspektiven: Aktiv und Passiv

20 Möglichkeiten der Hervorhebung und Betonung

21 Verbformen ohne eigenen Zeitbezug

22 Verneinung

23 Umgangssprachliche Zusammenziehungen

24 Besonderheiten der Orthographie

25 Verbtabellen

14 Wozu Verben dienen

➤ [Für eine eingehende Behandlung der Formen englischer Verben
➤ *Basiswissen Englisch: Verben.*]

Verben sind das Kernstück der Sätze: Sie drücken Handlungen, Ereignisse und Zustände aus und bestimmen über Subjekt, Objekt und andere Satzteile. Außerdem machen Verben im Satz deutlich, über welche Zeit der Sprecher redet und welche Einstellung oder Haltung er zu dem hat, worüber er redet.

14a Vollverben

Verben wie **like** »mögen« oder **play** »spielen« können selbständig im Satz erscheinen, haben mehrere Formen und können mit Hilfsverben alle Zeiten ausdrücken; daher der Name Vollverb [➤15].

14b Hilfsverben

Verben wie **can** »können« oder **will** »werden/wollen« sind im Satz immer mit Vollverben verbunden. Sie haben eine *stützende* Rolle, weil die Vollverben nur mit ihnen zusammen alle Bedeutungen ausdrücken können. Entsprechend ihren eigenen Bedeutungen und Formen sind die Hilfsverben gemäß Kapitel 16 zu unterteilen.

14c Mit Verben über verschiedene Zeiten reden

Mit *Zeit* ist die übliche Einteilung in Gegenwart, Vergangenheit und Zukunft gemeint. Die sprachlichen Ausdrücke, die das Englische zur Verfügung stellt, um über die Zeit zu reden, heißen *Tempusformen.* Die Unterscheidung in Zeit (**time**) und Tempusformen (**tense**) ist nötig, weil es sprachliche Ausdrücke gibt, die je nach Zusammenhang Unterschiedliches bedeuten können. Um Zeit und Tempusformen nicht zu verwechseln, findet sich immer eine deutsche Benennung für die Zeit, eine lateinische für die Tempusformen.

VOLLVERBEN 15a

15 Vollverben: ihre Rolle im Satz

Die Vollverben sind die zentrale Schaltstelle im Satz, weil durch sie Satzstruktur und -bedeutung wesentlich bestimmt werden. Nach Bedeutung und Struktur werden die Verben selbst in Klassen eingeteilt.

15a Nur Subjekt: intransitiv gebrauchte Verben

Nobody *smiled,* because it *was raining* and all hope of rescue *had disappeared.*	Keiner *lächelte,* weil es *regnete* und alle Hoffnung auf Rettung *entschwunden war.*

Die obligatorischen Satzteile sind Subjekt und Verb, um den Satz vollständig zu machen; andere Satzteile sind nicht erforderlich.

15b Subjekt und Komplement: Kopulaverben

(i) Funktion von Kopulaverben

Kopulaverben verbinden das Subjekt mit einem obligatorischen Komplement, das je nach entsprechendem Verb ein Adjektiv, ein Nomen oder eine adverbiale Bestimmung sein kann.

Gillian *is* a teacher, but her brother wants to *become* a singer.	Gillian *ist* Lehrerin, aber ihr Bruder will Sänger werden.
They *are* in Glasgow now.	Sie *sind* jetzt in Glasgow.
They *looked* happy when I met them.	Sie *sahen* glücklich aus, als ich sie traf.
His first concert *had been* on Saturday.	Sein erstes Konzert *war* am Samstag gewesen.
This may *seem* unusual, but he *is* very gifted.	Dies mag ungewöhnlich *erscheinen,* aber er *ist* sehr begabt.

Man muß sich in einem Wörterbuch vergewissern, welche Kombinationen möglich sind.

VERBEN

(ii) Zustand und Vorgang

Die Kopulaverben lassen sich nach ihrer Bedeutung in zwei Gruppen einteilen:

Zustand		Vorgang	
appear	(er)scheinen	**become**	werden
be	sein	**come**	werden
feel	sich fühlen	**get**	werden
keep	bleiben	**go**	werden
remain	bleiben	**grow**	werden
seem	(er)scheinen	**prove**	sich erweisen
smell	riechen	**turn**	werden
sound	klingen		
stay	bleiben		
taste	schmecken		

Die große Zahl von Kopulaverben, die »werden« bedeuten, ist eine Besonderheit des Englischen. Die häufigsten Verben sind **become, get, go** und **turn.**

Es gibt Kopulaverben, die nur sehr eingeschränkt gebraucht werden können: **fall ill,** »krank werden«, **fall in love** »sich verlieben«, **come true** »wahr werden«.

Demgegenüber ist die folgende Verbindung häufig, bei der **come** in der Bedeutung von »werden« mit **undoing** identisch ist:

The seam of the dress had *come unstitched,* her shoe laces had *come untied,* even her hair had *come undone*; she looked very untidy.	Der Saum des Kleides hatte *sich gelöst,* die Schnürsenkel waren *aufgegangen,* sogar das Haar hatte *sich gelöst*; sie sah sehr unordentlich aus.

*(iii) Besonderheiten bei **seem** und **appear***

Bei **seem** und **appear** ist zu beachten, daß auch folgende Konstruktionen möglich sind:

The Smiths *seem to be* content. They *appear to be* one happy family.	Die Smiths *scheinen* zufrieden *zu sein*. Sie *scheinen* eine glückliche Familie *zu sein*.

Seem (to be) und **appear (to be)** haben im Kern dieselbe Bedeutung. Sie sind auch mit anderen Verben verknüpfbar:

VOLLVERBEN 15b

Vanessa *seemed to enjoy* the party, but Frank *appeared to dislike* the food.	Vanessa *schien* die Party *zu genießen*, aber Frank *schien* das Essen *nicht zu mögen*/aber Frank *mochte* das Essen *anscheinend nicht*.

In dieser Konstruktion sind sie keine echten Kopulaverben mehr, sondern werden als Quasihilfsverben oder als Verknüpfungsverben bezeichnet.

15c Ein Objekt: transitiv gebrauchte Verben

(i) Obligatorisches Objekt aufgrund der Verbbedeutung

Manchmal sind die Objekte von der Bedeutung der Verben her obligatorisch.

The boy looked at *his watch*.	Der Junge sah auf *die Uhr*.
He was writing *a letter*.	Er schrieb (gerade) *einen Brief*.
His friend was waiting for *him*.	Sein Freund wartete auf *ihn*.
They had to join *their team*.	Sie mußten zu *ihrer Mannschaft* stoßen.

Bisweilen können Objekte jedoch ausgelassen werden, wenn die Handlung nicht genauer bezeichnet werden muß:

Adam is eating *an apple*.	Adam ißt *einen Apfel*.
Adam is eating.	Adam ißt.
Eve read *the newspaper* in bed.	Eve las *die Zeitung* im Bett.
Eve read in bed.	Eve las im Bett.

Auch solche Verben, deren Objekt ausfallen darf, sind transitiv gebraucht, denn wer ißt oder liest, ißt oder liest natürlich *etwas*.

(ii) Die Verben selbst können einfache oder komplexe Formen haben: **eat**, **read** gegenüber **look at**, **wait for**. Letztere bilden mit ihrer Partikel eine Einheit. Um sicher zu sein, welche Kombinationen richtig sind, schlägt man am besten im Wörterbuch nach [▶33f(ii)C].

Einige Beispiele:

look after (somebody) sorgen für (jemanden)
look at (something) (etwas) ansehen, betrachten

VERBEN

look for (somebody)	(jemanden) suchen
look up (something)	(etwas) nachsehen, nachschlagen
come across (something)	auf (etwas) stoßen
come by (something)	(etwas) erlangen

15d Zwei Objekte: (di)transitiv gebrauchte Verben

(i) Direktes und indirektes Objekt

Das jeweils erste Objekt, in diesen Beispielen der Bedeutung nach der »Empfänger«, heißt *indirektes Objekt*, das zweite *direktes Objekt*.

The postman gave *Juanita the envelopes*. Jeff had sent *her two letters*.	Der Postbote gab *Juanita die Briefumschläge*. Jeff hatte *ihr zwei Briefe* geschickt.
She told *us her story*, and showed *us the pictures*.	Sie erzählte *uns ihre Geschichte* und zeigte *uns die Bilder*.
We offered *her a cup of tea*.	Wir boten *ihr eine Tasse Tee* an.

(ii) Austauschbare Reihenfolge

Die Reihenfolge der Objekte kann vertauscht werden:

The postman gave the envelopes *to Juanita*.	Der Postbote gab die Briefumschläge *Juanita*.
Jeff had sent two letters *to her*.	Jeff hatte zwei Briefe *an sie* geschickt.

Bei normaler Satzbetonung fällt der Schwerpunkt auf das letzte Satzglied. Durch die Änderung der Reihenfolge kann man bei gleicher Satzbetonung also das ändern, was im Schwerpunkt des Satzes steht. Diese Möglichkeit gibt es vor allem bei den genannten Verben. Die folgenden Verben mit zwei Objekten hingegen erlauben die Umstellung nicht:

She *wished* him good luck.	Sie *wünschte* ihm Glück.
She *forgave* him his blunder.	Sie *vergab* ihm den Schnitzer.

(iii) Umstellung der Objekte bei Pronomen

Eine Umstellung der Objekte kann erfolgen, wenn sie aus Pronomen bestehen:

VOLLVERBEN 15d

Kevin gave *Sharon the book*. **Kevin gave *her it*.**	Kevin gab *Sharon das Buch*. Kevin gab *es ihr*.

Oder:

Kevin gave *it (to) her*.	Kevin gab *es ihr*.

Die Konstruktion mit **to** ist zu empfehlen, auch wenn es bei manchen Verben möglich ist, **to** auszulassen.

(iv) Weitere Verben ohne Umstellung von Objekten

Es gibt weitere Verben mit zwei Objekten, die eine Umstellung der Objekte nicht gestatten:

The people considered *Robert a capable politician* and elected *him president*. They usually called *him Bob*.	Die Leute hielten *Robert* für *einen fähigen Politiker* und wählten *ihn* zum *Präsidenten*. Sie nannten *ihn* gewöhnlich *Bob*.

Hierzu gehören neben **consider** »halten für«, **elect** »wählen zu« und **call** »nennen« auch **appoint** »ernennen zu«, **declare** »erklären zu«, **make** »machen zu«, **name** »nennen, bezeichnen als«.

Da die Art und Zahl der Objekte von den Verben abhängt, muß man auch hier im Zweifelsfall im Wörterbuch nachschlagen.

15e Objekt und adverbiale Bestimmung

Wie stark die Bedeutung der Verben die Satzstruktur bestimmt, zeigen auch obligatorische adverbiale Bestimmungen bei folgenden Beispielen.

Herma *was sitting* on the veranda. She had put *the car in the garage* and had placed *her shopping bag on the staircase*.	Herma *saß* auf der Veranda. Sie hatte *das Auto in die Garage* gefahren und *ihre Einkaufstaschen auf die Treppe* gestellt.

Diese Verben mit der Bedeutung »setzen, stellen, legen« erfordern eine Ortsangabe, damit der Satz vollständig ist.

VERBEN

16 Wozu Hilfsverben dienen

Hilfsverben haben bestimmte Aufgaben im Satz, nach denen sie in Gruppen oder Klassen eingeteilt werden. Zugleich unterscheiden sie sich auch nach den Formen, die sie haben.

16a Hilfsverben für Tempus, Aspekt und Passiv

Als erste Gruppe sind drei Verben zu nennen, deren Aufgabe es ist, mit Vollverben verschiedene Tempusformen, Aspektformen und das Passiv zu bilden. Ihre Besonderheit liegt darin, daß sie als Hilfs- wie auch als Vollverben verwendet werden können: **be**, **have** und **do**. Vollverben sind sie in den folgenden Sätzen:

She *is* a teacher.	Sie *ist* Lehrerin.
Her daughter *has* a cat.	Ihre Tochter *hat* eine Katze.
We always *do* our homework.	Wir *machen* immer unsere Hausaufgaben.

Die zweite Gruppe der Hilfsverben bezeichnet eine bestimmte Einstellung des Sprechers, wie weiter unten erläutert wird [➤16e–j]. Dazu gehören z.B. **can** »können«, **shall** »sollen«, **may** »mögen/dürfen«.

16b have *als Hilfsverb*

Have bildet zusammen mit Vollverben das *Present Perfect*, Plusquamperfekt und Futurperfekt, und zwar für alle Vollverben.

(i)   Present Perfect

[➤17c(iv)]

I/you *have* waited.	Ich habe gewartet.
He/she/it *has* waited.	Du hast gewartet.
We/you/they *have* waited.	usw.

HILFSVERBEN 16b

(ii) Plusquamperfekt

[➤17d(i)]

| I/you He/she/it We/you/they } *had* waited. | Ich hatte gewartet. Du hattest gewartet. usw. |

(iii) Futurperfekt

[➤17d(ii)]

| I/you He/she/it We/you/they } *will have* waited. | Ich werde gewartet haben. Du wirst gewartet haben. usw. |

Nur im *Present Perfect* ist auf die Form **has** in der 3. Person Einzahl (**he**, **she**, **it**) gegenüber **have** in allen anderen zu achten. Im Plusquamperfekt und Futurperfekt gibt es nur noch eine Form für alle Personen.

16c be *als Hilfsverb*

(i) **be** *in der Verlaufsform*

Die Formen von **be** werden verwendet, um z.B. im Präsens und Präteritum die Verlaufsformen auszudrücken:

Präsens

I	*am*	Ich lese (gerade).
You	*are* reading.	Du liest (gerade).
He/she/it	*is*	usw.
We/you/they	*are*	

Präteritum

I	*was*	Ich las (gerade).
You	*were* reading.	Du last (gerade).
He/she/it	*was*	usw.
We/you/they	*were*	

➤ [Einzelheiten der Bedeutung und der anderen Tempusformen (die Verlaufsform ist in allen Tempora möglich) ➤17a–e.]

Be ist das formenreichste Verb im Englischen: **am**, **are**, **is** im Präsens und **was**, **were** im Präteritum. Die richtige Verknüpfung von Person und Verbform muß man sich einprägen.

VERBEN

(ii) *be* im Passiv

In Kapitel 19 wird eine weitere Verwendung des Hilfsverbs **be** erläutert: die Bildung des Passivs im Englischen.

Tracy *is* admired by everyone.	Tracy *wird* von jedem bewundert.
The drunks *were* asked to leave.	Die Betrunkenen *wurden* gebeten zu gehen.
The book *has been* sold out.	Das Buch *ist* ausverkauft *worden*.
New books *had been* ordered in time.	Neue Bücher *waren* rechtzeitig bestellt *worden*.
They *will be* sent by parcel post.	Sie *werden* mit der Paketpost *gesandt werden*.
Soon they *will have been* sold, too.	Bald *werden* auch sie verkauft *worden sein*.

16d do *als Hilfsverb*

(i) Funktion von *do*

Do hat ebenfalls mehrere Aufgaben. Wenn Sätze verneint werden sollen, die kein anderes Hilfsverb enthalten, wird eine Form von **do** eingesetzt, die als »Träger« für die Negation fungiert [➤22a(ii)]:

I like tea.	Ich mag Tee.
I *do not* like tea.	Ich *mag keinen* Tee.
Pauline plays football.	Pauline spielt Fußball.
Johnny *does not* play football.	Johnny *spielt nicht* Fußball.
We went home.	Wir gingen nach Hause.
We *did not* go home.	Wir *gingen nicht* nach Hause.

Wenn **do** eingesetzt wird, muß man beachten, daß das Vollverb in der Grundform steht und daß der Zeitbezug durch die entsprechende Tempusform von **do** (also **do**, **does** oder **did**) ausgedrückt wird.

(ii) do in Fragen

Do wird bei der Bildung von Fragen gebraucht [➤6a(ii), (iv)B].

I love jazz. *Do* you like music at all?	Ich liebe Jazz. Magst du überhaupt Musik?

HILFSVERBEN 16d

> Monika did not meet her. *Did* you meet her yesterday?
> I went there at 9. When *did* you go there?
> Kim plays the piano. What *does* Pablo play?
>
> Monika traf sie nicht. Trafst du sie gestern?
> Ich ging um 9 dorthin. Wann gingst du dorthin?
> Kim spielt Klavier. Was spielt Pablo?

Wenn kein anderes Hilfsverb im Satz zur Verfügung steht, eröffnet **do** die Frage oder steht unmittelbar hinter einem Fragewort wie **when** oder **what**.

Wie bei der Verneinung bezeichnet **do** die Zeit und Person, während das Hauptverb in der Grundform steht.

➤ [Für weitere Möglichkeiten der Fragebildung ➤6.]

16e Modale Hilfsverben: Formen

(i) Formen und Funktion der modalen Hilfsverben

Nach den Hilfsverben **be**, **have** und **do** ist die zweite Gruppe zu beschreiben, die weniger Formen hat, aber einige besondere Bedeutungen ausdrücken kann, etwa die Haltung oder Einstellung von Sprechern zu dem, was sie sagen (zur Modalität, daher der Name *modale* Hilfsverben). Es handelt sich um folgende, sehr häufig vorkommende Hilfsverben:

can	können	**shall**	werden, sollen
may	mögen, dürfen	**will**	werden, wollen
must	müssen		

⚠ Diese Hilfsverben haben nur Formen für Präsens und Präteritum. In allen anderen Tempora können sie gar nicht verwendet werden. Für die übrigen Tempora müssen andere Verben als Ersatz dienen; dies wird im folgenden jeweils erläutert.

(ii) Weitere Formeigenheiten

Die modalen Hilfsverben haben noch andere Formeigenheiten: Sie haben nur eine Form in allen Personen (also auch kein **s** im Präsens in der 3. Person Singular), keine **ing**-Form, also auch keine Verlaufsform, kein Partizip Perfekt, kein Passiv oder (Plusquam)perfekt. **Must** hat auch kein Präteritum.

Die nachstehende Tabelle bietet eine Übersicht:

VERBEN

Präsens

I/you, he/she/it, we/you/they { can, may, must, shall, will } dance

Präteritum

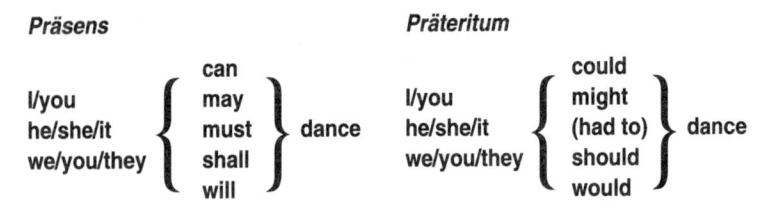

I/you, he/she/it, we/you/they { could, might, (had to), should, would } dance

Im Deutschen gibt es bei den entsprechenden Verben mehr Endungen zu beachten (ich kann, du kannst, wir können ... tanzen usw.). Wegen der Formenarmut werden diese modalen Hilfsverben auch *defekte* Hilfsverben genannt.

16f Modale Hilfsverben: Bedeutungen

(i) Zwei Bedeutungsbereiche

Die Bedeutungen der modalen Hilfsverben sind recht komplex und sollen daher im einzelnen vorgestellt werden, damit auch deutlich wird, welche verschiedenen Bedeutungen der Sprecher mittels dieser Hilfsverben signalisieren kann.

Grundsätzlich muß man zwei Bedeutungsbereiche voneinander unterscheiden: (1) Der Sprecher kann durch die modalen Hilfsverben ausdrücken, für wie wahrscheinlich er die Tatbestände, über die er redet, einschätzt. (2) Er kann mit Hilfe der modalen Hilfsverben andere zu etwas veranlassen oder auffordern. Diese beiden Bedeutungen hängen ganz wesentlich vom jeweiligen Kontext im Satz ab. Neben diesen allgemeinen Bedeutungen gibt es bei den individuellen Hilfsverben noch Einzelbedeutungen.

(ii) Besonderheit der Präsens- und Präteritumformen

Vorab ist noch darauf hinzuweisen, daß die Tabelle in [16e (ii)] mit der Unterteilung in Präsens und Präteritum eine besondere Bedeutung der Präsens- und Präteritumformen im Englischen nicht klarstellt. Mit den Präsensformen der modalen Hilfsverben kann man sich auf die Gegenwart wie auf die Zukunft beziehen:

It *may* be too late *now*.	Es *kann jetzt* zu spät sein.
She *can* do it *tomorrow*.	Sie *kann* es *morgen* tun.

Die unter Präteritum aufgelisteten Formen beziehen sich nur in bestimmten Kontexten auf die Vergangenheit, z.B.:

HILFSVERBEN 16f

Five years ago he *could* still fly.	Vor fünf Jahren *konnte* er noch fliegen.
Now he *is* too old.	Nun *ist* er zu alt.

Wenn sich der ganze Satz aber auf die Gegenwart bezieht, drückt die Präteritumform eine Möglichkeit [den Konjunktiv ►18] aus:

I know I *could* leave the party, but that *would* be impolite.	Ich weiß, ich *könnte* die Party verlassen, aber das *wäre* unhöflich.

Um die jeweilige Bedeutung der Modalverben festzustellen, muß man also die Gesamtbedeutung des Satzes beachten.

16g   Modale Hilfsverben: Einschätzung von Tatbeständen

Die nachstehenden Beispielsätze illustrieren die Einschätzung des jeweiligen Tatbestands von großer (nie aber absoluter) Sicherheit von seiten des Sprechers bis hin zur vagen Vermutung:

Annette *must* be at home now.	Annette *muß* jetzt zu Hause sein.
Gigs *will* be at home now.	Gigs *wird* jetzt zu Hause sein.
Ingrid *ought to* be at home now.	Ingrid *sollte* jetzt zu Hause sein.
Ulla *should* be at home now.	Ulla *sollte* jetzt zu Hause sein.
Claudia *could* be at home now.	Claudia *könnte* jetzt zu Hause sein.
Frederike *may* be at home now.	Frederike *mag/könnte* jetzt zu Hause sein.
Irene *might* be at home now.	Irene *könnte* jetzt zu Hause sein.

Von **must** bis **might** nimmt die Sicherheit in der Einschätzung des Sprechers ab; dabei machen die Übersetzungen deutlich, daß nicht immer ganz klare Abstufungen zwischen allen modalen Hilfsverben bestehen, sondern eine kontinuierliche Abstufung gegeben ist.

⚠️ Die Form **would** taucht wegen ihrer Eigenheiten in dieser Skala nicht auf [►16i(ii)].

Die Form **can** ist in diesem Zusammenhang (Einschätzung eines gegenwärtigen Tatbestands) nicht möglich. Sie entspricht dem Deutschen »kann« nur in der Bedeutung »ist in der Lage«, nicht in der Bedeutung »ist vielleicht«.

VERBEN

16h Modale Hilfsverben: Veranlassung oder Aufforderung

You *will* read it now.	Du *wirst* es jetzt lesen.
You *must* read it now.	Du *mußt* es jetzt lesen.
You *ought to* read it now.	Du *solltest* es jetzt lesen.
You *should* read it now.	Du *solltest* es jetzt lesen.
You *might* read it now.	Du *könntest* es jetzt lesen.
You *could* read it now.	Du *könntest* es jetzt lesen.
You *can* read it now.	Du *kannst* es jetzt lesen.
You *may* read it now.	Du *magst/darfst* es jetzt lesen.

In diesem Bedeutungsbereich geht die Skala von Zwang und Verpflichtung (**will, must**) über verschiedene Grade der Empfehlung (**ought to, should, could, might**) bis hin zur Erlaubnis (**can, may**). Auch hier sind die Abstufungen nicht scharf getrennt, sondern fließend.

Es ist wieder deutlich, daß der Satzkontext für die Bedeutung sehr wichtig ist.

16i Die einzelnen Modalverben

Nachdem die allgemeinen Bedeutungsbereiche der modalen Hilfsverben vorgestellt worden sind, müssen nun noch Eigenheiten von einigen Verben und ihren Ersatzformen erläutert werden. Dazu werden einige weitere Verben illustriert, die sich nicht ohne weiteres in die allgemeinen Bereiche einfügen lassen.

(i) Must

Dieses modale Hilfsverb wird mit einer Ausnahme nur in Sätzen verwendet, die sich auf Gegenwart oder Zukunft beziehen [➤16g, h].

Die Ausnahme besteht in der indirekten Rede [➤11]; hier kann **must** sich auch auf die Vergangenheit beziehen:

She said she *must (had to)* go to the kiosk.	Sie sagte, sie *müßte* zum Kiosk gehen.

(A) Wenn man »müssen« für andere Zeitbezüge ausdrücken will, wird die Ersatzform **have to** gebraucht.

Bei Gegenwarts- und Zukunftsbezug sind **must** und **have to** beide verwendbar, wenn auch oft ein Bedeutungsunterschied zwischen beiden besteht:

HILFSVERBEN 16i

The children *have to* leave at 10.	Die Kinder *müssen* um 10 gehen.
I *must* leave early in the morning.	Ich *muß* frühmorgens gehen.

Must wird bevorzugt, wenn die Erfüllung einer Verpflichtung beim Sprecher selbst liegt, während **have to** eher äußeren Zwang oder von außen kommende Verpflichtung bedeutet.

(B) In allen anderen Zeitbezügen und sogar auch für den oben erwähnten Fall der indirekten Rede werden die Formen von **have to** verwendet:

Last week I *had to* see the doctor before work. The week before that I *had had to* call him in the middle of the night. I *have had to* take certain pills for some time, and probably *will have to* take them for some time yet.	Letzte Woche *mußte* ich vor der Arbeit den Arzt aufsuchen. Die Woche davor *hatte* ich ihn mitten in der Nacht anrufen *müssen*. Ich *muß* seit einiger Zeit bestimmte Tabletten nehmen und *werde* sie wahrscheinlich noch länger nehmen *müssen*.

(C) Es gibt noch eine Ersatzform, die statt **must** im Präsens oder Präteritum gebraucht werden kann, die aber nicht im *Present Perfect*, Plusquamperfekt, Futur oder Futurperfekt auftritt, nämlich **have got to** »müssen«:

I had got to post that letter. It *has got to* be delivered on Friday.	Ich *mußte* jenen Brief einwerfen. Er *muß* am Freitag ausgetragen *werden*.

Have got to trifft man fast ausschließlich im Britischen Englisch und vorwiegend in der gesprochenen Sprache an. Da **have to** vielfältiger verwendbar ist als **have got to**, wird ersteres als Ersatzform empfohlen.

Doch auch **have to** hat weitere Eigenheiten, die noch genannt werden müssen. Es verhält sich bei Fragebildung und Verneinung wie ein Vollverb und nicht wie ein Hilfsverb.

(D) Erwähnenswert ist auch die Eigenart von **must**, die mit der Verneinung zusammenhängt. Die Verneinung von **must** ändert die ganze Bedeutung des Hilfsverbs:

I *must* write to Holly.	Ich *muß* an Holly schreiben.
I *must not* forget.	Ich *darf* es nicht vergessen.

VERBEN

⚠️ **Must not** hat also die Bedeutung von »*darf nicht*«.

Die Bedeutung »nicht müssen« wird durch ein anderes Hilfsverb ausgedrückt, das auch gewissermaßen als Ersatzform eintritt:

We *must* prepare dinner.	Wir *müssen* das Abendessen vorbereiten.
But we *need not/don't need to* buy any wine.	Aber wir *brauchen* (*müssen*) keinen Wein kaufen.

Mit **have to** gibt es bei der Verneinung keine Probleme:

Adults *have to* pay the full price, but children *do not have to* pay anything.	Erwachsene *müssen* den vollen Preis bezahlen, aber Kinder *brauchen* nichts zu bezahlen.

Somit kann auch die verneinte Form von **have to** als Verneinung von **must** gewählt werden:

We *must* be punctual. But they *need not/do not need to/do not have to* be there before seven.	Wir *müssen* pünktlich sein. Aber sie *brauchen* nicht vor sieben dort zu sein.

(ii) Will/would

(A) Dieses Hilfsverb hat zwei sich überschneidende Bedeutungen. Die neutrale Bedeutung »werden« liegt im Futur vor:

She *will* go and see your aunt next week.	Sie *wird* deine Tante nächste Woche sehen (besuchen).

Als modales Hilfsverb tritt **will** mit der Bedeutung »willentliche, absichtliche Verpflichtung« oder »relativ sichere Vorhersage« oder gar als Befehl auf [➤16g, h]:

You *will* read that now! He *will* have arrived by now.	Du *wirst* das jetzt lesen! Er *wird* nun angekommen sein.

HILFSVERBEN 16i

Diese beiden Verwendungen von **will** sind nicht immer klar zu trennen, so daß man auf den Satzzusammenhang achten muß!

(B) Die Präteritumform **would** bezeichnet in der indirekten Rede [►Teil B] die Vergangenheit von **will** als Futursignal:

She said she *would* visit her aunt next week.	Sie sagte, sie *würde* ihre Tante nächste Woche besuchen.

Would hat aber in den meisten Kontexten die Bedeutung von »würde« als Bezeichnung der Möglichkeit (oder Konjunktiv):

I am certain she *would* not do that.	Ich bin sicher, sie *würde* das nicht tun.
Of course they *would* come to the party if they could.	Natürlich *würden* sie zur Party kommen, wenn sie könnten.
Angela *would* help you, if she had the time.	Angela *würde* dir helfen, wenn sie die Zeit dazu hätte.

Besonders häufig findet sich die Bedeutung »würde« in Bedingungssätzen [►9c].

(C) Die Präteritumform **would** wird noch mit einer weiteren Bedeutung verwendet, die allerdings nicht häufig auftritt:

The old ladies *would* sit in the garden and read.	Die alten Damen *pflegten* im Garten zu sitzen und zu lesen.
In earlier centuries people *would* travel in coaches.	In früheren Jahrhunderten *pflegten* die Leute in Kutschen zu reisen.

Die Bedeutung von **would** »pflegte (etwas zu tun)« kann auch durch **used to** ausgedrückt werden, das weniger gehoben und literarisch klingt.

They *used to* stay in youth hostels.	Sie *pflegten* in Jugendherbergen zu übernachten.

(D) **Will/would** kann auch Ärger über eine lästige Gewohnheit oder starrsinnige Verhaltensweise ausdrücken:

The boys *will* make this terrible noise!	Die Jungen *wollen* nicht aufhören, diesen schrecklichen Lärm zu machen!

VERBEN

(iii) Shall/should

(A) Wie Abschnitt 17b(iii) zeigt, kann **shall** als Futurbezeichnung in formelleren Texten statt **will** in der 1. Person Singular und Plural (**I/we shall ...**) auftreten. Als modales Hilfsverb hat **shall** jedoch nicht die neutrale Bedeutung von »werden«, sondern von »sollen«:

Shall I close the door?	*Soll* ich die Tür schließen?
What *shall* we do now?	Was *sollen* wir jetzt tun?
Visitors *shall* wait at the gate.	Besucher *sollen* am Tor warten.

In Fragen ist **shall** »sollen« ganz gebräuchlich, aber in Aussagen wie im dritten Beispiel klingt es formell und schroff und erinnert an einen älteren Sprachgebrauch wie in den Zehn Geboten aus der Bibel:

Thou *shalt* not kill.	Du *sollst* nicht töten.

(B) Die Präteritumform **should** ist in der Bedeutung »würde« nach **I** oder **we** mit **would** austauschbar:

I *should/would* like to see the film.	Ich *würde* gern den Film sehen.

Bei anderen Personen als **I/we** wird immer **would** »würde« verwendet.

(C) In direkter Rede kommt **should** nur in der Bedeutung »sollte« als Möglichkeit vor, nicht als Vergangenheitsbezug; in dieser Bedeutung ist **should** mit **ought to** austauschbar:

You *should/ought to* decide now.	Du *solltest* jetzt entscheiden.
They *should not/ought not to* smoke in here.	Sie *sollten* hier drinnen nicht rauchen.

Should wird in gehobenem Stil auch in Bedingungssätzen verwendet [▶9c]:

If Wayne *should* arrive in time, we could start.	Wenn Wayne rechtzeitig ankommen *sollte*, könnten wir beginnen.

HILFSVERBEN 16i

Should you see him, let me know.	*Solltest* du ihn sehen, laß es mich wissen.

(D) Mit Bezug auf die Vergangenheit wird **should have** »hätte sollen« verwendet:

The children *should have taken* their bikes.	Die Kinder *hätten* ihre Fahrräder *(mit)nehmen sollen*.

Ansonsten sind jedoch Ersatzformen für den Bezug auf verschiedene Zeiten nötig, während für den Bezug auf die Gegenwart diese Ersatzformen als stilistische Ausweichmöglichkeiten zur Verfügung stehen:

You *should* read that article.	Du *solltest* den Artikel lesen.
You *are expected to* read that article.	Man *erwartet*, daß Du den Artikel liest.
You *are obliged to* read that article.	Du bist *verpflichtet*, den Artikel zu lesen.

Die deutschen Übersetzungen zeigen, daß Bedeutungs- und Konstruktionsunterschiede zwischen den verschiedenen Ausdrücken bestehen.

In anderen Tempora steht **should** nicht zur Verfügung, so daß man **be expected to** und **be obliged to** als bedeutungsähnliche Ausdrücke verwenden muß:

You will be *expected to/obliged to* travel to London.	Du wirst nach London reisen *sollen (müssen)*.

Be obliged to ist stärker als **be expected to** und kommt »müssen« nahe.

(E) Auch für die Bedeutung von **should** als Einschätzung von Tatbeständen gibt es Ersatzformen:

She *should* be at home now.	Sie *sollte* jetzt (eigentlich) zu Hause sein.
She *is assumed to/is thought to/is expected to* be at home now.	Man *vermutet/nimmt an/erwartet*, daß sie jetzt zu Hause ist.

VERBEN

Die Eigenbedeutung von **assume, think** oder **expect** erlaubt diese Verwendung.

(iv) Can/could

Je nach Satzzusammenhang hat **can** »können« unterschiedliche Bedeutungen:

(A) In der Bedeutung »können/vermögen« stehen **can** und **could** als Präsens und Präteritum zur Verfügung:

Fred *cannot* lift the bag; it is too heavy.	Fred *kann* die Tasche nicht heben; sie ist zu schwer.
Jackie *could* not open the door; it was locked.	Jackie *konnte* die Tür nicht öffnen; sie war abgeschlossen.

Andere Tempusformen werden mit der Ersatzform **be able to** gebildet:

The children *will not be able to* walk for seven hours.	Die Kinder *werden nicht* sieben Stunden gehen *können.*
They *had been able to* sit up all night, though.	Sie *hatten* jedoch die ganze Nacht aufbleiben *können.*

(B) In der Bedeutung »dürfen« darf **can** durch **be allowed to** ersetzt werden; im Präsens oder Präteritum sind beide verwendbar:

Peter *can/is allowed to* use my car.	Peter *kann/darf* mein Auto benutzen.
The children *could/were allowed to* stay up until midnight.	Die Kinder *konnten/durften* bis Mitternacht aufbleiben.

Für andere Tempusformen aber muß **be allowed to** herangezogen werden:

Pat *will be allowed to* see the afternoon show.	Pat *wird* die Nachmittagsshow sehen *dürfen.*
But she *has* never *been allowed to* watch the late night show.	Aber sie *hat* nie die Spätshow sehen *dürfen.*

(C) Die Bedeutung »Einschätzung von Tatbeständen« kann durch **be likely to** oder durch Adverbien wie **probably** ausgedrückt werden:

HILFSVERBEN 16i

The rain *could* have stopped now.	Der Regen *könnte* jetzt aufgehört haben.
The rain *is likely to* have stopped now.	Der Regen *hat* jetzt *wohl* aufgehört.
The rain has *probably* stopped now.	Der Regen hat jetzt *wahrscheinlich* aufgehört.

(D) Die Präteritumform **could** in der Bedeutung »könnte« als Möglichkeit bezieht sich nur auf die Gegenwart oder Zukunft:

The shop *could* be closed on Saturday.	Das Geschäft *könnte* am Samstag geschlossen sein.

Der Satzzusammenhang ist für das Verständnis der Formen ausschlaggebend.

(v) May/might

(A) Die Bedeutung »Einschätzung der Tatbestände« läßt sich auch durch **may** oder durch Wendungen wie **be possible** oder Adverbien wie **possibly** ausdrücken:

Frederick *may* be quite intelligent.	Es *ist möglich*, daß Frederick ziemlich intelligent ist.
It *is possible* that Frederick is quite intelligent.	Frederick *mag* ziemlich intelligent sein.
Frederick is *possibly* quite intelligent.	Frederick ist *möglicherweise* recht intelligent.

Wenn die Bedeutung »Einschätzung der Tatbestände« in anderen Tempora ausgedrückt werden soll, gebraucht man meist Adverbien und andere Verben.

(B) Die Bedeutung »dürfen« benötigt wiederum andere Ersatzformen statt **may**, wobei im Präsens **can** und **may** austauschbar sind:

You *may/are allowed to/can* sit here.	Sie *dürfen* hier sitzen.
Everybody *will be allowed to* travel.	Jedem *wird erlaubt sein* zu reisen/Jeder *wird* reisen *dürfen*.

VERBEN

They *were not allowed to* leave the country.	Ihnen *war nicht erlaubt*, das Land zu verlassen.

Be allowed to ist die gebräuchliche Ersatzform für andere Tempora.

(C) Die Präteritumform **might** bezeichnet nur in indirekter Rede die Vergangenheit:

She said she *might* be late.	Sie sagte, sie *könnte* zu spät kommen.

Häufiger drückt **might** eine schwache Möglichkeit aus. In der Bedeutung »Einschätzung von Tatbeständen« sind **could** und **might** austauschbar:

She *might/could* be insulted.	Sie *könnte* beleidigt sein.
They *might/could* have heard the story.	Sie *könnten* die Geschichte gehört haben.

Als Ersatzformen stehen wieder nur **be possible** oder Adverbien zur Verfügung.

(D) In der Bedeutung »dürfen« signalisiert **might** einen zurückhaltenden Vorschlag und ist mit **could** austauschbar:

You *might/could* leave now.	Du *dürftest/könntest* jetzt gehen.

16j Seltene modale Hilfsverben

In diesem Zusammenhang sind zwei Verben zu nennen, deren Zugehörigkeit zu den Hilfsverben umstritten ist, weil sie sich nach Form und Bedeutung meistens wie Vollverben verhalten und nur manchmal als Hilfsverben vorkommen. Es handelt sich um **dare** »wagen, sich trauen« und **need** »brauchen«.

(i) Dare

William did not *dare* to be late/didn't *dare* be late.	William *wagte* nicht zu spät zu kommen.
But he *dared* to bring his girlfriend.	Aber er *traute sich/maßte sich an*, seine Freundin mitzubringen.

HILFSVERBEN 16j

In diesen Beispielen wird **dare** wie ein Vollverb behandelt; die Verneinung wird mit **do** umschrieben [➤22a(ii)] und das zweite Verb meist mit **to** angeschlossen.

Es gibt aber auch folgende Möglichkeit:

He *daren't* miss the party.	Er *traut sich nicht*, die Party zu verpassen.
Dare he invite his girlfriend?	*Wagt* er, seine Freundin einzuladen?

(ii) Need

Auch **need** »brauchen« verwendet man häufig als Hauptverb:

You do not *need* to look it up.	Du *brauchst* es nicht nachzusehen.
Do you *need* to learn this by heart?	*Mußt* du dies auswendig lernen?
I *need* a cup of tea now.	Ich *brauche* jetzt eine Tasse Tee.

Bei **need** als Vollverb wird das zweite Verb mit **to** angeschlossen, Verneinung und Frage werden mit **do** gebildet. **Need** kann oft auch ein Objekt haben.

Need wird aber auch folgendermaßen als Hilfsverb verwendet und ist in dieser Form sehr geläufig:

You *needn't* look it up.	Du *brauchst* es *nicht* nachsehen.

Etwas seltener ist die Frageform:

Need you learn this?	*Mußt* du dies lernen?

Es wird empfohlen, **need** wie ein Vollverb zu verwenden, wenn man auch wissen muß, daß es als Hilfsverb vorkommen kann.

(iii) Used to

Used to »pflegte, tat gewöhnlich«, das schon als austauschbare Form bei **would** erwähnt wurde [➤16i(ii)C], kommt hingegen nie als Vollverb mit **do**-Umschreibung vor, so daß man es als feststehende Wendung für alle Personen mit Zeitbezug auf die Vergangenheit betrachten sollte.

VERBEN

Nochmals Beispiele zur Illustration von **used to** als Hilfsverb:

We *used to* drink a lot of milk then, but we *used* not *to* bake our own bread.	Wir tranken (*gewöhnlich*) viel Milch damals, aber wir *pflegten* nicht unser Brot selbst *zu* backen (backten gewöhnlich nicht ...).

Man darf allerdings das Hilfsverb **used to** nicht mit der adjektivischen Form verwechseln, die eine ähnliche Bedeutung hat:

I *am used to* that music. **Mercedes *was used to* being photographed.** **We *had been used to* that kind of life.**	Ich *bin* an jene Musik *gewöhnt*. Mercedes *war daran gewöhnt*, fotografiert zu werden. Wir *waren* an jenes Leben gewohnt (*gewesen*).

Used to als adjektivische Form verbindet sich mit allen Tempora von **be** und kann entsprechend auf alle Zeiten bezogen werden; das Hilfsverb ist auf den Vergangenheitsbezug eingeschränkt.

(iv) *Had better*

Eine weitere feststehende Wendung ist noch zu erwähnen, die der Bedeutung »Verpflichtung« von **should** nahekommt: **had better** »würde/würdest (usw.) besser ...«:

I *had better* give you the key now, or else I might forget. **We *had better* take our coats and umbrellas, because of the weather.**	Ich *würde* dir *besser* die Schlüssel jetzt geben, ehe ich es vergesse. Wir *würden besser* die Mäntel und Schirme mitnehmen wegen des Wetters.

Had better bleibt für alle Personen gleich und kann trotz der Vergangenheitsform nichts anderes ausdrücken als Möglichkeit in Gegenwart oder Zukunft.

⑰ Über verschiedene Zeiten reden: Gegenwart, Zukunft und Vergangenheit

Wie in anderen Sprachen kann man sich auch im Englischen auf Gegenwart, Vergangenheit oder Zukunft beziehen; dazu stellt die Sprache bestimmte *Tempusformen* zur Verfügung. Zusätzlich zum Zeitbezug kann das Englische aber noch andere Bedeutungen mit den Tempusformen ausdrücken. Für alle Zeitbezüge gibt es eine *Verlaufsform*; das *Present Perfect* kennt besondere Bedeutungen, und man muß zwischen *Aktiv* und *Passiv* unterscheiden. Letzteres wird separat abgehandelt [▶19]; deshalb sind die Beispiele für die Tempusformen einfacher gehalten und beziehen Aktiv und Passiv nicht ein.

Außerdem muß bei den Tempusformen zwischen *regelmäßigen* und *unregelmäßigen Verben* unterschieden werden, weil diese verschiedene Formen haben. Die unregelmäßigen Verben muß man mit ihren Formen auswendig lernen [▶Tabelle 25d].

Diese und noch weitere Bereiche werden in den folgenden Abschnitten dargelegt.

17a Wie man von der Gegenwart redet: Präsens

Es gibt verschiedene Tempusformen, die sich auf die Gegenwart beziehen, im einzelnen allerdings unterschiedliche Bedeutungen haben. Die Unterschiede sind für den richtigen Sprachgebrauch sehr wichtig und sollen nacheinander beschrieben werden.

(i) Zeitlich begrenzte Dauer in der Gegenwart: Verlaufsform Präsens

(A) Der Sprecher kann bei einer Handlung oder einem Ereignis hervorheben, daß sie zum Zeitpunkt des Sprechens andauern, wobei angenommen wird, daß die Dauer zeitlich begrenzt, nur vorübergehend ist.

VERBEN

Rhona cannot hear you, she *is working* outside. She *is painting* the garage door. I wanted to help her, but I *am* still *preparing* lunch.	Rhona kann dich nicht hören, sie *arbeitet* (*gerade*) draußen. Sie *streicht* (*gerade*) das Garagentor. Ich wollte ihr helfen, aber ich *bin* noch *dabei*, das Mittagessen *vorzubereiten*.

➤ [Verschiedene Ausdrucksweisen des Deutschen entsprechen der englischen Verlaufsform; weitere Hinweise ➤17e.]

(B) Die englische Verlaufsform des Präsens besteht aus einer Präsensform von **be** und der **ing**-Form des Vollverbs, genannt Partizip Präsens:

I	am	
You	are	work + ing
He/she/it	is	
We/you/they	are	

Die **ing**-Form besteht aus der Grundform des Vollverbs und -ing. [Besonderheiten der Schreibung, z.B. **prepare + ing = preparing** ➤24a.]

(ii) Mitteilung von Fakten, allgemeinen Wahrheiten der Gegenwart: einfaches Präsens

(A) Tatsachen, Gewohnheiten, wiederkehrende Ereignisse werden mit dem einfachen Präsens ausgedrückt:

Stella *likes* coffee, but I *prefer* tea. I never *make* it too strong, though. We both *drink* chocolate in the evening.	Stella *mag* Kaffee, aber ich *ziehe* Tee *vor*. Ich *mache* ihn freilich nie zu stark. Wir *trinken* abends beide Schokolade.

– oder auch allgemeine Wahrheiten, Gesetzmäßigkeiten:

Paris *is* the capital of France.	Paris *ist* die Hauptstadt von Frankreich.
Two times two *is* four.	Zwei mal zwei *ist* vier.
The earth *moves* round the sun.	Die Erde *bewegt sich* um die Sonne.

VERSCHIEDENE ZEITEN 17a

(B) Das einfache Präsens besteht lediglich aus der Grundform der Vollverben; nur die 3. Person Singular hat die Endung **-s**:

I/we/you/they *like* milk. **Bill/Lauren/he/she /it *likes* milk.**	Ich *mag/wir mögen* [usw.] Milch.

Die Unterscheidung in regelmäßige und unregelmäßige Verben spielt keine Rolle.

(iii) Etwas demonstrieren, vorführen: einfaches Präsens

In der besonderen Situation, wenn etwas demonstriert oder vorgeführt wird, steht im Englischen auch das einfache Präsens:

I *take* the bottle, *pour* some acid into the glass, *add* water ...	Ich *nehme* die Flasche, *gieße* etwas Säure in das Glas, *füge* Wasser *hinzu* ...

17b Wie man von der Zukunft redet: Futur

Das Englische bietet eine Reihe von Ausdrucksweisen, mit denen sich der Sprecher auf die Zukunft beziehen kann. Außerdem Zeitbezug haben alle Formen noch besondere Bedeutungen, die beachtet werden müssen. Die Unterscheidung in regelmäßige und unregelmäßige Verben spielt keine Rolle, weil nur die Grundformen der Vollverben, Partizip Präsens und Präsens auftauchen.

(i) Feste Absichten und Vereinbarungen: Verlaufsform Präsens

Wenn ein Sprecher sich auf sein zukünftiges Vorhaben beziehen will, gebraucht er am häufigsten die Verlaufsform des Präsens; allerdings muß der Zukunftsbezug durch Zeitangaben wie **next week** oder **soon** deutlich gemacht werden.

I *am visiting* our friends next week, and they *are coming* to see us soon.	Ich *besuche* (*werde besuchen*) nächste Woche unsere Freunde, und sie *kommen* bald zu uns.

*(ii) Voraussehbare Ereignisse, nahe Zukunft: **be going to***

(A) Oft wird zur Bezeichnung der Zukunft besonders in der Umgangssprache die Form **be going to** eingesetzt, wenn der

VERBEN

Sprecher eine nahe, sich schon abzeichnende Zukunft ausdrücken möchte:

Watch out, it *is going to* fall.	Aufpassen, es *fällt gleich/wird fallen*.
They *are going to* mend it soon.	Sie *werden* es bald reparieren.

Es wird jeweils die zur Person passende Präsensform von **be** mit **going to** verknüpft (**I am going to, you are going to** usw.) + Grundform des Vollverbs.

(B) **Be going to** drückt schon erkennbare, kommende Ereignisse im Alltag aus, während **shall/will** in formelleren, neutraleren Kontexten gewählt wird. Manchmal ist ein Unterschied allerdings kaum feststellbar, so daß beide Ausdrucksweisen austauschbar sind:

Eleanor *will write/is going to write* tomorrow.	Eleanor wird morgen schreiben/schreibt morgen.

(iii) *Zukünftige Fakten, Ereignisse:* ***shall/will****-Futur*

(A)

Glyn *will remain* in Paris. Chrissie, Sue and I *will visit* him. They *will take* the train, but I *shall go* by bus. We *shall* all *meet* in the Louvre. They say that the weather *will be* dry.	Glyn *wird* in Paris *bleiben*. Chrissie, Sue und ich *werden* ihn besuchen. Sie *werden* den Zug nehmen, aber ich *werde* mit dem Bus *fahren*. Wir *werden* uns alle im Louvre *treffen*. Es heißt, daß das Wetter trocken *sein wird*.

Das Futur mit **shall/will** ist recht neutral und drückt einen Plan, eine Absicht oder Vorhersage aus.

(B) Es ist zu beachten, daß **I shall** und **we shall** als Futurausdrücke relativ formell klingen; stärker umgangssprachlich ist **will** auch bei diesen Personen:

I *will see* you in Brighton and we *will discuss* everything there.	Ich *werde* dich in Brighton *sehen*, und wir *werden* dort alles *besprechen*.

VERSCHIEDENE ZEITEN 17b

In der Umgangssprache werden häufig die Verkürzungen von **will** oder auch **shall** zu **'ll** gebraucht: **We'll meet there** [➤23a(iii)].

(iv) Vorübergehende Dauer in der Zukunft: Verlaufsform Futur

(A) Wenn ein Sprecher sich nicht nur auf die Zukunft beziehen will, sondern auch ausdrücken möchte, daß ein Vorgang zeitlich andauern wird, steht die Verlaufsform Futur zur Verfügung:

In two weeks' time we *will be lying on the beach*. We *will* all *be sunbathing*, and *we'll be having* a lot of fun.	In zwei Wochen *werden* wir am Strand *liegen*. Wir *werden* alle *sonnenbaden*, und wir *werden* viel Spaß *haben*.

(B) Die Verlaufsform Futur wird oft mit der Verkürzung **'ll** verwendet [➤23a(iii)], z.B. bei der Verabschiedung:

I*'ll be seeing* you.	Ich *seh'* dich dann.

Die Form ist für alle Personen gleich: **will** oder **'ll + be + ing-**Form des Vollverbs.

(v) Fahrplanmäßig feste Zeitangaben: einfaches Präsens

Wenn der Kontext eine feste Zukunftsplanung wie bei einem Fahrplan oder Kalender signalisiert, kann sich sogar das einfache Präsens auf Zukünftiges beziehen, weil geradezu ein zu erwartendes Faktum ausgedrückt wird:

The train *leaves at 9 o'clock*. The conference *starts on 23 April*	Der Zug *fährt um 9 Uhr ab*. Die Konferenz *beginnt am 23. April*.

17c Wie man von der Vergangenheit redet

Um über die Vergangenheit zu reden, stehen dem Sprecher verschiedene Ausdrucksmöglichkeiten zur Verfügung, mit jeweils eigenen Bedeutungsschattierungen. Diese sollen im folgenden vorgestellt werden.

VERBEN

(i) Regelmäßig oder nicht?

Für die Bildung der Präteritumformen ist die Unterscheidung in regelmäßige und unregelmäßige Verben zu beachten.

(A) Regelmäßige Verben bilden das Präteritum (und das Partizip Perfekt) mit einer einzigen Endung, die an die Grundform der Vollverben angehängt wird: **-ed**.

➤ [Zu Besonderheiten der Schreibung ➤ 24c]

work – work*ed*	arbeiten – arbeitete/gearbeitet
paint – paint*ed*	streichen – strich/gestrichen
	malen – malte/gemalt
play – play*ed*	spielen – spielte/gespielt

Die Mehrzahl der Verben folgt diesem Muster. Es gibt nur eine Form für alle Personen im Präteritum, und es gibt auch nur diese Form für das Partizip Perfekt.

(B) Grundform, Präteritum und Partizip Perfekt unterscheiden sich bei den einzelnen *unregelmäßigen Verben* auf verschiedene Art und Weise. Einige Beispiele:

go/went/gone	gehen/ging/gegangen
put/put/put	stellen/stellte/gestellt
sing/sang/sung	singen/sang/gesungen
write/wrote/written	schreiben/schrieb/geschrieben

Gerade weil die Formen dieser Verben so unregelmäßig gebildet werden, muß man sie auswendig lernen [Tabelle ➤25d].

(ii) Abgeschlossen in der Vergangenheit: einfaches Präteritum

Das einfache Präteritum drückt aus, daß eine Handlung, ein Ereignis oder ein Zustand abgeschlossen in der Vergangenheit liegt, und zwar zu einem bestimmten Zeitpunkt:

Joe *played* football last week. Doreen *saw* the match. They all *had* fun, partly because the weather *was* nice.	Joe *spielte* letzte Woche Fußball. Doreen *sah* das Match. Sie *hatten* alle Spaß, zum Teil weil das Wetter schön *war*.

Der Sprecher betrachtet das, worüber er berichtet, als von der Gegenwart abgerückt und getrennt, ein vergangenes Faktum. Im Kontext stehen oft Zeitangaben wie **last year/week**, **hours/ten minutes ago** usw.

VERSCHIEDENE ZEITEN 17c

(iii) Vorübergehende Dauer in der Vergangenheit: Verlaufsform Präteritum

(A) Der Sprecher kann sich auf die Vergangenheit beziehen und zugleich ausdrücken, daß ein Vorgang zeitlich begrenzt andauerte:

Shirin *was reading* in the garden yesterday when the rain started. The other children *were playing* inside.	Shirin *las* gestern (*gerade*) im Garten, als der Regen kam. Die anderen Kinder *spielten* drinnen.

Die Verlaufsform im ersten Beispiel signalisiert, daß die Tätigkeit des Lesens andauerte (**was reading**) und daß ein zweites Ereignis punktuell in deren Verlauf auftrat (**the rain started**).

Man kann auch den gleichzeitigen Verlauf zweier Ereignisse ausdrücken:

Dominic *was preparing* lunch, while Michelle *was painting* the fence.	Dominic *bereitete gerade* das Mittagessen *zu*, während Michelle den Zaun *strich* (= *gerade dabei war, den Zaun zu streichen*).

(B) Bei den Formen der Verlaufsform Präteritum muß auf die richtige Wahl des Präteritums von **to be** geachtet werden; die **ing**-Form des Vollverbs ändert sich hingegen nicht:

I	*was*	
You	*were*	reading
He/she/it	*was*	
We/you/they	*were*	

(iv) Die Zeitspanne von Vergangenheit bis Gegenwart: Present Perfect

Das englische *Present Perfect* ist ein besonderes Tempus, weil es sich nicht ausschließlich auf die Vergangenheit bezieht, sondern die Zeitspanne von Vergangenheit bis Gegenwart bezeichnet, wobei der Anfangspunkt in der Vergangenheit nicht definiert zu sein braucht. (Manchmal wird es auch *Aspekt* genannt.)

(A) Der Sprecher kann sich auf ein Ereignis in der Vergangen-

VERBEN

heit beziehen, das in der Zeitspanne von Vergangenheit bis Gegenwart eingetreten ist:

I *have* (just) *lost* my key, and I cannot get into the flat.	Ich *habe* (gerade) meinen Schlüssel *verloren*, und ich komme nicht in die Wohnung.
This *has* never *happened* before. *Have* you ever had this problem yourself?	Dies *ist* bisher noch nie *passiert*. Hast du dieses Problem jemals selbst gehabt?

Ever und **never** signalisieren die Zeitspanne von Vergangenheit bis Gegenwart, in der ein relevantes Ereignis geschah.

Das *Present Perfect* besteht aus einer Form von **have** und dem Partizip Perfekt: **has** wird für die 3. Person Singular gewählt, **have** für alle anderen Personen. Beim Partizip Perfekt ist darauf zu achten, ob es zu einem regelmäßigen Vollverb (mit der Endung **-ed**) gehört oder zu einem unregelmäßigen [▶Tabelle 25d].

(B) Wenn die Zeitspanne ausgedrückt werden soll, steht **for** zur Verfügung; für den Ausgangspunkt gebraucht man **since**.

They *have been married for* a long time; in fact they *have known* each other *since* 1958.	Sie *sind* schon lange *verheiratet*; eigentlich *kennen* sie *sich* schon seit 1958.

Im Deutschen wird die Bedeutung »Zeitspanne« oft durch Präsens und Zeitangaben (»schon seit« usw.) wiedergegeben. Eine dem Englischen direkt entsprechende Form gibt es nicht. Deshalb soll auch der englische Name *Present Perfect* beibehalten werden.

(v) *Verlaufsform Present Perfect*

(A) Wenn man hervorheben möchte, daß ein vergangenes Ereignis noch bis in die Gegenwart andauert, gebraucht man die Verlaufsform:

I have been standing at this bus stop since four o'clock.	Ich stehe schon seit vier Uhr an dieser Bushaltestelle.

Die Verlaufsform *Present Perfect* besteht aus dem *Present Perfect* von **be** (**have/has been**) und der **ing**-Form des Voll-

VERSCHIEDENE ZEITEN 17c

verbs. **Have** und **has** muß wieder entsprechend der Person gewählt werden [➤16b].

(B) Ein Sprecher kann auch die begrenzte Dauer des Ereignisses signalisieren, indem er die Verlaufsform wählt:

Somebody *has been using* my coffee machine; it is still warm. Dorothy *has* just *been feeding* the cat, so who else *has been* around?	Jemand *hat gerade* meine Kaffeemaschine *gebraucht*, sie ist noch warm. Dorothy *hat gerade* die Katze *gefüttert*, also wer *ist* sonst noch in der Nähe *gewesen*?

(vi) Vergleich Präteritum und Present Perfect

Im Deutschen kann man das *Present Perfect* auf zweierlei Weise wiedergeben:

I *have* never *been* to Africa.	Ich *war* nie in Afrika. Ich *bin* nie in Afrika *gewesen*.

⚠️ Im Englischen hingegen darf man Präteritum und *Present Perfect* nie verwechseln. Manchmal helfen bestimmte Zeitausdrücke bei der Entscheidung, ob in einem Satz das Präteritum oder das *Present Perfect* zu wählen ist: **5 minutes** *ago* »vor fünf Minuten«, *last week* »letzte Woche«, *in 1970* »im Jahr 1970« sind Beispiele für Zeitangaben, die das Berichtete von der Gegenwart eindeutig abrücken, als vergangenes Faktum beschreiben und deshalb das Präteritum erforderlich machen.

Just, **yet**, Zeitangaben mit **for** und **since** signalisieren dagegen oft die Zeitspanne von Vergangenheit bis Gegenwart und verlangen dann das *Present Perfect*. Man muß jedoch jeweils den Satzzusammenhang prüfen.

17d Zeitliches Nacheinander: Plusquamperfekt und Futurperfekt

(i) Vorzeitigkeit in der Vergangenheit: Plusquamperfekt

(A) Mit Bezug auf die Vergangenheit können mehrere Ereignisse zeitlich geordnet werden: Das Plusquamperfekt bezeichnet eine frühere Zeit als das Präteritum.

After Hannibal *had eaten*, he worked in the garden.	Nachdem Hannibal *gegessen hatte*, arbeitete er im Garten.

VERBEN

(B) Das Plusquamperfekt wird für alle Personen mit **had** und dem Partizip Perfekt gebildet; dabei ist auf regelmäßige und unregelmäßige Verben zu achten, die das Partizip Perfekt unterschiedlich bilden (unregelmäßig **eaten**, regelmäßig **changed** [▶Tabelle 25d].

(C) Wenn der Textzusammenhang Vor- und Nachzeitigkeit von Handlungen oder Ereignissen hinreichend klarmacht, kann statt Plusquamperfekt auch nur das Präteritum stehen:

After he *saw* the accident, he telephoned the police.	Nachdem er den Unfall *sah*, rief er die Polizei an.

statt:

After he *had seen* the accident, he telephoned the police.	Nachdem er den Unfall *gesehen hatte*, rief er die Polizei an.

(D) Wenn der Sprecher hervorheben möchte, daß ein vorzeitiges Ereignis bis zum beschriebenen Zeitpunkt angedauert hat, steht die Verlaufsform Plusquamperfekt zur Verfügung.

It *had been snowing* for days and most roads were blocked.	Es *hatte* seit Tagen *geschneit*, und die meisten Straßen waren blockiert.

Diese Verlaufsform besteht für alle Personen aus dem Plusquamperfekt von **be** (**had been**) und der **ing**-Form des Vollverbs (**snowing**).

(ii)   Vorzeitigkeit in der Zukunft: Futurperfekt

(A) Mit Bezug auf die Zukunft können wiederum Handlungen und Ereignisse zeitlich geordnet werden: Das Futurperfekt bezeichnet eine frühere Zeit als das Futur.

Betty works very fast. She *will* often *have finished*, before others are halfway through. For example, she *will have decorated* the two rooms before tea time.	Betty arbeitet sehr schnell. Sie *wird* oft schon *fertig sein*, ehe andere die Hälfte geschafft haben. Zum Beispiel *wird* sie die zwei Zimmer bis zum Tee *renoviert haben*.

VERSCHIEDENE ZEITEN 17d

(B) Das Futurperfekt besteht für alle Personen aus **will** + **have** + Partizip Perfekt, wobei wieder die Formen der regelmäßigen und unregelmäßigen Verben zu beachten sind [Tabelle ➤25d].

(C) Wenn der Sprecher ausdrücken möchte, daß ein Ereignis bis zum beschriebenen zukünftigen Zeitpunkt andauert, steht die Verlaufsform Futurperfekt zur Verfügung:

There must be some misunderstanding. He *will have been waiting* for two hours before we even get there.	Es muß ein Mißverständnis vorliegen. Er *wird* schon zwei Stunden *gewartet haben*, bis wir auch nur hinkommen.

Die Verlaufsform besteht für alle Personen aus **will** + **have been** + der **ing**-Form des Vollverbs.

17e *Weitere Hinweise zur Verlaufsform*

In den Abschnitten zu den einzelnen Tempusformen sind bereits die zugehörigen Verlaufsformen beschrieben worden. Hier sollen noch einmal verschiedene Gesichtspunkte zusammengefaßt und erweitert werden.

Mit der Verlaufsform signalisiert ein Sprecher, daß er einen Vorgang als zeitlich andauernd betrachtet. Für die Bedeutung des Satzzusammenhangs ist die Eigenbedeutung der Vollverben wichtig, denn je nach Verb bezeichnet die Verlaufsform auch Spezielles.

(i) Punktuelle Handlungen

Verben wie **jump** »springen« oder **knock** »klopfen« bezeichnen punktuelle Handlungen. Die Verlaufsform bedeutet hier »sich wiederholende Ereignisse«:

One child *was jumping* around and the other *was knocking* at the window.	Ein Kind *sprang* umher, und ein anderes *klopfte* an das Fenster.

(ii) Sonderfälle beim Gebrauch der Verlaufsform

Manche Verben können in ihrer Grundbedeutung (Zustand, Wahrnehmung) nur in Sonderfällen in der Verlaufsform verwendet werden: **agree** »zustimmen«, **believe** (**that**) »glauben«, **have** »haben, besitzen«, **hear** »hören«, **like** »mögen«,

VERBEN

love »lieben«, **own** »besitzen«, **resemble** »ähneln«, **see** »sehen«, **understand** »verstehen«.

Es ist ratsam, im Zweifelsfall in einem Wörterbuch nachzuschlagen, ob die Verlaufsform möglich ist.

(iii) *Ausnahmen*

Einige Verben, die in einer Bedeutung die Verlaufsform ausschließen, gestatten die Verwendung in geänderter Bedeutung:

I do not believe it. Julie must *be hearing* things. She *was seeing* her aunt, when the earthquake happened. They *were* just *having* their lunch.	Ich glaube es nicht. Julie *hört wohl* alles mögliche (= bildet sich etwas ein). Sie *besuchte* ihre Tante, als das Erdbeben auftrat. Sie *aßen gerade* ihr Mittagessen.

In diesem Kontext bedeutet **hear** »sich eine Hörwahrnehmung einbilden«, **see** »besuchen« und **have** (**lunch**) »zu Mittag essen« (vgl. **have a swim** »schwimmen«, **have a talk** »sich unterhalten«, die alle die Verlaufsform zulassen, weil sie nicht »Besitz« bedeuten).

KONJUNKTIV 18a

18 Wünsche, Vorschläge, Anregungen: Konjunktiv

Im Englischen werden hauptsächlich modale Hilfsverben gebraucht, um »Möglichkeiten« auszudrücken, für die man im Deutschen den Konjunktiv gebrauchen würde [➤16e–i]. Auch dort, wo der Konjunktiv »korrekt« wäre, wird in gesprochenem Englisch oft der Indikativ gebraucht.

18a Formen des Konjunktivs

Formal ist der eigentliche englische Konjunktiv kaum vom Indikativ zu unterscheiden. Im Präsens ist der Konjunktiv identisch mit der Grundform; somit ist der Konjunktiv bei allen Verben außer **be** nur in der 3. Person Präsens formal erkennbar, und zwar durch ein Fehlen der **s**-Endung. Im Präteritum gibt es nur beim Verb **be** eine eigene Konjunktivform **were**, die auch nur in der 1. und 3. Person Singular vom Indikativ zu unterscheiden ist.

18b Gebrauch des Konjunktivs Präsens

(i) Feststehende Redewendungen

In einigen feststehenden Redewendungen, die Wünsche äußern, werden immer konjunktivische Verbformen verwendet:

God *save* the Queen.	Gott *erhalte* die Königin.
God *bless* you.	Gott *segne* dich.
Heaven *forbid*.	Der Himmel *verhüte* es.

(ii) Konjunktiv Präsens nach Verben des Verlangens, Vorschlagens usw.

Sonst steht der Konjunktiv Präsens vor allem in Nebensätzen mit **that** nach Verben des Verlangens, Vorschlagens usw.:

VERBEN

The police insisted that the demonstration *stop* two blocks away. They said it was important that all *cooperate*.	Die Polizei bestand darauf, daß die Demonstration zwei Wohnblocks entfernt *halten sollte*. Sie sagten, es wäre wichtig, daß alle *kooperieren würden*.

Derartige Konstruktionen sind vorwiegend amerikanischer Gebrauch.

Im Britischen Englisch wird in solchen Fällen dagegen eher **should** verwendet:

The manager suggests that the workforce *should cooperate*. He also proposes that Sandra *should be* their representative.	Der Manager schlägt vor, daß die Arbeiterschaft *kooperieren solle*. Er schlägt außerdem vor, daß Sandra ihre Vertreterin *sein solle*.

In der gehobenen Schriftsprache findet sich auch der Konjunktiv **be** in **if**-Sätzen:

If it *be* true, then we should act to stop it.	Wenn es wahr *ist*, sollten wir handeln, um es zu verhindern.

18c *Gebrauch des Konjunktivs Präteritum*

Nach dem Verb **wish** und nach der Wendung **it is (high) time** finden sich konjunktivische Verbformen:

I wish he *were* here. It is high time he *moved* to our village.	Ich wünschte, er *wäre* hier. Es ist höchste Zeit, daß er in unser Dorf *zieht*.

Der Konjunktiv Präteritum wird ebenfalls in unerfüllbaren Bedingungssätzen verwendet [▶9c(ii)]:

If he *were* here, he could help me. If I *were* you, I would ask someone else.	Wenn er hier *wäre*, könnte er mir helfen. An Ihrer Stelle würde ich jemand anders fragen.

Verschiedene Handlungsperspektiven: Aktiv und Passiv

Dieselbe Handlung oder dasselbe Ereignis kann in verschiedenen Sätzen ausgedrückt werden: Zum einen, indem der/die/das Handelnde (Aktive) als Subjekt erscheint, zum andern, indem das »Erleidende« (Passive), das Objekt der Handlung, als Subjekt auftritt:

Matt **chased the dog out of the garden.** *The dog* **was chased out of the garden.**	*Matt* jagte den Hund aus dem Garten. *Der Hund* wurde aus dem Garten gejagt.

Die erste Satzform heißt *Aktiv*, die zweite *Passiv*.

19a Verbformen im Passiv: einfache Tempora

(i) Übersicht

Die folgende Übersicht zeigt, daß für alle Tempusformen der einfachen Tempora auch Passivformen existieren:

Präsens

Phil *is* often *called* in by the doctor.	Phil *wird* oft vom Doktor *hereingerufen*.

Präteritum

He *was examined* last week.	Er *wurde* letzte Woche *untersucht*.

Present Perfect

He *has been asked* to have a more thorough check up.	Er *ist gebeten worden*, sich einer genaueren Untersuchung zu unterziehen.

VERBEN

Plusquamperfekt

| Years before he *had been injured* in an accident. | Jahre vorher *war* er bei einem Unfall *verletzt worden*. |

Futur

| He *will be given* the results in two weeks. | Ihm *werden* die Ergebnisse in zwei Wochen *mitgeteilt*. |

Futurperfekt

| By that time he *will have been examined* by several specialists. | Bis dahin *wird* er von verschiedenen Spezialisten *untersucht worden sein*. |

Die passive Verbform besteht aus der dem Tempus und der Person entsprechenden Form von **be** [➤Tabelle 25a(i)] und dem unveränderlichen Partizip Perfekt. Bei diesem sind wieder die unregelmäßigen Verben zu beachten, die das Partizip Perfekt ja nicht mit **-ed** bilden [➤Tabelle 25d].

(ii)   Verlaufsformen

Auch im Passiv stehen Verlaufsformen zur Verfügung, falls der Sprecher – wie im Aktiv – das Andauern eines Vorgangs hervorheben möchte. Die verschiedenen Bedeutungen der Verlaufsformen sind bereits in Kapitel 17 bei den einzelnen Tempusformen erklärt worden, so daß hier nur eine Übersicht über die Passivformen nötig ist.

Präsens

| Do not go in, a test *is being carried* out in there. | Nicht hineingehen, drinnen *wird* (*gerade*) ein Test *durchgeführt*. |

Präteritum

| Last week's test *was being discussed* when the electricity failed. | Der Test letzter Woche *wurde* (*gerade*) *besprochen*, als der Strom ausfiel. |

AKTIV UND PASSIV 19a

Present Perfect

| **Those people can't find any peace; they *have been being followed* for months by the journalists.** | Jene Leute können keine Ruhe finden; sie *sind* schon seit Monaten von den Journalisten *verfolgt worden*. |

Plusquamperfekt

| **They *had been being interviewed* for months before the trial.** | Sie *waren* schon Monate vor der Verhandlung *interviewt worden*. |

Futur

| **And as it looks, they *will be being interviewed* even further.** | Und so wie es aussieht, *werden* sie sogar noch weiter *interviewt werden*. |

Futurperfekt

| **They *will have been being annoyed* for long enough then.** | Sie *werden* dann lange genug *belästigt worden sein*. |

Die teilweise sehr komplexen Formen bestehen jeweils aus der zu Tempus und Person passenden Form von **be** und der **ing-**Form von **be** und dem Partizip Perfekt des Vollverbs. Auch hier muß man wieder auf die unregelmäßigen Verben achten [➤Tabelle 25d].

Die Formen für *Present Perfect*, Plusquamperfekt und insbesondere für Futur und Futurperfekt kommen sehr selten vor. Es empfiehlt sich daher, die aktivische Wendung zu gebrauchen (**they** – etwa **the journalists** – **have been following them; they will have been interviewing them** usw.).

(iii) Faustregel für die Konstruktion des Passivs

Als Faustregel kann man sagen, daß diejenigen Verben auch passiv konstruiert werden können, die ein Objekt haben [transitive Verben ➤15c, d], wie **eat apples**, **play chess**, **tell a story**, **write letters** usw. Es gibt jedoch Einschränkungen [➤19d].

VERBEN

19b Gebrauch des Passivs

(i) Tilgung des aktiven Elements

Ein wichtiger Aspekt für die Information, die ein Sprecher vermitteln will, ist, daß in Passivsätzen der/die/das Handelnde ausgelassen werden kann, wenn aus dem Zusammenhang klar ist, wer als Handelnder in Frage kommt:

The laws *were changed*, and as a consequence more people *were arrested*.	Die Gesetze *wurden geändert*, und als Folge *wurden* mehr Leute *verhaftet*.

Es ist offensichtlich, daß Gesetze von Parlamenten oder anderen Gesetzgebern geändert und daß Verhaftungen von der Polizei durchgeführt werden; solche Handelnden brauchen daher nicht ausdrücklich genannt zu werden.

(ii) Gezielte Unterdrückung des Handelnden

Häufig werden Passivsätze gerade deswegen verwendet, weil man den Handelnden nicht erwähnen will oder kann:

Many people *were killed* during the war. The terrible events *were* not *publicized*. Until then the newspapers *had* not *been censored*.	Viele Menschen *wurden* während des Krieges *getötet*. Die furchtbaren Ereignisse *wurden* nicht *veröffentlicht*. Die Zeitungen waren früher nicht *zensiert worden*.

In manchen Texten wie wissenschaftlichen Abhandlungen oder Zeitungsberichten werden häufig Passivsätze verwendet, weil der Handelnde gezielt unterdrückt und die Handlung mit ihrem Objekt in den Vordergrund gestellt werden soll:

A new species *was discovered* last year which *had never been suspected* in that area. First analyses *will be reported* in the next issue of *Creatures*, and a symposium *may be organized* next year.	Eine neue Spezies *wurde* im letzten Jahr *entdeckt*, die *nie* in jenem Gebiet *vermutet worden war*. Erste Analysen *werden* in der nächsten Ausgabe von *Creatures mitgeteilt werden*, und nächstes Jahr könnte ein Symposium *organisiert werden*.

AKTIV UND PASSIV 19b

(iii)   Betonung des aktiven Elements in Passivsätzen

Wenn der/die/das Handelnde im Passivsatz ausdrücklich erwähnt wird, gewinnt er/sie/es erheblich an Gewicht, denn der Satzteil, der im Aktiv Subjekt wäre, wird nun mit **by** an den Schluß des Satzes gestellt und steht damit im Schwerpunkt. Das zeichnet sich auch in der normalen Betonung ab:

All the people were rescued *by* the fire-brigade. The other organisations had been held up by spectàtors.	Alle Leute wurden *von der Feuerwehr* gerettet. Die anderen Organisationen waren *von Schaulustigen* aufgehalten worden.

19c   Verben mit zwei Objekten: zweimal Passiv
(i)   Aus Objekt wird Subjekt

Einige Verben, die zwei Objekte haben, gestatten zwei verschiedene Passivsätze, in denen das eine oder das andere Objekt des Aktivsatzes als Subjekt des Passivsatzes in den Vordergrund gestellt werden kann:

The teacher gave the children new books.	Der Lehrer gab den Kindern neue Bücher.

a)

The children were given new books (by the teacher).	*Den Kindern* wurden (vom Lehrer) neue Bücher gegeben.

b)

New books were given to the children (by the teacher).	*Neue Bücher* wurden den Kindern (vom Lehrer) gegeben.

Der Vergleich mit den deutschen Sätzen zeigt, daß im Deutschen zwar die Satzstellung nachgeahmt werden kann, daß aber im Gegensatz zum Englischen nicht beide Objekte jeweils Subjekt werden, sondern nur das zweite (direkte) Objekt »neue Bücher«; »den Kindern« bleibt Dativobjekt (indirektes Objekt).

VERBEN

(ii) Verben, die zwei verschiedene Passivsätze zulassen

Die Verben **give**, **send**, **tell**, **offer**, **show** erlauben zwei verschiedene Passivsätze. Da sich jedoch nicht alle Verben mit zwei Objekten so verhalten, muß man im Wörterbuch nachschlagen.

19d Aktiv – aber kein Passiv

Manche Verben schließen die Passivkonstruktion aus:

My friend *owns* a car, but I just *have* a bike.	Mein Freund *hat* ein Auto, aber ich *besitze* nur ein Fahrrad.
My sister *resembles* my grandmother.	Meine Schwester *ähnelt* meiner Großmutter.
Her new hat *fits* her well.	Der neue Hut *steht* ihr gut.
It *costs* 89 pounds, *measures* 40 inches in diameter, and *weighs* only 150 g.	Er *kostet* 89 Pfund, *mißt* 1 m im Durchmesser und *wiegt* nur 150 g.

Diese Verben muß man sich merken. Im Zweifelsfall sollte man im Wörterbuch nachschlagen.

19e Passiv bei komplexen Verben (Verben mit Partikel)

(i) Wie sich komplexe Verben im Passiv verhalten

Es gibt komplexe Verben im Englischen [➤15c(ii)], die aus Verb und Partikel bestehen. Im Passiv zeigt sich, daß die Partikel beim Verb bleibt, wenn dessen Objekt zum Subjekt eines Passivsatzes wird.

They really *cared for* him.	Sie *kümmerten* sich wirklich um ihn.
He *was* really *cared for*.	Man *kümmerte* sich wirklich um ihn.
They also *looked after* his cat.	Sie *versorgten* auch seine Katze.
His cat *was* also *looked after*.	Seine Katze *wurde* auch *versorgt*.

(ii) Der erste Beispielsatz im vorigen Abschnitt macht deutlich, daß im Deutschen manchmal eine unpersönliche Konstruktion mit »man« oder mit »es« dem englischen Passiv am besten entspricht:

AKTIV UND PASSIV **19e**

Sometimes professionals look down on amateurs. **Amateurs are sometimes looked down on.**	Manchmal sehen Profis auf Amateure herab. *Man* sieht manchmal auf Amateure herab/Es wird manchmal auf Amateure herabgesehen.

19f Get *statt* be *als Passiv-Hilfsverb*

Das wichtigste Hilfsverb für die Bildung des Passivs ist **be**, das in allen Fällen verwendet werden kann. Umgangssprachlich findet man allerdings auch **get** in der Funktion eines Hilfsverbs, wenn die Verben eine Handlung bezeichnen.

The newspapers are full of catastrophes every day: some people *get lost*, others *get hurt*, some even *get killed*. Fortunately some at least are lucky and *get married* (although they may *get divorced* later ...).	Die Zeitungen sind täglich voll von Katastrophen: Einige Leute *gehen verloren*, andere *werden verletzt*, manche *werden* sogar *getötet*. Glücklicherweise haben wenigstens einige Glück und *heiraten* (obwohl sie sich vielleicht später wieder *scheiden lassen* ...).

Meistens tritt **get** nur im Präsens und im Präteritum statt **be** auf; in formellerem Englisch verwendet man besser **be**.

VERBEN

20 Möglichkeiten der Hervorhebung und Betonung

20a Betonung

(i) Betonung eines beliebigen Satzteils

Die einfachste Möglichkeit, in einem Satz etwas hervorzuheben, besteht darin, den entsprechenden Satzteil zu betonen. Normalerweise findet sich die Hauptbetonung auf dem letzten von der Bedeutung her wichtigen Satzglied:

Jamie went home at 9 o'clòck. He was nèrvous. He had promised to come èarlier.	Jamie ging um 9 Uhr nach Hause. Er war nervös. Er hatte versprochen, früher zu kommen.

⚠️ Die deutschen Sätze zeigen, daß die unterschiedliche Satzgliedstellung im Englischen und Deutschen unterschiedliche Betonungsverteilungen nach sich zieht.

(ii) Betonung des Verbs

Wenn die Betonung auf ein Verb fallen soll, gibt es verschiedene Möglichkeiten, je nach Komplexität desselben:

John *likes* Marie. And he *hàs* told her so, but she *will* not react.	John *mag* Marie. Und er *hat* es ihr gesagt, aber sie *will* nicht reagieren.

Solche Bedeutungen setzen einen Satzzusammenhang voraus, in dem einer früheren Äußerung widersprochen oder etwas richtig gestellt wird.

(iii) Betonung eines aus mehreren Teilen bestehenden Prädikats

Wenn das Prädikat aus mehreren Teilen besteht, wird normalerweise das Vollverbteil oder das erste Hilfsverb betont:

HERVORHEBUNG UND BETONUNG 20a

She must have been *wàiting* **all the time. This** *will* **have annoyed her greatly.**

Sie muß die ganze Zeit gewartet haben. Dies wird sie erheblich verärgert haben.

20b Hervorhebung mit do

Es gibt noch eine weitere Möglichkeit der Hervorhebung, in der das Hilfsverb **do** als Träger für die Betonung eingefügt wird (entsprechend Person und Tempus): Dies ist nur möglich, wenn kein anderes Hilfsverb im Satz vorhanden ist.

Fred *did* **pay the bill; she** *dòes* **know that!**

Fred *bezahlte* die Rechnung (*wirklich*); sie *weiß* das!

Im Deutschen muß eine derartige Hervorhebung durch die Betonung allein oder durch Adverbien wie »wirklich«, »tatsächlich« wiedergegeben werden.

VERBEN

21 Verbformen ohne eigenen Zeitbezug

Verbformen ohne eigenen Zeitbezug können in Haupt- und in Nebensätzen auftreten. Welcher Zeitbezug zutrifft, ist jeweils aus dem Zusammenhang ersichtlich. Es gibt zwei Typen von »zeitlosen« Formen: Infinitive und Partizipien.

21a Infinitive

(i) Definition

Wenn die Grundform des Verbs mit oder ohne **to** als Satzglied verwendet wird, spricht man vom *Infinitiv*.

(A) Infinitiv als Objekt

The workers wanted *to stop*, but the management preferred *to continue*. They like *to appear* very efficient.	Die Arbeiter wollten *aufhören*, aber das Management zog es vor, *weiterzumachen*. Sie *erscheinen* gern sehr effizient.

Nach Verben wie **want**, **prefer**, **like** kann der **to**-Infinitiv wie ein Objekt stehen (vgl. **want a job** »eine Stelle wollen«, **prefer tea** »Tee vorziehen«, **like ice-cream** »Eis mögen«).

(B) Infinitiv als Subjekt oder Komplement

***To know* her is *to like* her, but *to see* her in this misery makes one sad.**	Sie *zu kennen* heißt, sie *mögen*, aber sie in diesem Elend *zu sehen*, macht einen traurig.

In manchen Sätzen können Infinitive als Subjekt (**to know**, **to see**) oder Komplement (**to like**) auftreten. Diese Konstruktion wird vor allem im gehobenen Englisch und in der Schriftsprache verwendet.

(C) Infinitiv ohne to

***Rather than stand* around, you could *help carry* those boxes.**	*Anstatt herumzustehen* könntest du *helfen*, die Kisten *zu tragen*.

VERBFORMEN OHNE ZEITBEZUG 21a

Nach **help**, das in dieser Konstruktion wie auch mit **to**-Infinitiv möglich ist, und nach Ausdrücken wie **rather than** (**do something**) steht der Infinitiv ohne **to**. Diese Konstruktionen, die jedoch nicht zahlreich sind, findet man vor allem im formelleren, eher schriftsprachlichen Englisch.

(ii) Durch Infinitiv verkürzte Nebensätze

(A) Mit Infinitiven kann man oft Verkürzungen von Nebensätzen bilden. Zunächst Beispiele mit Nebensätzen, dann Verkürzungen mit Infinitiven:

Anya told Chris that he *should buy* **the tickets. She asked him how they** *might get* **to the theatre.**	Anya trug Chris auf, daß er die Karten *kaufen sollte*. Sie fragte ihn, wie sie zum Theater *kommen könnten*.
Vera told Eddy *to buy* **the tickets. She asked him how** *to get* **to the theatre.**	Vera trug Eddy auf, die Karten *zu kaufen*. Sie fragte ihn, wie sie zum Theater *kommen könnten*.

Die Infinitivkonstruktion klingt kürzer und eleganter und wird deshalb oft vorgezogen.

⚠ Der Vergleich mit dem Deutschen zeigt, daß nur manchmal eine entsprechende Infinitivkonstruktion im Deutschen zur Verfügung steht.

(B) In den Beispielen des vorigen Abschnitts besteht eine Wahlmöglichkeit zwischen Infinitivkonstruktion und Nebensatz mit eigenem Zeitbezug. Es gibt aber auch Fälle, in denen eine Infinitivkonstruktion stehen muß und keine andere existiert:

Harry *wanted to leave* **early, and he** *wanted Marcia to come* **with him. The party was far** *too boring to stay on.*	Harry *wollte* früh *weggehen*, und er *wollte, daß Marcia* mit ihm *kam*. Die Party war viel *zu langweilig, als daß man bleiben würde*.

Das Verb **want** erlaubt nur die Infinitivkonstruktion; nach Ausdrücken wie **too boring to** (**do something**), **enough to** (**do something**) »genug (etwas zu tun)« steht in der Regel der Infinitiv.

(C) Der zweite Beispielsatz im vorigen Abschnitt illustriert, daß solche Infinitivkonstruktionen im Englischen – im Gegensatz zum Deutschen – auch ein Subjekt haben können:

VERBEN

| Mark wanted *Karen to come* with him. He expected *her to be lonely* without him, and it was too difficult *for him to find* his way back. | Mark wollte, *daß Karen* mit ihm *kam*. Er nahm an, *daß sie* ohne ihn *einsam wäre*, und es war zu schwierig *für ihn*, den Weg zurück *zu finden*. |

(iii) *Komplexe Infinitive*

Neben dem einfachen Infinitiv (mit oder ohne **to** plus Grundform des Verbs) bietet das Englische komplexe Infinitive, die wie die Tempusformen einige weitere Bedeutungen signalisieren:

| *To have been fired* without prior notice annoyed him very much. It was bad enough *to be treated* like a beginner; but *to have worked* extra hours, still *to be doing* a lot of night shifts was just too much. | *Gefeuert worden zu sein* ohne vorherige Warnung verärgerte ihn sehr. Es war schlimm genug, wie ein Anfänger *behandelt zu werden*; aber Überstunden *gemacht zu haben*, immer noch viele Nachtschichten *zu machen*, war einfach zu viel. |

Durch die verschiedenen Infinitive läßt sich der Unterschied zwischen Aktiv und Passiv, Vorzeitigkeit gegenüber Gleichzeitigkeit und die Bedeutung der Verlaufsform gegenüber der einfachen Tempusform signalisieren.

(iv) *Überblick über die Infinitive*

Beispiel **interview** »interviewen«:

		einfache Form	*Verlaufsform*
Aktiv	*Gleichzeitigkeit*	to interview	to be interviewing
	Vorzeitigkeit	to have interviewed	to have been interviewing
Passiv	*Gleichzeitigkeit*	to be interviewed	to be being interviewed
	Vorzeitigkeit	to have been interviewed	to have been being interviewed

Die passiven Verlaufsformen kommen äußerst selten vor.

VERBFORMEN OHNE ZEITBEZUG 21b

21b Partizipien

Das Partizip Präsens (mit **-ing**) und das Partizip Perfekt (mit **-ed** bei den regelmäßigen Verben, speziellen Formen bei den unregelmäßigen [➤ Tabelle 25d]) sind schon im Kapitel über Tempusformen erwähnt worden [➤17]. Die Partizipien treten nicht nur als Teile der Prädikate in Sätzen auf; sie können auch als Satzteile oder in verkürzten Nebensätzen stehen.

(i) Gebrauch der ing-Form

Die **ing**-Form kann wie ein Nomen als Subjekt, Objekt oder auch als präpositionales Objekt verwendet werden.

> **Jogging has become very popular. But other people prefer swimming, or playing tennis. An increasing number of people are against smoking.**
>
> Jogging ist sehr populär geworden. Aber andere Leute ziehen Schwimmen oder Tennisspielen vor. Eine wachsende Zahl von Leuten ist gegen Rauchen.

(ii) Gerundium

Einige Verben des Englischen werden immer mit der **ing**-Form der Verben kombiniert; diese Verwendung der Form heißt *Gerundium*.

> **Our children *enjoy dancing*, but *dislike walking*, and simply *hate gardening*.**
>
> Unsere Kinder *mögen Tanzen*, *mögen kein Spazierengehen* und *hassen Gärtnern* geradezu.

Zu diesen Verben gehören **avoid, deny, dislike, enjoy, finish**.

(iii) ing-Form nach Konstruktionen mit Präpositionen

Es gibt einige Konstruktionen mit Präpositionen, nach denen **ing**-Formen der Verben verwendet werden:

> **There was no *hope of finding* a solution, so the team was *afraid of doing* anything. They were *tired of being accused of wasting* money.**
>
> Es gab keine *Hoffnung*, eine Lösung *zu finden*, daher hatte das Team *Angst*, irgend etwas *zu tun*. Sie waren es *müde, beschuldigt zu werden*, *Geld zu vergeuden*.

VERBEN

(iv) ing-Form oder to-Infinitiv

Einige Verben können mit **to**-Infinitiv oder mit **ing**-Form verknüpft werden; dabei ist der folgende Unterschied zu beachten:

I *like reading/to read* in the evenings, but tonight I *would like to watch* TV, because they are showing an opera by Verdi.	Abends *lese* ich *gern*, aber heute abend *würde* ich *gern fernsehen*, weil man eine Oper von Verdi sendet.

Neben **like** gehören **hate** »hassen« und **love** »lieben« zu diesen Verben. Wenn es sich um eine Gewohnheit handelt, sind beide Konstruktionen möglich. Handelt es sich aber um eine einzelne Gelegenheit, so ist nur die Konstruktion mit **to**-Infinitiv möglich.

Im folgenden Sonderfall weicht die Bedeutung ab:

Lulu stopped *smoking.*	Lulu hörte auf *zu rauchen.*
Cilla stopped *to smoke.*	Cilla hielt an, *um zu rauchen.*

⚠️ **Stop** hat in den beiden Konstruktionen unterschiedliche Bedeutungen, die man nicht verwechseln darf.

(v) ing-Form oder Infinitiv ohne to

Noch ein Vergleich zweier Konstruktionen ist hier erforderlich. Verben der Wahrnehmung wie **see**, **hear**, **watch** können mit Infinitiv ohne **to** oder mit der **ing**-Form verknüpft werden:

I saw her *cross/crossing* the street.	Ich sah sie die Straße *überqueren.*

Der Infinitiv bezeichnet den Überquerungsvorgang als abgeschlossene Handlungseinheit, während die **ing**-Form wie eine Verlaufsform das Andauern des Vorgangs betont.

(vi) Verkürzte Nebensätze mit Partizipien

Mit Hilfe von Partizipien lassen sich auch Nebensätze verkürzen.

VERBFORMEN OHNE ZEITBEZUG 21b

Having negotiated/After *he had negotiated* the contract, the manager returned, *feeling/and he felt* quite victorious. His boss, *expecting/who expected* a better deal, was sceptical.

Nachdem *er* den Vertrag *verhandelt hatte*, kam der Manager zurück, und *er fühlte sich* als Sieger. Sein Chef, *der* einen besseren Abschluß *erwartete*, war skeptisch.

Das Partizip Perfekt (**having negotiated**) signalisiert Vorzeitigkeit, das Partizip Präsens Gleichzeitigkeit. Der genaue Zeitbezug ergibt sich aus dem Satzzusammenhang, so daß auch manchmal die beiden Partizipien austauschbar sind:

After *negotiating/Having negotiated* the contract, the manager returned.

Nachdem er den Vertrag *verhandelt hatte*, kam der Manager zurück.

Auch Passivsätze lassen sich durch Partizipien verkürzen:

As he had been promised a day off, and *he was feeling* exhausted, he asked for a holiday.
Having been promised a day off, and *feeling* exhausted, he asked for a holiday.

Da ihm ein freier Tag *versprochen worden war*, und *er* völlig erschöpft *war*, bat er um einen Urlaubstag.

(vii) *Überblick über die Partizipien*

Beispiel **serve** »bedienen«:

	Gleichzeitigkeit	*Vorzeitigkeit*
Aktiv	serving	having served
Passiv	(being) served	having been served

VERBEN

22 Verneinung

Verneinung kann im Englischen auf unterschiedliche Weise ausgedrückt werden, wobei die häufigste **not** »nicht« mit dem Prädikat verbindet.

22a Verneinung mit not

(i) Verneinung bei Hilfsverben

Wenn ein Hilfsverb im Satz vorhanden ist, wird es als »Träger« für **not** verwendet, d.h., **not** steht unmittelbar hinter dem ersten Hilfsverb des Prädikats. [Verkürzungen ➤23b.]

Marianne *cannot* go to the party, because she *will not* finish work in time. She *may not* have planned her day well enough.	Marianne *kann nicht* zur Party gehen, weil sie nicht rechtzeitig zu arbeiten *aufhört*. Sie *hat* den Tag *wohl nicht* gut genug geplant.

⚠ **Cannot** wird immer als ein Wort geschrieben.

Wenn eine Form von **be** im Satz steht, auch als Vollverb, wird **not** nachgestellt, während bei anderen Vollverben, auch **have** und **do**, anders verfahren wird [➤22a(ii)].

The car *was not* ready on time, and the manager *is not* available; this firm *is not* very good.	Das Auto *war nicht* rechtzeitig fertig, und der Manager *ist nicht* verfügbar; diese Firma *ist nicht* sehr gut.

Auch für komplexe Prädikate, die eine Verlaufsform enthalten oder passiv sind, gilt, daß **not** hinter dem ersten Hilfsverb steht.

She *may not* have been waiting all that long, because her parents *had not* been involved in that accident.	Sie *hat wohl nicht* gar so lange gewartet, weil ihre Eltern *nicht* in den Unfall verwickelt *worden waren*.

VERNEINUNG 22a

*(ii) Gebrauch von **do** bei der Verneinung*

Wenn in einem Satz kein Hilfsverb als »Träger« für **not** zur Verfügung steht, wird das Hilfsverb **do** eingefügt, und **not** wird diesem nachgestellt. Da alle Tempusformen des Englischen außer Präsens und Präteritum mit Hilfsverben gebildet werden, ist die Einfügung von **do** nur in diesen beiden Tempora relevant. [Verkürzungen ➤ 23b(ii).]

I *do not* know what happened. I *did not* arrive until 3 o'clock. The customer *does not* remember who started it, and it *does not* look as if the police could find out.	Ich weiß *nicht*, was geschah. Ich kam *nicht* vor 3 Uhr an. Der Kunde erinnert sich *nicht*, wer angefangen hat, und es sieht *nicht* so aus, als ob die Polizei es herausfinden könnte.

Werden **have** »haben, besitzen« und **do** »tun, machen« als Vollverben verwendet, so wird die Verneinung ebenfalls mit dem Hilfsverb **do** gebildet:

Grizelda *does not* do that sort of thing, and I *do not* have the time to do it.	Grizelda tut/macht so etwas *nicht*, und ich habe *keine* Zeit, es zu tun.

Bei der Einfügung von **do** ist darauf zu achten, daß für die 3. Person Singular **does** und für alle anderen **do** genommen wird; **did** gilt für alle Personen [➤Tabelle 25a(iii)].

22b *Negative Adverbien und Satzgliedstellung*

Es gibt einige Adverbien, die eine negative Bedeutung haben. Dazu gehören **at no time** »zu keiner Zeit«, **hardly** »kaum«, **not once** »nicht ein einziges Mal«, **never** »niemals«, **no sooner** »kaum«, **rarely** »selten«, **scarcely** »kaum«, **seldom** »selten«, **under no circumstances** »unter keinen Umständen«.

(i) Betonung negativer Adverbien

Wenn diese Adverbien an den Satzanfang gestellt und damit hervorgehoben werden, ändert sich die Reihenfolge der Satzglieder.

VERBEN

Seldom had Eden seen such chaos. *Hardly had he* entered the house, when the staircase collapsed. *Under no circumstances was he* prepared to assume responsibility for that. *Never would his company* have produced such a construction.	*Selten hatte Eden* solches Chaos gesehen. *Kaum hatte er* das Haus betreten, als die Treppe zusammenbrach. *Unter keinen Umständen war er* bereit, dafür die Verantwortung zu übernehmen. *Nie hätte seine Firma* eine derartige Konstruktion produziert.

Die Reihenfolge von Subjekt und (erstem) Hilfsverb ist vertauscht: *Eden had* seen ... *Seldom had Eden* seen ... Dieser Austausch heißt *Inversion*.

*(ii)   Stellung von **do** bei fehlendem Hilfsverb*

Ist kein Hilfsverb im Satz, das die Stelle mit dem Subjekt tauschen könnte, so wird eine Form von **do** vor das Subjekt gestellt [▶16d]:

Not once *did the suspect* leave the house.	Nicht ein einziges Mal *hat der Verdächtige* das Haus verlassen.

(iii) Wenn die genannten Adverbien nicht am Satzanfang stehen, kann keine Inversion erfolgen:

Hilda *seldom* has a large lunch. And Bob *never* wants a cooked breakfast.	Hilda ißt *selten* viel zu Mittag. Und Bob will *nie* ein warmes Frühstück.

22c   Der Effekt der Verneinung auf andere Wörter im Satz

(i)   Some – any

(A)

She got *some* coffee, but she did *not* want *any* cake. The shop keeper said that she could *not* do *anything* for *anybody* these days, but *something* had to be done soon.	Sie bekam (*etwas*) Kaffee, aber sie wollte *keinen* Kuchen. Die Ladenbesitzerin sagte, sie könnte zur Zeit für *niemanden* etwas tun, aber *irgend etwas* müßte bald getan werden.

VERNEINUNG 22a

In positiven Sätzen stehen **some** »etwas/einige« und seine Verbindungen **something** »etwas«, **somebody** »jemand«, **somewhere** »irgendwo«, während nach der Verneinung **not** jeweils **any, anything, anybody, anywhere** eingesetzt werden müssen. Die Übersetzung richtet sich nach dem Kontext, wie die Beispiele zeigen (»etwas«, »kein«, »niemand« usw.) [▶Fragesätze 6].

(B) Man muß beachten, daß der Wechsel von **some-** zu **any-**Formen immer hinter der Verneinung **not** vorzunehmen ist, nicht für Wörter, die davor stehen:

Some people are *not* willing to forgive *anything*.	*Manche* Leute sind *nicht* gewillt, *irgend etwas* zu vergeben.

(C) Außer **not** haben auch andere negative Wörter Einfluß auf die Wahl von **some** bzw. **any: no** »kein«, **nobody** »niemand«, **none** »nichts/niemand«, **nothing** »nichts« usw.

Nothing had happened to *anybody*, and *nobody* had *any* complaints, fortunately. But *no* travel agency had *any* rooms left *anywhere*.	*Niemandem* war etwas geschehen, und glücklicherweise hatte *niemand* (*irgendwelche*) Beschwerden. Aber *kein* Reisebüro hatte noch irgendwo (*irgendwelche*) Zimmer übrig.

(ii)   Ausdrücke in positiven oder negativen Sätzen

Es ist auf eine Korrespondenz zwischen Verneinung und anderen Wörtern im Satz hinzuweisen, die leicht übersehen wird. Es gibt Ausdrücke, die jeweils nur in positiven oder negativen Sätzen stehen [Fragesätze ▶6]:

Ross is *still* in the USA. He has seen *a lot*, and has *already* taken 120 photographs, *too*. Lesley is *not* in the USA *any more*. She has not seen *much*, because she fell ill. She had not taken any photos *yet* when it happened, and she did not buy postcards, *either*.	Ross ist *noch* in den USA. Er hat viel gesehen, und hat *auch schon* 120 Fotos gemacht. Lesley ist *nicht mehr* in den USA. Sie hat nicht *viel* gesehen, weil sie krank wurde. Sie hatte *noch* keine Fotos gemacht, als es passierte, und sie kaufte *auch* keine Postkarten.

VERBEN

Die Ausdrücke **still** »noch«, **a lot** »viel(e)«, **already** »schon« sowie **too** »auch« stehen vielfach in positiven Sätzen (können aber auch in negativen Sätzen vorkommen), während **any more**, **much**, **yet**, **either** in negativen Sätzen verwendet werden. Die genaue Übersetzung ergibt sich aus dem Kontext.

… ZUSAMMENZIEHUNGEN **23a**

23 Umgangssprachliche Zusammenziehungen

In den vorausgehenden Abschnitten illustrieren die Beispiele ein relativ sorgfältiges umgangssprachliches Englisch. In der gesprochenen Alltagssprache und z.T. auch in Briefen an Freunde, Verwandte usw., die der Alltagssprache nahekommen, findet man hingegen verschiedene Möglichkeiten der Verkürzung von Ausdrücken. Sie setzt voraus, daß mit üblichem Sprechtempo gesprochen wird und daß der betreffende Ausdruck nicht betont ist. Sie tritt außerdem vor allem nach Pronomen auf.

23a Zusammenziehungen bei Hilfsverben

*(i) Formen von **be** »sein«*

I'*m* first, and you'*re* second, but he'*s* only fifth. They'*re* good at sports, but we'*re* better.	Ich *bin* erster, du *bist* zweiter, aber er *ist* nur fünfter. Sie *sind* gut in Sport, aber wir *sind* besser.

Am, **is**, **are** können zu '**m**, '**s** und '**re** zusammengezogen werden. Hierbei verändert sich die Aussprache:

I'm /aɪm/, *you're* /juːə/, *we're* /wiːə/, *they're* /ðeɪə/

*(II) Formen von **have** »haben«*

He'*d* forgotten the contents. But Sue'*s* read it, too, and she remembers. You'*ve* seen the play, haven't you?	Er *hatte* den Inhalt vergessen. Aber Sue *hat* es auch gelesen, und sie erinnert sich. Du *hast* das Stück gesehen, nicht wahr?

Have, **has**, **had** können zu '**ve**, '**s** und '**d** verkürzt werden; die Aussprache ist entsprechend:

You've /juːv/, *Sue's* /suːz/, *he'd* /hiːd/

VERBEN

(iii) **Shall** und **will** »werden«

Diese beiden Hilfsverben fallen gewissermaßen in einer Abkürzung zusammen, so daß nicht mehr erkennbar ist, ob **shall** oder **will** die volle Form war:

I'll get the food, and she'll buy the wine. I'm sure we'll all enjoy it.	Ich *werde* das Essen besorgen, und sie *wird* den Wein kaufen. Ich bin sicher, wir *werden* es alle genießen.

Die Aussprache ist einfach: **I'll** /aɪl/, **she'll** /ʃiːl/, **we'll** /wiːl/
Shall in der Bedeutung »sollen« [➤16i(iii)] ist nie ganz unbetont, so daß es auch nicht verkürzt wird.

(iv) *Would*

Dieses Hilfsverb kann zu **'d** verkürzt werden:

I'd have phoned first. I do not know whether she'd be pleased.	Ich *hätte* erst angerufen. Ich weiß nicht, ob sie erfreut *wäre*.

Da auch **had** durch **'d** repräsentiert sein kann, muß man aus dem Kontext erschließen, welches Hilfsverb das richtige ist:

If they'd (= *had*) seen us, they'd (= *would*) have stopped.	Wenn sie uns gesehen *hätten*, *hätten* sie angehalten.

(v) *Andere Hilfsverben*

Außer **be**, **have**, **shall**, **will** und **would** haben alle anderen Hilfsverben keine Verkürzungen, die sich im Schriftbild äußern, solange sie nicht mit **not** verbunden werden [➤23b].

(A) In der Aussprache aber treten Besonderheiten auf: Bei einigen Hilfsverben kann in der Umgangssprache in unbetonter Stellung der Vokal des Hilfsverbs gekürzt oder generell geändert werden:

Suzie can do it. /kən/ statt /kæn/	Suzie kann es tun.

ZUSAMMENZIEHUNGEN 23a

She has had enough experience. Sie hat genug Erfahrung.
/həz/ statt /hæz/

Man kann sich merken, daß /ɪ/ wie in **will** erhalten bleibt, /iː/ wie in **be** zu /ɪ/ wird, andere Vokale zu /ə/ werden.

(B) Bei **dare, may, might, need, ought to, used to** als Hilfsverben findet keinerlei kontextbedingte Veränderung statt, weder in der Orthographie noch in der Aussprache.

23b *Hilfsverben und Verneinung*

Wenn nach Hilfsverben im Satz **not** steht, gibt es noch weitere Möglichkeiten der Zusammenziehung.

(i) In einigen Fällen gibt es besondere Verkürzungen der Hilfsverben.

We *shan't* accept this, and we *won't* be quiet. Wir *werden* dies *nicht* akzeptieren, und wir *werden/wollen nicht* still sein.

Shan't /ʃɑːnt/ entspricht **shall not** und **won't** /wəʊnt/ **will not**. Diese Verkürzungen können umgangssprachlich sowohl in unbetonter als auch in betonter Position vorkommen.

⚠️ Als besondere Form soll auch auf die Entsprechung zu **am not** hingewiesen werden:

I got very good marks. *Aren't* I great! Ich habe sehr gute Noten bekommen. *Bin* ich *nicht* großartig!

Aren't /ɑːnt/ entspricht **Am I not**. Im Amerikanischen Englisch findet man **ain't** /eɪnt/ I als Entsprechung.

(ii) Die übrigen Hilfsverben enthalten keine formalen Besonderheiten und sollen deshalb nur in einer Tabelle aufgelistet werden.

Es ist zu beachten, daß **n't** mit dem vorausgehenden Hilfsverb zusammengeschrieben wird.

are not – aren't **was not – wasn't**
is not – isn't **were not – weren't**

VERBEN

have not – haven't	had not – hadn't
has not – hasn't	
do not – don't	did not – didn't
does not – doesn't	
cannot – can't	could not – couldn't
dare not – daren't	
may not – mayn't	might not – mightn't
must not – mustn't	
need not – needn't	
ought not to – oughtn't to	
	should not – shouldn't
	would not – wouldn't
	used not to – usen't to

Bei **don't** und **can't** ist die Aussprache zu beachten /dəʊnt/, /kaːnt/.

Mayn't, **usen't to** sind selten.

Besonderheiten der Orthographie

Im Englischen haben die Wortformen wie im Deutschen eine feststehende Orthographie, die sich im Satzzusammenhang nicht ändert. Wenn jedoch bestimmte Verben eine Endung erhalten, ändert sich die Schreibung.

24a Buchstaben werden getilgt: Grundform des Verbs + ing

place plazieren	–	placing
write schreiben	–	writing

Ein stummes **e** wird getilgt, wenn **ing** hinzutritt.

24b Buchstaben werden geändert

(i) Grundform des Verbs + es/+ ed

cry weinen, schreien	–	he cries/cried
dry trocknen	–	he dries/dried

(ii) Grundform des Verbs + ing

lie lügen/liegen	–	lying
die sterben	–	dying

24c Verdoppelung von Buchstaben

(i) Einsilbiges Verb + ing/+ ed

knit stricken	–	knitting/knitted
stop anhalten	–	stopping/stopped
rob rauben	–	robbing/robbed
gag knebeln	–	gagging/gagged

(i) Zweisilbiges Verb + ing/+ ed

(A)

admìt zulassen	–	admitting/admitted
infèr schließen	–	inferring/inferred
rebèl rebellieren	–	rebelling/rebelled

VERBEN

(B)
tràve*l* reisen — trave*l*ing/trave*l*ed
càncel streichen — cance*l*ing/cance*l*ed

(iii) Regeln für Verdoppelung von Konsonanten

Für die Verdoppelungen der Konsonantenbuchstaben läßt sich eine Regel formulieren; Verdoppelung tritt ein, wenn:

a) eine Endung angefügt wird, die mit einem Vokalbuchstaben beginnt;

b) das Verb auf genau einen Konsonantenbuchstaben endet;

c) vor diesem einfachen Konsonantenbuchstaben ein einfacher Vokalbuchstabe steht (also nicht **ea** usw.);

d) die Silbe mit dem einfachen Vokalbuchstaben betont ist (immer also in einsilbigen, nicht immer in mehrsilbigen Verben).

e) Ein Sonderfall sind mehrsilbige Wörter auf l: Im Britischen Englisch wird l immer verdoppelt (**trave*l*ing**), im Amerikanischen Englisch nur, wenn die Betonung nach d) zutrifft (**compè*l*ing**, aber: **tràve*l*ing**).

24d Sonderfälle

Die Endung der 3. Person Singular bei **go** und **do** (**goes**, **does**) ist unregelmäßig.

25 Verbtabellen

Um einen leicht zugänglichen Überblick zu geben und damit bestimmte Formen schnell gefunden werden können, sollen hier alle wichtigen Verbformen in Tabellen aufgelistet werden. Folgende Tabellen sind zu finden:

- Tempusformen der Verben **be** »sein«, **have** »haben«, **do** »tun«
- Tempora der Vollverben im Aktiv
- Verlaufsformen der Vollverben im Aktiv
- Tempora der Vollverben im Passiv
- Verlaufsformen der Vollverben im Passiv
- Modale Hilfsverben und ihre Ersatzformen
- Formen der häufigsten unregelmäßigen Vollverben

VERBEN

25a Tempusformen der Verben be, have, do

(i) Die Formen von be

	Präsens	Präteritum	Present Perfect	Plusquamperfekt	Futur	Futurperfekt	Grundform
I	am	was	have	had been	will be	will have been	be
you	are	were	been				
we/you/they	are	were					
he/she/it	is	was	has				

(ii) Die Formen von have

	Präsens	Präteritum	Present Perfect	Plusquamperfekt	Futur	Futurperfekt	Grundform
I	have	had	have had	had had	will have	will have had	have
you	have						
we/you/they	have						
he/she/it	has		has				

134

VERBTABELLEN 25a

(iii) Die Formen von **do**

	Präsens	Präteritum	Present Perfect	Plusquamperfekt	Futur	Futurperfekt	Grundform
I	do	did	have done	had done	will do	will have done	do
you	do		have				
we/you/they	do		have				
he/she/it	does		has				

25b Tempora der Vollverben

(i) Alle Tempora bei einem regelmäßigen Verb im Aktiv; Beispiel **play** »spielen«.

	Präsens	Präteritum	Present Perfect	Plusquamperfekt	Futur	Futurperfekt
I	play	played	have played	had played	will play	will have played
you	play		have			
we/you/they	play		have			
he/she/it	plays		has			

VERBEN

*(ii) Alle Verlaufsformen eines regelmäßigen Verbs im Aktiv; Beispiel **play** »spielen«.*

	Präsens	Präteritum	Present Perfect	Plusquamperfekt	Futur	Futurperfekt
I	am playing	was playing	have been playing	had been playing	will be playing	will have been playing
you	are playing	were playing	have been playing	had been playing	will be playing	will have been playing
we/you/they	are playing	were playing	have been playing	had been playing	will be playing	will have been playing
he/she/it	is playing	was playing	has been playing	had been playing	will be playing	will have been playing

*(iii) Alle Tempora bei einem regelmäßigen Verb im Passiv; Beispiel **be asked** »gefragt werden«.*

	Präsens	Präteritum	Present Perfect	Plusquamperfekt	Futur	Futurperfekt
I	am asked	was asked	have been asked	had been asked	will be asked	will have been asked
you	are asked	were asked	have been asked	had been asked	will be asked	will have been asked
we/you/they	are asked	were asked	have been asked	had been asked	will be asked	will have been asked
he/she/it	is asked	was asked	has been asked	had been asked	will be asked	will have been asked

VERBTABELLEN 25b

(iv) Alle Verlaufsformen eines regelmäßigen Verbs im Passiv;
Beispiel **be being watched** »beobachtet werden«.

	Präsens	Präteritum	*Present Perfect	*Plusquamperfekt	*Futur	*Futurperfekt
I	am being watched	was being watched	have been being watched	had been being watched	will be being watched	will have been being watched
you we/you/they	are being watched	were being watched	have been being watched	had been being watched	will be being watched	will have been being watched
he/she/it	is being watched	was being watched	has been being watched	had been being watched	will be being watched	will have been being watched

* Theoretisch möglich, aber in der Praxis äußerst selten.

VERBEN

25c Modale Hilfsverben und ihre Ersatzformen

Wie in Abschnitt 16e bei den einzelnen modalen Hilfsverben erläutert wird, bieten diese Verben nur Formen für Präsens und Präteritum. Für *Present Perfect*, Plusquamperfekt und Futur müssen daher andere Ausdrücke mit ähnlicher Bedeutung verwendet werden. Die häufigsten solcher Ausdrücke werden hier zusammengestellt.

can, could	a) »können, vermögen«	be able to	»in der Lage sein, fähig sein«
	b) »dürfen, erlauben«	be allowed to	»dürfen, die Erlaubnis haben«
	c) »wahrscheinlich sein«	be likely to be probably	»wahrscheinlich, möglich sein«
may, might	a) »möglich sein«	be possible	»möglich sein«
	b) »dürfen«	be allowed to	»dürfen, die Erlaubnis haben«
must	»müssen, gezwungen sein«	have to	»müssen«
shall, should	a) »sollen«	be expected to	»unter der Erwartung stehen«
		be obliged to	»verpflichtet sein«
	b) »wahrscheinlich sein«	be assumed to	»in der Annahme, daß«
		be expected to	»unter der Erwartung stehen«
will, would	»wollen, mit Absicht«	be willing to have the intention to	»gewillt sein« »die Absicht haben«

VERBTABELLEN 25d

25d Tabelle der häufigen unregelmäßigen Verben mit knapper Übersetzung der Verbbedeutungen.

Grundform	Präteritum	Partizip Perfekt	Bedeutung
arise	arose	arisen	entstehen
be	was, were	been	sein
bear	bore	borne	tragen; gebären
beat	beat	beaten	schlagen
become	became	become	werden
begin	began	begun	beginnen
bend	bent	bent	biegen, beugen
bind	bound	bound	(an)binden
blow	blew	blown	wehen, blasen
break	broke	broken	(zer-)brechen
bring	brought	brought	bringen
build	built	built	bauen
burn	burnt/ burned*	burnt/ burned*	(ver)brennen
burst	burst	burst	bersten, platzen
buy	bought	bought	kaufen
cast	cast	cast	werfen
catch	caught	caught	fangen
choose	chose	chosen	wählen
cling	clung	clung	kleben, haften
come	came	come	kommen
cost	cost	cost	kosten
creep	crept	crept	kriechen
cut	cut	cut	schneiden
deal	dealt	dealt	handeln
dig	dug	dug	graben
do	did	done	tun
draw	drew	drawn	ziehen; zeichnen
dream	dreamt/ dreamed*	dreamt/ dreamed*	träumen
drink	drank	drunk	trinken
drive	drove	driven	fahren
eat	ate	eaten	essen
fall	fell	fallen	fallen
feed	fed	fed	füttern
feel	felt	felt	fühlen
fight	fought	fought	kämpfen
find	found	found	finden

VERBEN

fit	fit	fit	passen
fling	flung	flung	schleudern
fly	flew	flown	fliegen
forbid	forbade	forbidden	verbieten
forecast	forecast	forecast	voraussagen
forget	forgot	forgotten	vergessen
freeze	froze	frozen	frieren
get	got	got	bekommen
give	gave	given	geben
go	went	gone	gehen
grow	grew	grown	wachsen
hang	hung	hung	hängen
hang	hanged	hanged	henken
have	had	had	haben
hear	heard	heard	hören
hide	hid	hidden	verstecken
hit	hit	hit	schlagen
hold	held	held	halten
hurt	hurt	hurt	verletzen
keep	kept	kept	(be)halten
kneel	knelt/ kneeled*	knelt/ kneeled*	knien
know	knew	known	wissen; kennen
lay	laid	laid	legen
lead	led	led	führen, leiten
lean	leant/ leaned*	leant/ leaned*	(an-)lehnen
leap	leapt/ leaped*	leapt/ leaped*	springen
learn	learnt/ learned*	learnt/ learned*	lernen
leave	left	left	verlassen
lend	lent	lent	(aus)leihen
let	let	let	lassen
lie	lay	lain	liegen
light	lit/ lighted	lit/ lighted	erleuchten
lose	lost	lost	verlieren
make	made	made	machen
mean	meant	meant	meinen
meet	met	met	treffen; kennenlernen

VERBTABELLEN 25d

overcome	overcame	overcome	überwinden
pay	paid	paid	bezahlen
put	put	put	setzen, stellen, legen
read	read	read	lesen
rid	rid/ ridded	rid/ ridded	befreien
ride	rode	ridden	reiten
ring	rang	rung	läuten
rise	rose	risen	(auf)steigen
run	ran	run	laufen
say	said	said	sagen
see	saw	seen	sehen
seek	sought	sought	suchen
sell	sold	sold	verkaufen
send	sent	sent	senden
set	set	set	setzen, stellen
shake	shook	shaken	schütteln
shine	shone	shone	scheinen
shine	shined	shined	polieren
shoot	shot	shot	schießen
show	showed	shown	zeigen
shut	shut	shut	schließen
sing	sang	sung	singen
sink	sank	sunk	sinken, untergehen
sit	sat	sat	sitzen
sleep	slept	slept	schlafen
slide	slid	slid	(aus)gleiten
smell	smelt/ smelled*	smelt/ smelled*	riechen
speak	spoke	spoken	sprechen
spell	spelt/ spelled*	spelt/ spelled*	buchstabieren
spend	spent	spent	verbringen; ausgeben
spill	spilt/ spilled*	spilt/ spilled*	verschütten
split	split	split	zerteilen, spalten
spoil	spoilt/ spoiled*	spoilt/ spoiled*	verderben
spread	spread	spread	aus-, verteilen

VERBEN

spring	sprang	sprung	springen
stand	stood	stood	stehen
steal	stole	stolen	stehlen
stick	stuck	stuck	stechen; stecken
stink	stank	stunk	stinken
strive	strove/	striven/	
	strived	strived	streben nach
strike	struck	struck	schlagen
swear	swore	sworn	schwören
sweep	swept	swept	fegen, kehren
swim	swam	swum	schwimmen
swing	swung	swung	schwingen
take	took	taken	nehmen
teach	taught	taught	lehren, unterrichten
tear	tore	torn	(zer)reißen
tell	told	told	erzählen
think	thought	thought	denken
throw	threw	thrown	werfen
thrust	thrust	thrust	stoßen, werfen, drängen
understand	understood	understood	verstehen
undertake	undertook	undertaken	über-, unternehmen
wake	woke/	woken/	
	waked	waked	(er)wachen

* Das Sternchen bedeutet, daß die **-ed** Form im Amerikanischen Englisch vorgezogen wird, die andere im Britischen Englisch. Manchmal gibt es zwei Formen, wie bei **strive – strove/strived – striven/strived**, d.h., hier besteht eine Wahlmöglichkeit, wobei die **-ed** Form die neuere ist.

D

Personen, Sachen oder Ideen: Nomen und Nominalphrasen

- **26** *Untergliederung der Nomen*
- **27** *Eins oder mehr: Singular oder Plural*
- **28** *Kasus bei Nomen: Genitiv*
- **29** *Nomen näher bestimmen: Bestimmungswörter*
- **30** *Mengenangaben*
- **31** *Stellvertreter für Nomen und Nominalphrasen: Pronomen*
- **32** *Adjektive*

NOMEN UND NOMINALPHRASEN

26 Untergliederung der Nomen

Nomen (auch Substantive oder Hauptwörter genannt) sind wichtige Bestandteile der Sprache, da sie die erforderlichen Benennungen liefern, die in Sätzen meistens als Subjekte, Objekte oder Ergänzungen von Präpositionen fungieren.

Nomen können als einzelne Elemente oder in komplexeren Strukturen (z.B. mit Artikel, Adjektiven usw.) verwendet werden; dann spricht man von Nominalphrasen.

Nach ihren Bedeutungen sind zahlreiche Untergliederungen der Nomen des Englischen denkbar, doch sollen hier nur solche Untergliederungen berücksichtigt werden, die für die Grammatik der Sätze relevant sind.

26a *Eigennamen und allgemeine Nomen*

Eigennamen wie **Arthur, Elizabeth, South Dacota, Bosnia** »Bosnien« unterscheiden sich von allgemeinen Nomen wie **car** »Auto«, **factory** »Fabrik«, **girl** »Mädchen« vor allem im Bereich der Pluralbildung und des Artikelgebrauchs [➤27, 29]. (Auf die Großschreibung der Eigennamen gegenüber der Kleinschreibung bei allgemeinen Nomen wurde bereits verwiesen [➤2c(i)B].)

26b *Zählbare und nichtzählbare Nomen*

Zählbare Nomen wie **bank** »Bank«, **field** »Feld«, **game** »Spiel« können ohne weiteres im Singular oder im Plural gebraucht werden, nicht aber nichtzählbare wie **intelligence** »Intelligenz«, **milk** »Milch«, **water** »Wasser«. Hier gibt es nur unter ganz besonderen Bedingungen einen Plural [➤29b(iv)B].

26c *Abstrakte und konkrete Nomen*

Abstrakte Nomen wie **information** »Information«, **love** »Liebe«, **truth** »Wahrheit« verhalten sich beim Artikelgebrauch anders als konkrete Nomen wie **bicycle** »Fahrrad«, **house** »Haus«, **tree** »Baum« [➤29b(vii)C, 29c(iii)A].

UNTERGLIEDERUNG 26d

26d Bezeichnungen für Menschen

Nomen, die Menschen bezeichnen, wie **boy** »Junge«, **girl** »Mädchen«, **man** »Mann«, **teacher** »Lehrer/in«, **woman** »Frau«, sind mit bestimmten Pronomen (z.B. bei den Relativpronomen [➤31h], den Personalpronomen [➤31a(ii)]) verknüpft, während alle übrigen Nomen jeweils durch andere Pronomen ersetzt werden können.

26e Genus bei Nomen

Es gibt im Englischen nur wenige Nomen, die in ihrer Bedeutung oder Form auf ein Geschlecht (= Genus) festgelegt sind: männlich, weiblich oder sächlich/neutral.

(i) Nomen männlichen und weiblichen Geschlechts

Manchmal gehört männliches oder weibliches Geschlecht zur Bedeutung der Nomen.

king König	–	**queen** Königin
father Vater	–	**mother** Mutter
boy Junge	–	**girl** Mädchen

(ii) Bedeutung der Endung

Gelegentlich trägt eine Endung die entsprechende Bedeutung.

duke Herzog	–	**duch**ess Herzogin
lion Löwe	–	**lion**ess Löwin
waiter Kellner	–	**waitr**ess Kellnerin
policeman Polizist	–	**police**woman Polizistin

(iii) Geschlechtsneutrale Wörter

In den meisten Fällen sind die Wörter nach Bedeutung und Form geschlechtsneutral. Nur der Satzzusammenhang kann dann Aufschluß über das Geschlecht geben.

nurse	Pfleger oder Pflegerin
teacher	Lehrer oder Lehrerin
worker	Arbeiter oder Arbeiterin

NOMEN UND NOMINALPHRASEN

27 Eins oder mehr: Singular oder Plural

Ein Nomen im Singular (in der Einzahl) ist diejenige Form, die sich als Zitierform im Wörterbuch findet. Der Plural (die Mehrzahl) wird bei verschiedenen Nomentypen verschieden gebildet.

27a Regelmäßiger Plural

Bei den meisten Nomen wird der regelmäßige Plural durch bestimmte Endungen signalisiert, die man dem Singular anhängt. Dabei ist Schreibung und Aussprache zu unterscheiden.

(i) Schreibung

Es gibt die Schreibvarianten **-es** und **-s**.

(A) Die Endung **-es** wird an den Singular angefügt, wenn das Wort auf **-ch**, **-s**, **-sh**, **-x** oder **-z** endet: Diese Regel hängt mit der Aussprache zusammen, denn die genannten Buchstaben sind der Aussprache nach Zischlaute. Einige Beispiele:

chur*ch* – chur*ch*es	Kirche – Kirchen
bu*s* – bu*s*es	Bus – Busse
ki*ss* – ki*ss*es	Kuß – Küsse
wi*sh* – wi*sh*es	Wunsch – Wünsche
bo*x* – bo*x*es	Kiste – Kisten
bu*zz* – bu*zz*es	Summton – Summtöne

(B) Die Endung **-s** wird bei der Mehrzahl aller anderen Wörter angefügt.

cat – cat*s*	Katze – Katzen
mill – mill*s*	Mühle (Fabrik) – Mühlen (Fabriken)

(ii) Aussprache

Es gibt drei Aussprachevarianten (/-ɪz/, /-z/, /-s/, Erklärung der Umschrift ➤2a), die sich nach dem letzten Laut des Singularwortes richten.

SINGULAR ODER PLURAL 27a

• Die Aussprache /-ɪz/ muß gewählt werden, wenn der Singular auf einen Zischlaut endet, also auf /-s, -z, -ʃ, -tʃ, -ʒ, -dʒ/. Beispiele:

bus /bʌs/ – **buses** /bʌsɪz/	Bus – Busse
loss /lɒs/ – **losses** /lɒsɪz/	Verlust – Verluste
fizz /fɪz/ – **fizzes** /fɪzɪz/	Fizz – Fizze
match /mætʃ/ – **matches** /mætʃɪz/	Streichholz – Streichhölzer
bridge /brɪdʒ/ – **bridges** /brɪdʒɪz/	Brücke – Brücken

Bei Wörtern wie **bridge** »Brücke« oder **judge** »Richter« ist zu beachten, daß in der Schreibung nur **-s** als Pluralendung hinzugefügt wird, daß aber die Endung in der Aussprache /-ɪz/ lautet, weil das End-**e** der Schreibung im Singular nicht gesprochen wird.

• Die Aussprache /-z/ wird nach allen Vokalen und allen stimmhaften Konsonanten (außer den Zischlauten) gewählt. Beispiele:

boy /bɔɪ/ – **boys** /bɔɪz/	Junge – Jungen
row /rəʊ/ – **rows** /rəʊz/	Reihe – Reihen
run /rʌn/ – **runs** /rʌnz/	Lauf – Läufe
bag /bæg/ – **bags** /bægz/	Tasche – Taschen

• Die Aussprache /-s/ wird nach allen stimmlosen Konsonanten (außer Zischlauten) gewählt. Beispiele:

block /blɒk/ – **blocks** /blɒks/	Block – Blöcke
cuff /kʌf/ – **cuffs** /kʌfs/	Manschette – Manschetten
cap /kæp/ – **caps** /kæps/	Kappe – Kappen

(iii)   Sonderfälle in Schreibung oder Aussprache

(A) Die Endung **-es** wird bei einer kleinen Zahl von Wörtern angehängt, die auf **-o** enden, wobei die Aussprache der Pluralendung nicht beeinflußt wird: /z/.

ech**o** – echo**es**	Echo – Echos
embarg**o** – embargo**es**	Embargo – Embargos
her**o** – hero**es**	Held – Helden
potat**o** – potato**es**	Kartoffel – Kartoffeln
tomat**o** – tomato**es**	Tomate – Tomaten
torped**o** – torpedo**es**	Torpedo – Torpedos
vet**o** – veto**es**	Veto – Vetos

NOMEN UND NOMINALPHRASEN

(B) Andere Wörter auf **-o** haben nur **-s** als Pluralendung. Es empfiehlt sich, die genannten Wörter mit dem Plural **-oes** zu lernen und an alle anderen wie **piano** »Klavier/Piano«, **radio** »Radio«, **photo** »Foto« nur **-s** anzufügen. Im Zweifelsfall muß man im Wörterbuch nachschlagen.

(C) Wenn ein Nomen auf **-y** endet und davor ein Konsonant steht, wird **-y** im Plural zu **ie**. Auf die Aussprache nimmt dies keinen Einfluß: /z/.

country – countries	Land – Länder
cry – cries	Schrei – Schreie
fly – flies	Fliege – Fliegen
frequency – frequencies	Häufigkeit – Häufigkeiten
spy – spies	Spion – Spione

In Wörtern wie **day** »Tag« oder **toy** »Spielzeug« steht ein Vokalbuchstabe vor **y**. Daher bleibt das **-y** im Plural erhalten: **days** »Tage«, **toys** »Spielsachen«.

(D) In einer kleinen Gruppe von Nomen ändert sich bei der Pluralbildung die Schreibung und die Aussprache:

calf /kaːf/ – **calves** /kaːvz/	Kalb – Kälber
elf /elf/ – **elves** /elvz/	Elfe – Elfen
half /haːf/ – **halves** /haːvz/	Hälfte – Hälften
knife /naɪf/ – **knives** /naɪvz/	(das) Messer – (die) Messer
life /laɪf/ – **lives** – /laɪvz/	(das) Leben – (die) Leben
thief /θiːf/ – **thieves** /θiːvz/	Dieb – Diebe
house /haʊs/ – **houses** – /haʊzɪz/	Haus – Häuser

Weiterhin gehören **hoof** »Huf« (Plural auch **hoofs**), **leaf** »Blatt«, **loaf** »Brotlaib«, **self** »Selbst«, **sheaf** »Garbe«, **shelf** »Regal«, **wife** »Ehefrau« und **wolf** »Wolf« zu dieser Gruppe. Der Endkonsonant des Singulars wird im Plural stimmhaft, und dann wird die regelmäßige Endung /-z/ angefügt. In der Schreibung ist das Resultat immer **-ves** mit Ausnahme von **house**. Hier wird in der Schreibung nur **-s** angefügt, aber die Aussprache ändert sich wie bei den übrigen Nomen: /s/ wird zum stimmhaften /z/, dann folgt (wie nach jedem Zischlaut) /ɪz/.

Als Gedächtnisstütze für die meisten Wörter dieser Gruppe kann die Schreibung **-lf** und **-fe** dienen (wie **half** und **knife**).

(E) In einer weiteren kleinen Gruppe von Nomen ist die Schreibung regelmäßig, aber die Aussprache ändert sich:

SINGULAR ODER PLURAL 27b

bath /baːθ/ – baths /baːðz/ Bad – Bäder
path /paːθ/ – paths /paːðz/ Pfad – Pfade
truth /truːθ/ – truths /truːðz/ Wahrheit – Wahrheiten

Da diese Aussprache des Plurals aber nicht immer befolgt wird, findet man auch /truːθs/. Wenn vor dem **th** noch ein Konsonantbuchstabe steht, ist die Aussprache regelmäßig stimmlos wie bei **birth – births** /bɜːθ – bɜːθs/.

27b *Unregelmäßiger Plural*

Es gibt verschiedene Gruppen von Wörtern mit je eigenen Pluralformen, die man sich als Ausnahmefälle merken muß. Im Zweifelsfalle im Wörterbuch nachschlagen.

(i) *Änderung des Vokals im Plural*

Einige Nomen ändern den Vokal vom Singular zum Plural (Umlaut-Plurale, die oft deutsche Parallelformen haben):

f*oo*t – f*ee*t	Fuß – Füße
g*oo*se – g*ee*se	Gans – Gänse
l*ou*se – l*i*ce	Laus – Läuse
m*a*n – m*e*n	Mann – Männer
m*ou*se – m*i*ce	Maus – Mäuse
t*oo*th – t*ee*th	Zahn – Zähne
wom*a*n – wom*e*n	Frau – Frauen

/wʊmən – wɪmɪn/

Beim letzten Beispiel ist besonders auf die Ausspracheänderung in der ersten Silbe zu achten.

(ii) *Plural bei **man, woman** und deren Zusammensetzungen*

Man muß auch beachten, daß alle Zusammensetzungen mit **man** oder **woman** den Plural wie die Stammwörter bilden:

fireman – firemen	Feuerwehrmann – Feuerwehrleute
gentleman – gentlemen	Gentleman – Gentlemen
policeman – policemen	Polizist – Polizisten
chairwoman – chairwomen	Vorsitzende – Vorsitzende
policewoman – policewomen	Polizistin – Polizistinnen
saleswoman – saleswomen	Vertreterin – Vertreterinnen

NOMEN UND NOMINALPHRASEN

(iii) Besonderheiten

Besonders hinzuweisen ist auf die Nomen der folgenden sehr kleinen Gruppe:

brother – brothers	*regelmäßig:* Bruder – Brüder
brethren /ˈbreðrən/	*unregelmäßig:* Glaubensbruder – Glaubensbrüder
child /tʃaɪld/ **– children** /ˈtʃɪldrən/	Kind – Kinder
ox – oxen	Ochse – Ochsen

(iv) Wörter mit nichterkennbarem Plural

Es gibt eine Gruppe von Wörtern, deren Plural unmarkiert bleibt, so daß man nur aus dem Kontext entnehmen kann, ob Singular oder Plural gemeint ist.

one air*craft* – five air*craft*	ein Flugzeug – fünf Flugzeuge
one *cod* – five *cod*	ein Kabeljau – fünf Kabeljaue
one *deer* – five *deer*	ein Stück Hochwild – fünf Stück Hochwild
one *grouse* – five *grouse*	ein Moorhuhn – fünf Moorhühner
one *sheep* – five *sheep*	ein Schaf – fünf Schafe

(v) Bedeutung des Kontexts bei einigen Pluralformen

Bei manchen Wörtern hängt die Pluralform von der Bedeutung im Kontext ab: Wenn eine Menge von einzelnen Tieren gemeint ist, steht der regelmäßige Plural. Wenn aber z.B. eine jagbare Menge gemeint ist, wird der Plural, anders als im Deutschen, nicht markiert.

We keep five *ducks* in our garden.	Wir halten fünf *Enten* in unserem Garten.
There is a season for shooting *duck*.	Es gibt eine Saison für das Schießen von *Enten*.
The laboratory keeps five *herrings* in a special basin.	Das Labor hält fünf *Heringe* in einem Spezialbasin.
A lot of *herring* live just off Norway.	Viele *Heringe* finden sich unmittelbar vor Norwegen.

SINGULAR ODER PLURAL 27b

(vi) *Von Adjektiven abgeleitete Nomen im Plural*

Nomen, die aus Adjektiven umgewandelt sind [➤3a(iii)B], haben ebenfalls einen unmarkierten Plural, der nur eine Gesamtheit bezeichnen kann und daher im Singular nicht gebraucht wird:

The *rich* often live in leafy suburbs, the *poor* in inner cities.	Die *Reichen* leben oft in grünen Vororten, die *Armen* in Innenstädten.
The *French* are famous for their laissez-faire attitude.	Die *Franzosen* sind berühmt wegen ihrer Laissez-faire-Einstellung.

Wenn man Individuen bezeichnen möchte, stehen Formulierungen wie **many rich people**, **several poor people**, **five Frenchmen/French people** zur Verfügung.

(vii) *Nationalitäten im Singular und Plural*

Bezeichnungen für Nationalitäten mit der Endung **-ese**, die als Adjektiv oder Nomen verwendet werden können, haben keine Markierung des Plurals, aber die Form kann ohne weiteres auch für Individuen gebraucht werden:

one *Japanese* – many *Japanese*	ein Japaner – viele Japaner
one *Maltese* – many *Maltese*	ein Malteser – viele Malteser

(viii) *Besonderheiten*

Bei einigen Nationalitätsbezeichnungen sind Besonderheiten anzumerken.

(A) **The English** heißt »die (= alle) Engländer/innen«; Individuen können als **Englishman/men** oder **Englishwoman/women** bezeichnet werden. In der Umgangssprache, vor allem der Zeitungssprache, findet sich auch **Briton** »britische Person (geschlechtsneutral)« und sogar – als sehr umgangssprachliche Abkürzung – **Brit**. Aus Gründen der Höflichkeit empfiehlt sich aber die Verwendung von **the British** »die Briten« (womit generell alle Einwohner des Vereinigten Königreichs gemeint sind) oder bei Individuen **a British person/citizen** »eine britische Person/ein britischer Bürger«.

NOMEN UND NOMINALPHRASEN

(B) **The Scottish** heißt »die (= alle) Schotten/innen«; Individuen können mit **Scotsman/men** oder **Scotswoman/women** bezeichnet werden. **A Scot** ist auch »eine schottische Person (geschlechtsneutral)«, aber **the Scots** bezeichnet die Gesamtheit, ebenso wie **the Scottish**. Außer in bestimmten Wendungen wie **Scotch whisky** wird **the Scotch** von Schotten ungern gehört.

(C) **The Welsh** heißt »die (= alle) Waliser/innen«; Individuen werden mit **Welshman/men** oder **Welshwoman/women** bezeichnet.

(D) **The Irish** heißt »die (= alle) Iren/Irinnen«; Individuen werden mit **Irishman/men** oder **Irishwoman/women** bezeichnet.

⚠ Die Bezeichnung **German** »Deutsche/r« darf nicht als Wortzusammensetzung mißverstanden werden, d.h., der Plural ist ganz regelmäßig **Germans** »Deutsche«.

(ix) *Plural bei Nomen aus dem Lateinischen und Griechischen*

Nomen, die ursprünglich aus dem Lateinischen oder Griechischen stammen, bieten verschiedene Typen der Pluralbildung; auch hier empfiehlt sich im Zweifel das Nachschlagen im Wörterbuch. Die Unregelmäßigkeit in der Pluralbildung wird dadurch verstärkt, daß einige Wörter nach lateinischem oder griechischem Muster den Plural bilden, manche aber auch der regelmäßigen Pluralbildung mit **-es** oder **-s** folgen.

- **bacill*us* – bacill*i*** Bazillus – Bazillen
  /bəˈsɪlaɪ/
  stimul*us* – stimul*i* Stimulus – Stimuli
  /ˈstɪmjulaɪ/
  corp*us* – corp*ora* Corpus – Corpora
  corpus*es*
  gen*us* – gen*era* Genus – Genera

  Regelmäßige Pluralformen haben z.B. **bonus** »Bonus«, **chorus** »Chorus«, **status** »Status«: **bonuses, choruses, statuses**.

- **alg*a* – alg*ae*** Alge – Algen
  /ˈælgə/ – /ˈældʒiː/
  formul*a* – formul*ae* Formel – Formeln
  /ˈfɔːmjuliː/
  formul*as*

SINGULAR ODER PLURAL 27b

Regelmäßige Pluralformen haben z.B. **area** »Gebiet«, **drama** »Drama«, **era** »Epoche«: **areas, dramas, eras**.

- **bacter*um* – bacter*ia***   Bakterie – Bakterien
  curricul*um* – curricul*a*   Curriculum – Curricula
  med*ium* – med*ia*   Medium – Medien
       mediums

  Regelmäßige Pluralbildung haben z.B. **album** »Album«, **museum** »Museum«, **stadium** »Stadion«: **albums, museums, stadiums**.

- **appendi*x* – appendi*ces***   Anhang – Anhänge
       appendi*xes*   Blinddarm – Blinddärme
  matri*x* – matri*ces*   Matrix – Matrizen
       matri*xes*

- **analys*is* – analys*es***   Analyse – Analysen
  /əˈnæləsɪs – əˈnæləsiːz/
  cris*is*/cris*es*   Krise – Krisen
  thes*is*/thes*es*   These – Thesen

- **criteri*on* /criter*ia***   Kriterium – Kriterien
  phenomen*on* /phenomen*a*   Phänomen – Phänomene

  Regelmäßige Pluralformen haben z.B. **electron** »Elektron«, **neutron** »Neutron«: **electrons, neutrons**.

(x) Pluralia tantum

Eine Gruppe von Wörtern existiert nur im Plural (Pluralia tantum):

He forgot his *glasses*, so he couldn't find the *scissors* in order to shorten his *trousers*.	Er vergaß seine *Brille*, also konnte er die *Schere* nicht finden, um seine *Hose* zu kürzen.

Zu diesen Nomen gehören auch **binoculars** »Fernglas/Opernglas«, **braces** »Hosenträger«, **pants** »Hose/Unterhose«, **pyjamas** »Schlafanzug«, **shorts** »kurze Hose«, **tights** »Strumpfhose«.

Einzelstücke werden bei diesen Nomen mit dem Ausdruck (**a**) **pair of** ... bezeichnet:

NOMEN UND NOMINALPHRASEN

> **They went shopping and bought a *pair of trousers*, five *pairs of tights*, a *pair of pyjamas*, and three *pairs of shorts*.**
>
> Sie gingen einkaufen und kauften eine *Hose*, fünf *Strumpfhosen*, einen *Schlafanzug* und drei kurze *Hosen*.

(xi) Nomen, die nur Pluralbedeutung haben

Eine Gruppe von Nomen ist nicht äußerlich, sondern nur von der Bedeutung her als Plural gekennzeichnet: **people** »Leute«, **cattle** »Vieh«.

> **The *people* are entering the field where the *cattle* are grazing.**
>
> Die *Leute* gehen ins Feld, wo das *Vieh* grast.

Die Verbformen ***are* entering/grazing** verdeutlichen die Pluralbedeutung.

(xii) Besonderheiten

Nomen, die von der Bedeutung her eine Gruppe bezeichnen, werden als Plural behandelt, wenn sie die einzelnen Mitglieder der Gruppe bezeichnen, und als Singular, wenn die Gruppe als Einheit oder Institution gemeint ist.

> *The police are* **gathering outside the building.** *The government have* **decided to react.** *The government is* **an executive power, and so *is* the police.**
>
> *Die Polizei versammelt* sich vor dem Gebäude. *Die Regierung hat* beschlossen zu reagieren. *Die Regierung ist* eine exekutive Kraft, und auch *die Polizei ist* eine.

(xiii) Pluralnomen, die ein Verb im Singular nach sich ziehen

Manche Nomen sind der Form nach scheinbar Plural, werden aber als Singular behandelt:

> *Athletics is* **a compulsory subject in some schools.** *The news is* **his favourite programme.**
>
> *Leichtathletik ist* ein Pflichtfach in einigen Schulen. *Die Nachrichten sind* sein Lieblingsprogramm.

SINGULAR ODER PLURAL 27b

***German Measles is* an infection which can be dangerous.** *Röteln sind* eine Infektion, die gefährlich sein kann.

Zu diesen Nomen gehören auch z.B. **economics** »Ökonomie«, **mathematics** »Mathematik«, **physics** »Physik«, **statistics** »Statistik«.

NOMEN UND NOMINALPHRASEN

28 Kasus bei Nomen: Genitiv

Im Deutschen werden Beziehungen zwischen verschiedenen Nomen als Satzgliedern auch mit Hilfe von Kasusendungen (Deklinationen, Beugungen) ausgedrückt: Ein Subjekt steht z.B. im Nominativ (1. Fall), das indirekte Objekt im Dativ (3. Fall) und das direkte Objekt im Akkusativ (4. Fall).

Im Englischen existieren solche Kasusendungen kaum noch; die entsprechenden Beziehungen zwischen Satzgliedern werden durch Satzgliedstellung und Präpositionen wiedergegeben. Nur bei den Pronomen sind noch vereinzelt Kasusendungen zu finden [➤31a(i)], und bei den Nomen gibt es nur noch den Genitiv (2. Fall, wessen/dessen).

28a Der Gebrauch des Genitivs

Hinsichtlich der Verwendung des Genitiv-s kann keine Gruppe von Nomen gänzlich ausgeschlossen werden, auch wenn es dabei Unterschiede im Gebrauch gibt. Nomen, die Personen bezeichnen, Nomen für (höherstehende) Haustiere, geographische Namen und Zeitangaben wie **today** »heute«, **week** »Woche« usw. haben in der entsprechenden Bedeutung »Besitz oder Zugehörigkeit« häufig die Genitivendung.

(i) Menschen

Bei Nomen, die Personen bezeichnen, wird in der Regel Besitz oder Zugehörigkeit mit der Genitivendung 's ausgedrückt [Plural ➤28b(iii)].

Linton's wallet was found, but his friend's briefcase never turned up again.	*Lintons* Brieftasche wurde gefunden, aber *seines Freundes* Aktentasche tauchte nie wieder auf.

(ii) Tiere

Das Genitiv-**s** wird auch bei Haustieren oder höher entwickelten, dem Menschen nahestehenden Tieren verwendet:

GENITIV 28a

> **They were again looking for *the dog's* collar.**
> Sie suchten mal wieder nach dem Hundehalsband.

(iii) Geographische Namen, Institutionen usw.

Geographische Namen, Bezeichnungen von Institutionen und Zeit-Nomen drücken Zugehörigkeit oft mit dem Genitiv aus.

> ***Today's* newspapers are full of negative reports. *The world's* economy is in a bad shape, *the Church's* position is declining, none of *this year's* wars has been ended.**
> Die heutigen Zeitungen sind voll mit negativen Berichten. Mit der Weltwirtschaft sieht es nicht sonderlich gut aus, die Stellung der Kirche geht zurück, keiner der diesjährigen Kriege ist beendet worden.

28b Schreibung und Aussprache des Genitivs

Schreibung und Aussprache richten sich nach dem Nomen, das im Genitiv steht; dessen letzter Buchstabe bzw. Laut und dessen Bedeutung entscheiden über die Form des Genitivs. Im allgemeinen gelten hier dieselben Regeln wie für den Plural [➤27a].

(i) Zischlaut-Endung

Wenn ein Singular-Nomen auf einen Zischlaut endet, gibt es folgende Möglichkeiten:

(A) Es wird **'s** geschrieben und /ɪz/ ausgesprochen; zum Beispiel:

horse /hɔːs/	our *horse's* tail /hɔːsɪz/	der Schwanz unseres Pferdes
boss /bɒs/	our *boss's* problem /bɒsɪz/	das Problem unseres Chefs
rose /rəʊz/	the *rose's* value /rəʊzɪz/	der Wert der Rose
George /dʒɔːdʒ/	*George's* car /dʒɔːdʒɪz/	Georges Auto
Bush /bʊʃ/	*Bush's* presidency /bʊʃɪz/	Bushs Präsidentschaft

NOMEN UND NOMINALPHRASEN

witch   the ***witch's*** charm   der Zauberspruch der Hexe
/wɪtʃ/   /wɪtʃɪz/

(B) Wenn Eigennamen auf **-s** (gesprochen /s/ oder /z/) enden, gibt es zwei Möglichkeiten der Schreibung und Aussprache:

Jones   a) ***Jones'*** theory   Jones' Theorie
/dʒəʊnz/

b) ***Jones's*** theory
/dʒəʊnzɪz/

Das Bemerkenswerte ist, daß auch bei der Schreibung **Jones'** sogar häufiger die Aussprache /dʒəʊnzɪz/ gewählt wird. Weitere Namen, die so gehandhabt werden, sind **Burns**, **Dickens**, **Marx**.

(C) Es gibt einige griechische Eigennamen auf **-s**, die ins Englische entlehnt worden sind, die nur eine Schreibung und Aussprache erlauben:

Euripides' plays   Euripides' Stücke
/juˈrɪpɪdiːz/
Socrates' dialogues   Sokrates' Dialoge
/ˈsɒkrətiːz/

Auch die Namen **Jesus** oder **Moses** werden so gehandhabt; **Jesus** taucht allerdings auch oft als **Jesus's** auf.

(D) In einigen Redewendungen mit **for ... sake** »um ... willen« haben Nomen auf **-s** nur die Variante **-'**:

for goodness' sake   »um Himmels willen«
for *reverence*' sake   »um der Ehrerbietung willen«

(ii)   *Keine Zischlaut–Endung*

Wenn Singular-Nomen auf andere als Zischlaute enden, wird immer **'s** geschrieben. Für die Aussprache gelten folgende Regeln:

(A) Nach Vokalen und stimmhaften Konsonanten (außer Zischlauten) ist die Aussprache des Genitivs /z/:

the ***boy's*** cap   die Mütze des Jungen
/bɔɪz/
John's house   Hans' Haus
/dʒɒnz/
the ***girl's*** contract   der Vertrag des Mädchens
/gɜːlz/

GENITIV 28b

(B) Nach stimmlosen Lauten (außer Zischlauten) ist die Aussprache /s/:

Rick's examination Ricks Prüfung
/rɪks/
our **cat's** food das Futter unserer Katze
/kæts/

(iii) Genitiv Plural

Wenn Plural-Nomen die Genitivendung erhalten, sind zwei Fälle zu unterscheiden.

(A) Wenn der Plural mit **-s** oder **-es** gebildet wird, bleibt vom Genitiv nur noch das Apostroph ' in der Schreibung. An der Aussprache ist keine Änderung zu erkennen:

the **girls'** uniform die Uniform der Mädchen
/gɜːlz/
the **cooks'** competition der Wettkampf der Köche
/kʊks/
the **series'** success der Erfolg der Serien
/'sɪəriːz/

(B) Bei einem unregelmäßigen Plural, der nicht auf **-s** endet, wird der Genitiv mit **'s** geschrieben. Die Aussprache folgt den im vorigen Abschnitt (ii) dargestellten Regeln:

the **children's** playground der Spielplatz der Kinder
/tʃɪldrənz/
the **men's** leisure activities die Freizeitbeschäftigungen der
/menz/ Männer
the **bacteria's** survival das Überleben der Bakterien
/bæk'tɪərɪəz/

28c *Zugehörigkeit ausdrücken: die Präposition* of

Statt mit dem Genitiv läßt sich Besitz und Zugehörigkeit auch durch eine nachgestellte Konstruktion mit der Präposition **of** ausdrücken. Während der Genitiv vor allem für Personen und Personen nahestehenden Lebewesen, Organisationen usw. verwendet wird, findet sich die **of**-Konstruktion eher bei Sachen.

In folgenden Kontexten wird **of** vorgezogen:

NOMEN UND NOMINALPHRASEN

the front of the house die Vorderseite des Hauses
the top of the hill die Spitze des Bergs
the mouth of the river die Mündung des Flusses

In manchen Kontexten sind Genitiv und **of**-Konstruktion austauschbar: Die Wahl kann von stilistischen Entscheidungen oder auch von der Kürze oder Länge des Ausdrucks abhängen:

the country's present government	die gegenwärtige Regierung des Landes
the present government of the country	
the nation's most famous scientists	die berühmtesten Wissenschaftler des Landes
the most famous scientists of the nation	
the company's financial situation	die finanzielle Situation der Firma
the financial situation of the company	

28d Besondere Genitivkonstruktionen

Bisweilen kann das Nomen, auf das der Genitiv bezogen ist, fehlen, wenn die Bedeutung aus dem Satzzusammenhang klar ist.

These shares are mine, and those are my *partner's*.	Diese Anteile sind meine und jene sind die meines *Partners*.
Margaret's shares were more expensive than *Denis's*.	Margarets Anteile waren teurer als die von *Denis*.

Traditionell fehlt das Nomen **shop** (oder ein ähnliches) in Bezeichnungen für Geschäfte:

First go to *the chemist's* to get your pills, then drop in at *the newsagent's* for your books.	Zuerst geh zum *Apotheker*, um deine Pillen zu holen, dann schau beim *Zeitschriftenhändler* vorbei wegen deiner Bücher.

GENITIV 28d

Auch das Wort **cathedral** »Kathedrale«, **church** »Kirche« oder **college** »Universität« kann nach einem Genitiv fehlen:

St. Paul's (Cathedral) was built by Wren, as was St. Mary Aldermary's (Church). But he never worked for King's (College).	Die *St.-Pauls-Kathedrale* wurde von Wren erbaut wie auch die Kirche *St. Mary Aldermary*. Aber er arbeitete nie für das *King's College*.

Genitiv und **of**-Konstruktion können auch verknüpft werden:

Jason is a partner *of Brian's*; you must meet him.	Jason ist einer der Partner von *Brian*; Sie müssen ihn kennenlernen.

Im Vergleich zur Konstruktion **Jason is Brian's partner** bedeutet **a partner of Brian's** einer von mehreren, die Brian hat, während **Brian's partner** nur eine Person impliziert.

NOMEN UND NOMINALPHRASEN

29 Nomen näher bestimmen: Bestimmungswörter

In 26a wurde schon erwähnt, daß Nomen in Eigennamen und allgemeine Nomen unterteilt werden können, weil dies für die Kombination Nomen und Artikel in der Nominalphrase wichtig ist. Eigennamen dürfen meistens nicht mit Artikel verbunden werden, bei allgemeinen Nomen dagegen ist der Gebrauch des Artikels durchaus möglich.

29a Bestimmungswörter: Übersicht

Bestimmungswörter lassen sich an ihrer Stellung im Satz erkennen: Sie stehen vor Nomen als Teil einer Nominalphrase. Ihre gemeinsame Funktion besteht darin, die Bedeutung des Nomens zu modifizieren. Im einzelnen haben sie allerdings auch unterschiedliche Bedeutungen.

Die nachstehende Tabelle enthält eine Übersicht über Bestimmungswörter. Diese Wörter ändern bis auf den unbestimmten Artikel und die Demonstrativen nie ihre Form, d.h., Singular und Plural sind gleich, und es gibt keine Formänderung wie im Deutschen »der, die, das«.

	Singular	Plural
Artikel unbestimmt	*a* tree ein Baum	———
bestimmt	*the* tree der	*the* trees die
Mengenangaben	*one* tree ein	*five* trees fünf
	———	*both* trees beide
	all energy alle Energie	*all* trees alle
	no tree kein	*no* trees keine
	some tree irgendein	*some* trees irgendwelche
	any tree irgendein	*any* trees irgendwelche
	every tree jeder	
	each tree jeder	
	———	*several* trees mehrere
	little energy wenig	*few* trees wenige
	a little energy ein wenig	*a few* trees einige
	so much energy	*many* trees
	so viel Energie	viele

BESTIMMUNGSWÖRTER 29a

Demonstrative	*this* tree dieser	*these* trees diese
	that tree jener	*those* trees jene
Possessive	*their* tree ihr	*their* trees ihre

29b *Der unbestimmte Artikel:* a/an »*ein*«

(i) Zwei Formen

Der unbestimmte Artikel mit der Bedeutung »ein/eine« hat zwei Formen: **a**, wenn das nächste Wort mit gesprochenem Konsonant beginnt, und **an**, wenn es mit Vokal beginnt:

> She bought a dress, *an* eye-shadow and *an* oval mirror.
>
> Sie kaufte ein Kleid, *einen* Lidschatten und *einen* ovalen Spiegel.

(ii) Aussprache

Man muß auf die Aussprache mancher Wörter besonders achten, weil Schreibung und Aussprache nicht immer konform sind.

> It takes *an hour* to produce *a unit*, and it's *a hard* job and probably *an unhealthy* one at that.
>
> Es dauert *eine Stunde*, um *eine Einheit* zu produzieren, und es ist *ein harter* Job und wahrscheinlich *ein ungesunder* dazu.

In Wörtern wie **hour** »Stunde«, **honour** »Ehre«, **heir** »Erbe« wird das **h** nicht ausgesprochen. Das Wort beginnt also mit einem Vokal, und deshalb wird **an** gewählt. Wörter wie **unit** /'juːnɪt/»Einheit«, **use** /juːs/ »Gebrauch« oder **universe** /'juːnɪvɜːs/»Universum« werden mit Konsonant /j/ ausgesprochen, deshalb die Form **a**, während **unhealthy** /ʌnˈhelθɪ/ mit Vokal beginnt und die Artikelform **an** erfordert.

(iii) Abkürzungen

Abkürzungen wie **M.P.** (**Member of Parliament** »Mitglied/Abgeordneter des Unterhauses«) oder **R.A.F.** (**Royal Air Force** »Königliche Luftwaffe«) können die eine oder andere Form des unbestimmten Artikels zulassen.

NOMEN UND NOMINALPHRASEN

He was *an (a)* R.A.F. officer and then became *an (a)* M.P.	Er war Offizier in der Königlichen Luftwaffe und wurde dann Abgeordneter im Unterhaus.

An setzt voraus, daß die Abkürzung auch als solche ausgesprochen wird: **an** /'aːr-eɪ-'ef/ **officer and an** /em'piː/.

(iv) Gebrauch des unbestimmten Artikels

⚠️ In manchen Konstruktionen ist im Vergleich zum Deutschen besonders auf den Gebrauch des unbestimmten Artikels zu achten.

(A) Bei Bezeichnungen für Nationalität, Tätigkeit oder Beruf steht der unbestimmte Artikel. Allerdings wird bei Nationalitäten häufig auch das Adjektiv gebraucht.

Ivanka is *Polish/a Pole* and now *a student* at University College; she wants to become *a mathematician*.	Ivanka ist *Polin* und augenblicklich *Studentin* am University College; sie will *Mathematikerin* werden.

(B) Bei Bezeichnungen für Krankheiten und ähnliches ist auf den unbestimmten Artikel zu achten.

David had developed *a temperature*, he had *a splitting headache*, and he could feel *a stomach-ache* coming on.	David hatte *Fieber* bekommen, er hatte heftige *Kopfschmerzen*, und er fühlte, daß *Bauchschmerzen* im Anmarsch waren.

(v) Unbestimmter Artikel bei Maßangaben

In Ausdrücken mit Maßangaben (der Zeit, des Gewichtes, der Häufigkeit) findet sich der unbestimmte Artikel:

They checked the market several times *a month*, but the price remained 90 pence *a pound*.	Sie überprüften den Markt mehrere Male *pro Monat*, aber der Preis blieb bei 90 pence *pro Pfund*.

BESTIMMUNGSWÖRTER 29b

(vi) half – quite – such

In der Kombination mit **half** »halb«, **quite** »ganz/ziemlich«, **such** »solche« folgt der unbestimmte Artikel.

Lilo lost *half a* pound after *quite a* long period of slimming; she did not want *such a* strain again.	Lilo verlor *ein halbes* Pfund nach *einer ziemlich* langen Fastenperiode; eine *solche* (oder: *solch eine*) Anstrengung wollte sie nicht noch einmal.

(vii) Wann der unbestimmte Artikel wegfällt

In manchen Kontexten darf der unbestimmte Artikel, auch im Vergleich zum Deutschen, nicht verwendet werden.

(A) Eigennamen verbieten den unbestimmten Artikel, der ja die Bedeutung »ein« wie das Zahlwort **one** hat. Nur mit einer Bedeutungsänderung, die den Eigennamen zu einer Typenbezeichnung, einem allgemeinen Nomen macht, ist der unbestimmte Artikel möglich.

He is not *a Shakespeare*, but he is quite good.	Er ist kein *Shakespeare*, aber er ist ziemlich gut.

(B) Nichtzählbare Nomen verbieten den unbestimmten Artikel wegen seiner Bedeutung »ein«, es sei denn, die Bedeutung »eine Sorte, ein Typ« oder eine unausgesprochene Menge wie »eine Tasse, ein Glas usw.« ist gemeint.

They bought *tea, butter*, and *mineral water* at the corner shop. They served *a tea* there which was famous. So Lynette ordered *a tea*, but her friend asked for *a coffee* and *a mineral water*.	Sie kauften *Tee, Butter* und *Mineralwasser* im Laden an der Ecke. Sie servierten dort *einen Tee* (*eine Teesorte*), der berühmt war. Also bestellte Lynette *einen Tee*, aber ihre Freundin bat um *einen Kaffee* und *ein Mineralwasser*.

(C) Nomen, die sich auf nichtzählbares Abstraktes beziehen, etwa **advice** »Ratschlag«, **evidence** »Beweis«, **information** »Information«, **knowledge** »Wissen«, können wegen der Bedeutung »ein« nicht mit **a/an** verbunden werden; *some* als

NOMEN UND NOMINALPHRASEN

unbestimmte Mengenangabe ist jedoch möglich. Man muß beachten, daß derartige Wörter in der deutschen Übersetzung anders gehandhabt werden (*ein* Ratschlag, *ein* Beweis usw.). Im Zweifelsfall ist es ratsam, im Wörterbuch nachzuschlagen.

There was *evidence* that *information* had leaked out, so they needed *some advice* on how to proceed.	Es gab *Beweise (Beweismaterial)*, daß *Information(en)* durchgesickert waren, daher brauchten sie *Rat (Ratschläge)*, wie sie fortfahren könnten.

Wenn man solche abstrakten Begriffe zählbar machen will, benötigt man Wendungen wie **a piece of** »ein Stück«, **a bit of** »ein Stück, ein Teil«.

They received *a* useless *piece of advice* and they did not know how to order their numerous *bits of* information.	Sie erhielten *einen* nutzlosen *Ratschlag*, und sie wußten nicht, wie sie ihre zahlreichen *Informationen* ordnen sollten.

(D) Es gibt verschiedene Wendungen im Englischen, in denen der unbestimmte Artikel steht. Auch hier muß man im Zweifelsfall im Wörterbuch nachschlagen. Einige Beispiele:

come to *an* end	zu Ende gehen
be in *a* hurry	in Eile sein
take *a* seat	Platz nehmen
as *a* whole	als Ganzes, im Ganzen

29c *Der bestimmte Artikel:* the

Der bestimmte Artikel determiniert die Bedeutung des mit ihm verbundenen Nomens. Der Sprecher signalisiert damit, daß er eine bestimmte Person, Sache oder Vorstellung im Sinn hat. Für Singular, Plural und für alle Geschlechter (»der, die, das«) gibt es nur eine Form des bestimmten Artikels: **the**.

(i) *Unterschied in der Aussprache*

In der Aussprache gibt es eine Variante. Vor gesprochenen Konsonanten lautet der Artikel /ðɪ/, vor gesprochenen Vokalen /ðə/.

BESTIMMUNGSWÖRTER 29c

the master of the universe　　　der Herr des Universums
/ðə/　　　　/ðə/

the **hour of** *the* **invisible monster**　　　die Stunde des unsichtbaren
/ðɪ/　　　　/ðɪ/　　　　Monsters

Man muß besonders auf die Aussprache der Wörter wie **union** /ˈjuːnɪən/ »Union«, **universe** /ˈjuːnɪvɜːs/ »Universum« achten, die mit Konsonant beginnen, daher /ðə/, und Wörter wie **hour** /aʊə/ »Stunde«, **honour** /ˈɒnə/ »Ehre«, die mit Vokal beginnen, daher /ðɪ/.

(ii)   Besonderheiten

(A) Der bestimmte Artikel wird bei Eigennamen nicht verwendet.

Dominic picked up Marion, and they went shopping in Oxford Street. They talked about their holiday in Scotland, about climbing Ben Nevis and visiting Loch Lomond.	*Dominic* holte *Marion* ab, und sie gingen in *der Oxford Street* einkaufen. Sie sprachen über ihren Urlaub in *Schottland*, über die Besteigung von *Ben Nevis* und den Besuch des Sees *Loch Lomond*.

⚠ Im Deutschen steht dagegen in einigen Fällen der bestimmte Artikel (*die* Oxford Street).

(B) Nur bei einer Bedeutungsänderung, wenn ein Eigenname erkennbar spezifiziert und somit zu einem allgemeinen Nomen wird, ist der bestimmte Artikel erforderlich

The Andrew in my class did not know anything about the Britain of the 1920s.	*Der (Schüler) Andrew* in meiner Klasse wußte nichts über *das Britannien der 20er Jahre*.

(iii)   Wegfallen des bestimmten Artikels bei abstrakten Bezeichnungen

(A) Der bestimmte Artikel wird nicht mit Nomen verknüpft, die etwas Abstraktes, eine Sache im allgemeinen bezeichnen.

NOMEN UND NOMINALPHRASEN

Life is too precious to play around with.
Sometimes *mankind* takes too many risks.
History can teach us a lot.

Das Leben ist zu wertvoll, um damit zu spielen.
Manchmal nimmt *die Menschheit* zu viele Risiken auf sich.
Die Geschichte kann uns viel lehren.

(B) Auch Nominalphrasen mit Adjektiven werden ohne Artikel gebraucht, wenn sie allgemeine, abstrakte Sachverhalte bezeichnen.

They compared *American civilization* with *Chinese culture*. Another course dealt with *modern art*, particularly *British sculpture*.

Sie verglichen *die amerikanische Zivilisation* mit (*der*) *chinesischer* (*-en*) *Kultur*. Ein anderer Kurs behandelte (*die*) *moderne Kunst*, speziell (*die*) *britische Skulptur*.

(C) Bezeichnungen für Institutionen oder Organisationen werden im Vergleich zu den Gebäuden, in denen sie sich befinden, als abstrakt betrachtet und haben deshalb keinen Artikel.

As usual the children went to *school*, but *the school* had burnt down. *The church* was unaffected so they could still go to *church*. Because of the fire some people had to be taken to *hospital*.

Wie gewöhnlich gingen die Kinder zur *Schule*, aber *die Schule* (= das Gebäude) war abgebrannt. *Die Kirche* (= das Gebäude) war nicht betroffen, so daß sie zur *Kirche* (= zum Gottesdienst) gehen konnten. Wegen des Feuers mußten einige Leute ins *Krankenhaus* (= zur Behandlung) gebracht werden.

Weitere Bezeichnungen dieses Typs sind **go to bed** »zu Bett gehen«, **be sent to prison** »ins Gefängnis gebracht werden«, **go to town** »in die Stadt gehen«, **go to university** »zur Universität gehen = studieren«, **go to work** »zur Arbeit gehen«.

(D) Bezeichnungen für wiederkehrende Jahreszeiten, Feiertage, Wochentage und Mahlzeiten werden wie Institutionen ohne Artikel behandelt.

BESTIMMUNGSWÖRTER 29c

On Christmas Day and *on Easter Sunday* the family gets together. They never meet in *summer* or *autumn*. They always have *lunch* and *dinner* together. *Last week* the invitations were sent out.

Am Weihnachtstag und am Ostersonntag kommt die Familie zusammen. Sie treffen sich nie im Sommer oder im Herbst. Sie essen immer *das Mittagessen* und *Abendessen* zusammen. *In der letzten Woche* (*Letzte Woche*) wurden die Einladungen verschickt.

Man muß beachten, daß **last Friday** »letzten Freitag«, **last week** »letzte Woche«, **last month** »letzten Monat« usw. immer den unmittelbar vorhergehenden Zeitraum bezeichnen, während **the last week** »die letzte Woche« von einem beliebigen anderen Zeitpunkt aus gesehen bedeutet.

(E) Bezeichnungen für Verkehrsmittel werden ohne bestimmten Artikel verwendet.

In order to get to work Lodda has to go *by train* and then *by bus.*

Um zur Arbeit zu gelangen, muß Lodda *mit dem Zug* fahren und dann *mit dem Bus*.

Ebenso verwendet werden **go by bike (bicycle)** »mit dem Fahrrad fahren«, **go by boat** »mit dem Boot/Schiff fahren«, **go by car** »mit dem Auto fahren«, **go by plane** »mit dem Flugzeug fliegen«.

⚠ Achtung: **go on foot** »zu Fuß gehen«.

(F) Wenn die Nomen oder Nominalphrasen nicht mehr Abstraktes und Sachverhalte allgemein bezeichnen, sondern spezifiziert sind, muß der bestimmte Artikel stehen.

Chester's favourite subject is *the traditional music of the Auvergne*.
***The American civilization of the 17th century* and *the British history of the present* are not comparable.**

Chesters Lieblingsgebiet ist *die traditionelle Musik der Auvergne*.

Die amerikanische Zivilisation des 17. Jahrhunderts und *die britische Geschichte der Gegenwart* sind nicht vergleichbar.

NOMEN UND NOMINALPHRASEN

(G) Nomen oder Nominalphrasen im Plural haben ohne bestimmten Artikel eine allgemeinere Bedeutung, mit Artikel eine speziellere.

Children want to play.	*Kinder* wollen spielen.
The children want to play.	*Die Kinder* wollen spielen.

Mit **the children** bezieht man sich auf bestimmte Kinder (eigene, die der Nachbarschaft usw.).

29d Bezeichnungen für eine Gattung

(A) In manchen Sätzen liegt nicht die Bezeichnung eines Individuums oder einer bestimmten Gruppe oder Klasse vor, sondern einer ganzen Gattung. Nomen oder Nominalphrasen mit unbestimmtem oder bestimmtem Artikel oder auch im Plural können eine derartige generische Bedeutung annehmen.

A whale is a mammal.	*Ein Wal* ist ein Säugetier.
The whale is a mammal.	*Der Wal* ist ein Säugetier.
Whales are mammals.	*Wale* sind Säugetiere.

(B) Das folgende Beispiel zeigt, daß die Möglichkeit, einen Satz als generisch zu verstehen, vom ganzen Kontext abhängt.

A dodo is *a bird*.	*Ein Dodo* ist *ein Vogel*.
The dodo is *extinct*.	*Der Dodo* ist *ausgestorben*.
Dodos are *extinct*.	*Dodos* sind *ausgestorben*.

Man kann aber *nicht* sagen: **A dodo is extinct** (Ein Dodo ist ausgestorben), weil man nur über das Aussterben von Gruppen oder Ganzheiten reden kann, nicht über einzelne Dinge, und **a** hat die Bedeutung »ein«.

… **Mengenangaben**

Die Tabelle in Abschnitt 29a listet einige Mengenbezeichnungen mit ihren Bedeutungen auf. In diesem Abschnitt ist noch zu erläutern, welche besonderen Verwendungen es gibt und wie Mengenangaben mit dem Artikel kombiniert werden können.

30a Zahlwörter

Kardinalzahlen können allein oder nach dem Artikel vor einem Nomen stehen, Ordinalzahlen nur nach einem Artikel [➤36].

Only *one* tree was felled; *the two* oaks are still there. After *the third* petition the local authorities agreed to leave them.	Nur *ein* Baum wurde gefällt; *die beiden* Eichen sind noch da. Nach *der dritten* Eingabe hatte die Gemeinde zugestimmt, sie stehen zu lassen.

30b All, both, half: alle, beide, die Hälfte

(i) Stellung von all, both, half

Die Wörter **all**, **both** und **half** stehen vor dem Artikel; **all** und **both** können auch allein in der Nominalphrase fungieren (ohne Artikel).

Both (the) firms cooperated and took over *all (the)* workers. *Half (of) the* reps had to be dismissed, however.	*Beide* Firmen kooperierten und übernahmen *alle* Arbeiter. Die *Hälfte der Vertreter* mußte jedoch entlassen werden.

Auch **both of the firms** wäre möglich und **all of the workers**. **Half** kann nicht ohne Artikel stehen.

(ii) all, both, half anstelle einer Nominalphrase

Die drei Mengenwörter **all**, **both**, **half** können auch wie Pronomen anstelle einer Nominalphrase stehen.

NOMEN UND NOMINALPHRASEN

All the girls left, and *all* were rescued.	Alle Mädchen gingen, und *alle* wurden gerettet.
Both the girls left, and *both* were rescued.	Beide Mädchen gingen, und *beide* wurden gerettet.
Half the girls left, and *half* were rescued.	Die Hälfte der Mädchen ging weg, und *die Hälfte* wurde gerettet.

(iii) **All** und **half** können zählbare und nichtzählbare Nomen bezeichnen, **both** nur zählbare.

all the students	alle Studenten
all the water	das ganze Wasser
half the books	die Hälfte der Bücher
half the evidence	die Hälfte des Beweismaterials
both the children	beide Kinder

(iv) *neither*

Zu **both** »beide« gibt es ein negatives Gegenstück, **neither** »keiner von beiden, weder der eine noch der andere«, das als Pronomen ohne Nomen, vor einem Nomen oder mit nachgestelltem **of** verwendet werden kann.

They have two telephones, but *neither* is working. Recently they bought two faxes, but *neither* fax has been connected, and *neither* of them seems to be the type they wanted.	Sie haben zwei Telefone, aber *keines* funktioniert. Kürzlich haben sie zwei Faxgeräte gekauft, aber *weder das eine noch das andere* Fax ist angeschlossen, und *keines* von ihnen scheint der Typ zu sein, den sie haben wollten.

(v) *either*

Als besondere Mengenbezeichnung ist **either** »einer von beiden« zu nennen. **Either** kann vor dem Nomen stehen oder als Pronomen ohne Nomen verwendet werden; auch die Konstruktion mit **of** ist möglich.

It is surprising that Dorene got these two jobs. *Either (of them)* would be enough to keep her busy.	Es ist überraschend, daß Dorene diese beide Aufgaben bekommen hat. Nur *eine (von ihnen)* wäre genug, sie zu beschäftigen.

MENGENANGABEN 30b

The mechanic has checked both vehicles, so *either* car can be used.	Der Mechaniker hat beide Fahrzeuge überprüft, also kann *sowohl das eine als auch das andere* Auto (= können beide) benutzt werden.

30c Few, a few *und* little, a little: *wenige, einige; wenig, ein wenig.*

(i) Gebrauch von **few, a few**

Few and **a few** werden mit zählbaren Nomen im Plural verwendet. Beide kann man als Pronomen verwenden.

There are *few* trees as famous as the gingko. *The few* gingkoes in our park are quite old. Our neighbour is trying to grow *a few* gingkoes. There are very *few* in this area, and *a few* more would be nice.	Es gibt *wenige* Bäume, die so berühmt sind wie der Gingko. *Die wenigen* Gingkos in unserem Park sind recht alt. Unser Nachbar versucht, *einige* Gingkos zu ziehen. Es gibt sehr *wenige* in der Gegend, und *ein paar* mehr wären schön.

A few »einige« kann als feststehende Wendung angesehen werden.

(ii) Gebrauch von **little, a little**

Little und **a little** werden mit nichtzählbaren Nomen verknüpft. Beide Ausdrücke können als Pronomen verwendet werden.

They had *little* hope of finding even *a little* gold. They would have been quite content with *a little*.	Sie hatten *wenig* Hoffnung, auch nur *ein bißchen* Gold zu finden. Sie wären mit *einem bißchen* auch ganz zufrieden gewesen.

30d Many *und* much: *viele und viel*

(i) Gebrauch von **many**

Many »viele« ist nur mit Nomen im Plural zu kombinieren; es kann mit einem Nomen allein oder in Verbindung mit dem Artikel, oder auch als Pronomen ohne Nomen verwendet werden.

NOMEN UND NOMINALPHRASEN

Norma thought of *the many books* in her library. She had spent *many hours* tracking them down in funny little shops. *Many* were out of print.	Norma dachte an *die vielen* Bücher in ihrer Bibliothek. Sie hatte *viele Stunden* damit zugebracht, sie in kuriosen kleinen Geschäften aufzuspüren. *Viele* waren vergriffen.

(ii)   many a

Die Wendung **many a** »manch ein« muß als eher literarischer Sonderfall betrachtet werden.

They emptied *many a glass* together.	Sie leerten *so manch ein/so manches* Glas zusammen.

*(iii)   Gebrauch von **much***

(A) Much »viel« wird nur mit nichtzählbaren Nomen verknüpft, nie mit dem Artikel zusammen, und zwar nur in Fragesätzen, verneinten Sätzen oder nach Adverbien wie **so**, **too**. **Much** kann als Pronomen verwendet werden.

How *much time* have we got? There is *so much work* to do. Sometimes it is *too much*, but on certain days there is *not much activity*.	*Wieviel Zeit* haben wir? Es gibt *so viel Arbeit* zu erledigen. Manchmal ist es *zu viel*, aber an bestimmten Tagen gibt es *nicht viel Aktivität*.

(B) In positiven Aussagesätzen wird die Bedeutung »viel« bei nichtzählbaren Nomen mit Hilfe von »**a lot of**« oder »**plenty of**« ausgedrückt. (Diese Ausdrücke lassen sich im Gegensatz zu **much** auch bei zählbaren Nomen verwenden.)

Some people drink *a lot of* coffee but still have *plenty of* room left for cake.	Manche Leute trinken *viel Kaffee* und haben doch noch *viel Platz* für Kuchen übrig.

30e   **No, none, nothing**: *kein, keines, nichts*

*(i)   Gebrauch von **no***

No »kein« wird mit zählbaren und nichtzählbaren Nomen ver-

MENGENANGABEN 30e

knüpft. Es kann weder mit dem Artikel kombiniert werden noch als Pronomen fungieren.

No people, no houses, no life at all: the area was devastated.	Keine Leute, keine Häuser, überhaupt *kein Leben*: die Gegend war verwüstet.

*(ii) Gebrauch von **none***

None »keiner/e/es« wird als Pronomen für zählbare und nichtzählbare Nominalphrasen gebraucht.

'Did you meet many tourists?' – '***None!***' 'Was there a lot of excitement?' – '***None* at all!** *None of us* liked it.'	»Habt ihr viele Touristen getroffen?« – »*Keine!*« »Gab es viel Aufregung?« – »Überhaupt *nicht!* Keiner von uns mochte es.«

*(iii) Gebrauch von **nothing***

Nothing »nichts« wird als Pronomen verwendet.

There was ***nothing*** (about it) in the papers, and they heard ***nothing*** on the radio, but they talked about ***nothing else***.	Nichts (davon) war in den Zeitungen, und sie hörten *nichts* im Radio, aber sie redeten über *nichts anderes*.

*(iv) Zusammensetzungen mit **no-***

Auf verschiedene Zusammensetzungen mit **no-** soll nur hingewiesen werden; grammatische Eigenheiten bieten sie jedoch nicht.

Nobody »niemand« und **no one** »niemand, keiner« sind Pronomen, die sich auf Personen beziehen. **Nowhere** »nirgendwo, nirgends« ist ein Ortsadverb [➤35b(ii)].

30f Some *und* any: *etwas, einige*

(i) Gebrauch

Some und **any** können als Mengenangaben vor zählbaren wie nichtzählbaren Nomen stehen und auch als Pronomen ohne

NOMEN UND NOMINALPHRASEN

Nomen auftreten. Mit dem Artikel werden sie nicht kombiniert. Wichtig ist, daß **some** in positiven Kontexten, **any** als Gegenstück in negativen Kontexten und Fragen verwendet wird [➤22c(i)].

The firm wanted *some* additional salespeople because they needed *some* help with the new product. They did not find *any* specialists who were prepared to invest *any* time in their campaign. Do you know of *any* people? Can *any* be found in the area?	Die Firma wollte *einige* zusätzliche Vertreter, weil sie mit dem neuen Produkt *etwas* Hilfe brauchten. Sie fanden *keine* Spezialisten, die bereit waren, Zeit in die Kampagne zu investieren. Wissen Sie von *irgendwelchen* Leuten? Können *welche* in der Gegend gefunden werden?

(ii)   any bei negativen Adverbien und if-Sätzen

Auch negative Adverbien [➤35b(vi)] und Sätze mit **if** [➤9c] zählen zu den Kontexten, in denen **any** steht.

There was *hardly any* evidence, even *if* there had been *any* reason for suspicion.	Es gab *kaum irgendwelches* Beweismaterial, *falls* es je *irgendeinen* Grund für Mißtrauen gegeben hatte.

(iii)   Besonderheiten

Mit der Verwendung von **some** setzt der Sprecher voraus, daß etwas vorhanden ist; **any** ist in dieser Hinsicht neutral.

Is there *any* tea left?	Ist noch Tee übrig?

Hier erwartet der Fragende keine bestimmte Antwort, d.h., sie könnte »ja« oder »nein« lauten.

Could I have *some* tea?	Könnte ich *etwas* Tee haben?

Hier nimmt der Sprecher an, daß noch Tee vorhanden ist. Nur mit dieser speziellen Erwartung darf **some** in Fragesätzen verwendet werden.

MENGENANGABEN 30f

*(iv) **any** in positiven Kontexten*

Wenn **any** in positiven Kontexten gebraucht wird, hat es eine verallgemeinernde Bedeutung: »irgendein(e/er), jede(r/s)«.

You can ask me at *any* time.	Sie können mich zu *jeder Zeit/jederzeit* fragen.
Any child could cope with *any* of your problems.	*Jedes* Kind könnte mit *jedem* deiner Probleme fertigwerden.

*(v) Zusammensetzungen von **some** und **any***

Die Zusammensetzungen von **some** und **any** unterliegen den gleichen Gebrauchsbedingungen: **someone** »jemand«, **somebody** »jemand« mit Bezug auf Personen, **something** »etwas« mit Bezug auf Sachen und Sachverhalte, **somewhere** »irgendwo« als Adverb [➤35b(ii)]; **anyone** »irgend jemand«, **anybody** »irgend jemand« wieder bezüglich Personen, **anything** »irgend etwas« für Sachen und Sachverhalte, **anywhere** »irgendwo« als Adverb.

30g Verbindungen *mit* else

Als spezielle Kombination soll auf die Verbindungen mit **else** hingewiesen werden.

I thought of *something else*, but there is *nothing else* you can do for now. I'll let you know if I want *anything else* later.	Ich dachte an *etwas anderes*, aber es gibt im Moment *nichts weiteres*, was du tun könntest. Wenn ich später *noch etwas* brauche, sage ich dir Bescheid.

30h Every *und* each: jeder

(i) Gebrauch

Every und **each** werden mit zählbaren Nomen im Singular verknüpft. **Each** kann auch als Pronomen ohne Nomen erscheinen, **every** nur vor Nomen. Der Artikel wird mit keinem der beiden kombiniert.

NOMEN UND NOMINALPHRASEN

> *Every* worker must wear a helmet.
> *Each* team must stay together, because there is only one carriage *each*.
>
> *Jeder* Arbeiter muß einen Helm tragen.
> *Jedes* Team muß zusammenbleiben, weil es für *jedes* nur einen Wagen gibt.

Für **each** muß man sich merken, daß es jedes Element einer bestimmten, vorausgesetzten Gruppe meint.

every child	jedes Kind (schlechthin)
each child	jedes Kind (einer implizierten Gruppe oder Menge)

*(ii) Zusammensetzungen von **every***

Auf die Zusammensetzungen von **every** ist nur am Rande hinzuweisen, da sie anders als **every** allein nur als Pronomen gebraucht werden können (also ohne Nomen): **everyone** »jeder«, **everybody** »jeder« für Personen, **everything** »jedes, alles« für Sachen und Sachverhalte, dazu auch **everywhere** »überall« als Adverb.

31 Stellvertreter für Nomen und Nominalphrasen: Pronomen

Um Wiederholungen zu vermeiden und um sich knapper auszudrücken, kann man Pronomen verwenden, die als Stellvertreter der Nomen oder Nominalphrasen dieselben Positionen wie jene im Satz einnehmen können und die auch einige Bedeutungen mit den Nomen gemeinsam haben.

31a Personalpronomen

Die allgemein übliche Bezeichnung »Personalpronomen« ist nur teilweise zutreffend, weil man gerade in der 3. Person (Singular oder Plural) auch auf Tiere, Dinge oder Sachverhalte Bezug nehmen kann. Dennoch soll der Name beibehalten werden.

(i) Überblick über die Formen

(A) Einige Personalpronomen haben nur eine Form für alle Verwendungen, andere zwei, doch mehr sind im Englischen nicht vorhanden. Die Unterscheidung richtet sich nach der Funktion im Satz, ob das Personalpronomen entweder als Subjekt oder in irgendeiner anderen Funktion auftritt.

Subjektform	*andere*		
I	**me**	ich	mir, mich
you	**you**	du	dir, dich
he/she/it	**him/her/it**	er/sie/es	usw.
we	**us**	wir	
you	**you**	ihr/Sie	
they	**them**	sie	

⚠ Es ist zu beachten, daß unterschiedliche Kasus wie im Deutschen (»mir«, »mich« usw.) nicht existieren.

NOMEN UND NOMINALPHRASEN

Einige Beispiele:

I do not remember who gave *me* the book; *we* asked several people, but *they* could not tell *us*. Toby wanted to have *it*, so *he* got *it*.	*Ich* erinnere mich nicht, wer *mir* das Buch gab; *wir* fragten mehrere Leute, aber *sie* konnten *uns* nichts sagen. Toby wollte *es* haben, also hat *er es* bekommen.

(B) In der Regel müssen sich Nomen und ihre Pronomen nach Singular oder Plural entsprechen, doch gibt es gelegentlich Abweichungen [➤27b(xii), 31a(iii)D].

The children were thoroughly wet, but *they* did not lose *their* good humour. One boy had hurt *his* knee, but *he* was running about again.	Die Kinder waren gründlich naß, aber *sie* verloren nicht *ihre* gute Laune. Ein Junge hatte *sich* am Knie verletzt, aber *er* lief schon wieder umher.

(ii)   Personen und andere

(A) Alle Pronomen dieser Gruppe können sich auf Personen beziehen, sogar **it** »es«.

The family had left after *they* had packed. The baby cried but nobody heard *it*. Annabel looked for the child but could not find *it*.	Die Familie war gegangen, nachdem *sie* gepackt hatte. Das Baby weinte, aber niemand hörte *es*. Annabel suchte nach dem Kind, konnte *es* aber nicht finden.

Wenn **baby** oder **child** eine Bezeichnung für einen unbekannten Menschen ist, wird **it** verwendet; andernfalls wird jedoch **he** oder **she** genommen, wie in allen Fällen, in denen das Geschlecht der Nomen bekannt ist.

Look, our baby! Isn't *she* sweet!	Sieh mal, unser Baby! Ist *es* nicht süß?

(B) Auf Tiere und Sachen bezieht man sich in der Regel mit **it** oder **they/them**.

PRONOMEN 31a

Our neighbour has two horses, and she really looks after *them*. One horse runs races, and *it* seems to be quite good.

Unsere Nachbarin hat zwei Pferde, und sie sorgt wirklich für *sie*. Ein Pferd läuft Rennen, und *es* scheint ganz gut zu sein.

Wenn jedoch größere Tiere oder Haustiere wie Pferde, Hunde oder Katzen dem Sprecher auch dem Geschlecht nach bekannt sind, wird **he** oder **she** verwendet.

As for our dog, *he* is quite old now. *He* is very fond of our horse and likes to run around with *her* in the meadow.

Was unseren Hund angeht, so ist *er* jetzt recht alt. *Er* mag unser Pferd sehr und läuft gern mit *ihm* auf der Wiese umher.

(iii) Sie oder er: Unterschiede nach dem Geschlecht (Genus)

(A) Bei Nomen, die sich unzweifelhaft auf männliches oder weibliches Geschlecht beziehen, bei Personen oder Personen nahestehenden Lebewesen also, wird entweder **he/him** (für männlich) oder **she/her** (für weiblich) gewählt.

Justin looked at his wife as if *he* was seeing *her* for the first time.

Justin sah seine Frau an, als ob *er sie* zum erstenmal sähe.

Die Unterscheidung nach männlich oder weiblich wird nur bei der 3. Person Singular der Pronomen getroffen; alle anderen Personen sind geschlechtsneutral.

(B) Im Englischen finden sich viele Nomen, die in der Form nicht zwischen männlich und weiblich unterscheiden, so daß man nur dem allgemeinen Kontext entnehmen kann, ob **he** oder **she** korrekt wäre. Zu diesen Nomen gehören: **neighbour** »Nachbar/Nachbarin«, **pupil** »Schüler/Schülerin«, **student** »Student/Studentin«, **teacher** »Lehrer/Lehrerin«, **worker** »Arbeiter/Arbeiterin«.

'Our neighbour is a beauty.' – 'Does *she* dress well?'

»Unsere Nachbarin ist eine Schönheit.« – »Kleidet *sie* sich gut?«

NOMEN UND NOMINALPHRASEN

Beauty würde man normalerweise nur auf Frauen beziehen; es ist das wichtige Wort für den Zuhörer, der nicht weiß, von welchem Nachbarn die Rede ist.

(C) Wenn man sich bei geschlechtsneutralen Nomen auf Männer und Frauen beziehen möchte, muß man die entsprechenden Pronomen koordinieren.

Every student should take *his or her* chair and move into the next room.	*Jede(r) Student(in)* sollte *seinen* bzw. *ihren* Stuhl nehmen und in den nächsten Raum umziehen.

(D) Um die manchmal umständliche Koordination von Pronomen beiderlei Geschlechts zu vermeiden und um gleichzeitig auch eine als sexistisch interpretierbare Auswahl von nur einem Pronomen zu umgehen, werden Ausweichkonstruktionen immer häufiger.

• Man kann auf den Plural ausweichen:

All students should take *their* chairs now.	Alle Studierenden nehmen nun ihre Stühle.

• Man kann die sonst übliche Übereinstimmung bezüglich Singular oder Plural zwischen Nomen und Pronomen aufgeben:

No student should forget *his or her* documents. *No student* should forget *their* documents.	Kein Student, keine Studentin sollte *seine* bzw. *ihre* Unterlagen vergessen.
Everybody must bring *his or her* identity card. *Everybody* must bring *their* identity cards.	*Jeder* sollte *seinen* Ausweis mitbringen.

31b One *oder* you »*man*«: unbestimmtes Personalpronomen

(i) Gebrauch von *one*

Das unbestimmte Personalpronomen **one** »man« wird in allgemeinen Sätzen verwendet, wenn nicht bestimmte Personen als Subjekt erwähnt werden sollen.

PRONOMEN 31b

> *One* should be careful with *one's* health; and of course *one* should never drink if *one* is driving.

> *Man* sollte sorgsam mit seiner Gesundheit umgehen; und natürlich sollte *man* nie trinken, wenn *man* Auto fährt.

(ii) Gebrauch von **you**

In der Alltagssprache wird eher **you** als unbestimmtes Personalpronomen gebraucht, in der Bedeutung »man«.

> *You* do not ring people up in the middle of the night.

> *Man* ruft Leute nicht mitten in der Nacht an.

(iii) Weitere Möglichkeiten

Es gibt noch andere Möglichkeiten, unbestimmte Subjekte auszudrücken.

• mit dem unbestimmten Nomen **people** »die Leute«:

> Life is easier if *people* are polite.

> Das Leben ist leichter, wenn *die Leute* höflich sind.

• mit dem unpersönlichen Passiv [➤19b]:

> *It was announced* that all trains were late.

> *Es wurde angesagt*, daß alle Züge Verspätung hätten.

31c *Mein oder dein: Possessive*

Mit Hilfe der Possessive wird Besitz oder Zugehörigkeit ausgedrückt, d.h., ihre Bedeutung ist sowohl dem Genitiv als auch der Konstruktion mit **of** gleichzustellen [➤28].

(i) Überblick über Formen und Gebrauch

Es gibt zwei Gruppen von Possessiven, die in unterschiedlichen Konstruktionen gebraucht werden. Eine Gruppe fungiert wie ein Adjektiv immer vor einem Nomen (= attributiv gebraucht), die andere steht als Pronomen ohne ein Nomen (auch substantivischer Gebrauch genannt).

NOMEN UND NOMINALPHRASEN

(A) Attributiver Gebrauch

my cat	*meine* Katze
your farm	*dein* Bauernhof
his bikes	*seine* Fahrräder
her car	*ihr* Auto
its food	*sein/ihr* Futter
our plans	*unsere* Pläne
your opinion	*eure/Ihre* Ansicht
their convictions	*ihre* Überzeugungen

In allen Konstruktionen haben diese dieselbe Form, d.h., es gibt keine Unterscheidung nach Singular oder Plural, keine weiteren Kasusendungen wie *mein* Hund, *meinen* Hund oder Genusendungen wie bei *mein* Hund, *meine* Katze:

Her cat sat on *her* lap, while *her* dogs were roaming around in *her* garden.	Ihre Katze saß auf *ihrem* Schoß, während *ihre* Hunde in *ihrem* Garten umherstreiften.

(B) Gebrauch als Pronomen (ohne Nomen)

my book	It is *mine*.	Es ist meines.
your garden	It is *yours*.	Es ist deiner.
his plants	They are *his*.	Es sind seine.
her flat	It is *hers*.	Es ist ihre.
its name	—	—
our cars	They are *ours*.	Es sind unsere.
your idea	It is *yours*.	Es ist eure/Ihre.
their shops	They are *theirs*.	Es sind ihre.

Bei dieser Gruppe von Pronomen ist zu beachten, daß es für das attributiv gebrauchte *its* »sein/e/es« keine Entsprechung gibt. Im übrigen wird auch in dieser Gruppe nicht nach Zahl, Kasus oder Genus unterschieden:

This book is *mine*. But I did not see *yours* or *hers*. Perhaps you could borrow *theirs*?	Dieses Buch ist *meines*. Aber ich habe *deines* oder *ihres* nicht gesehen. Vielleicht kannst du *ihres* (das von denen) ausleihen?

(ii)   Das Possessivpronomen kann in einer Konstruktion erscheinen, die auch für den Genitiv schon erwähnt wurde [➤28(iv)D].

PRONOMEN 31c

> Those people are employees *of mine*, but at present they are working for a partner firm *of ours*.
>
> Jene Leute sind Angestellte *von mir*, aber gegenwärtig arbeiten sie für eine Partnerfirma *von uns*.

Employees of mine oder **a partner firm of ours** bedeutet, daß jeweils noch weitere (Angestellte, Firmen) vorhanden sind, während **my employees** oder **our partner firm** definitiv »meine Angestellten (= alle)« oder »unsere (einzige) Partnerfirma« bedeuten würden.

31d Sich selbst: Reflexivpronomen

Mit den Reflexivpronomen kann man sich auf das jeweilige Subjekt eines Satzes zurückbeziehen.

(i)   Überblick über Formen und Gebrauch

(A) Die Reflexivpronomen sind zusammengesetzt aus den Nicht-Subjektformen der Personalpronomen und **-self** für den Singular bzw. **-selves** für den Plural.

myself	mir/mich (selbst)	**ourselves**
yourself	dir/dich (selbst)	**yourselves**
himself	usw.	**themselves**
herself		
itself		
oneself		

Einige Beispiele:

> I excused *myself* and told the others to look after *themselves*.
>
> Ich entschuldigte *mich* und sagte den anderen, daß sie auf *sich* aufpassen sollten.
>
> Especially the boy should behave *himself*.
>
> Vor allem der Junge sollte sich benehmen.
>
> They said, 'We want to enjoy *ourselves*, so it will be OK.'
>
> Sie sagten: »Wir wollen *uns* alle vergnügen, also wird es schon in Ordnung sein.«
>
> One should not cheat *oneself*.
>
> Man sollte sich nicht *selbst* betrügen.

(B) Bei einigen Verben des Englischen wird das Reflexivpronomen normalerweise weggelassen, wobei jedoch die Bedeutung erhalten bleibt.

NOMEN UND NOMINALPHRASEN

While father *shaved* (*himself*), mother told the kids to *behave* (*themselves*) at the party.	Während *sich* Vater *rasierte*, sagte Mutter den Kindern, daß sie *sich* auf der Party *benehmen* sollten.

Zu diesen Verben gehören auch **dress (oneself)** »sich ankleiden«, **wash (oneself)** »sich waschen«.

(C) Bei einigen anderen Verben des Englischen ist Vorsicht geboten, weil sie im Gegensatz zum Deutschen nicht mit Reflexivpronomen kombinierbar sind.

He could not *remember* the date when they wanted to *meet*; he *wondered* whether he should ring her.	Er konnte *sich* nicht daran *erinnern*, wann sie *sich treffen* wollten; er *fragte sich*, ob er sie anrufen sollte.

Weitere solche Verben sind z.B. **approach** »sich nähern«, **be ashamed** »sich schämen«, **complain** »sich beschweren«, **be glad** »sich freuen«, **quarrel** »sich streiten«, **recover** »sich erholen«.

(ii) Reflexivpronomen zur Hervorhebung: selbst

Rose wanted to do it *herself*. I *myself* did not understand why, let alone her colleagues. You must talk to her *yourself*.	Rose wollte es *selbst* tun. Ich *selbst* habe nicht verstanden warum, geschweige denn ihre Kollegen. Du mußt *selbst* mit ihr reden.

31e   Sich gegenseitig: reziproke Pronomen

Um eine wechselseitige (= reziproke) Handlung zwischen zwei Handelnden auszudrücken, kann man **one another** oder **each other** »einander« verwenden; die beiden Ausdrücke können wahlweise verwendet werden.

The two girls looked at *each other*, quite surprised. They had not seen *one another* for several years, so there was a lot to talk about. They had been friends and had always helped *one another*.	Die zwei Mädchen sahen *einander* an, ganz überrascht. Sie hatten *sich* seit einigen Jahren nicht gesehen, also gab es viel zu erzählen. Sie waren Freundinnen gewesen und hatten *einander* (*sich*) immer geholfen.

PRONOMEN 31f

31f Dieser oder jener: Demonstrative

(i) Bedeutung und Gebrauch

Demonstrative sind dem bestimmten Artikel sehr ähnlich, weil sie auf bestimmte Personen oder Dinge weisen, zugleich aber Sprechernähe (**this** »dieser/e/es«, **these** »diese«) oder Sprecherferne (**that** »jener/e/es«, **those** »jene«) signalisieren. In der Form wird nur Singular und Plural unterschieden, andere Unterscheidungen existieren nicht.

This water does not taste nice, let's try that juice instead.	Dieses Wasser schmeckt nicht angenehm, laß uns statt dessen jenen Saft versuchen.
These tomatoes are soggy; you should take those cucumbers.	Diese Tomaten sind weich; du solltest jene Gurken nehmen.

(ii) Außer konkreter Sprechernähe und -ferne kann auch psychologische Nähe oder Ferne mit **this/these** gegenüber **that/those** ausgedrückt werden, wobei Ferne oft Ablehnung oder negative Haltung bedeutet.

That horrible man came to our house again, and he still had those animals with him.	Jener gräßliche Mann kam noch einmal zu unserem Haus, und er hatte noch jene Tiere bei sich.

(iii) Besonderheit

Im Gegensatz zum bestimmten Artikel können alle Demonstrative als Pronomen ohne Nomen stehen.

This is quite a selection of flowers; shall we take these, or rather those? And what is that?	Dies ist eine beträchtliche Auswahl an Blumen; nehmen wir diese oder besser jene? Und was ist das?

31g Wiederholungen vermeiden: Pronomen one/ones

(i) Gebrauch

Um Wiederholungen von Nomen oder Nominalphrasen zu vermeiden, kann man **one** für den Singular und **ones** für den Plural einsetzen.

NOMEN UND NOMINALPHRASEN

> I meant the girl over there, the tall *one*, the *one* next to your boss. She owns a sports car, a red *one*, although the fashion seems to be for black *ones*. I would love to have *one*, too.

> Ich meinte das Mädchen da drüben, *das* große, *das* neben deinem Chef. Sie hat einen Sportwagen, *einen* roten, obwohl *schwarze* in Mode zu sein scheinen. Ich würde liebend gern auch *einen* haben.

In diesen Konstruktionen muß man im Englischen **one** oder **ones** verwenden.

(ii) Weitere Möglichkeiten

Nach Demonstrativpronomen [➤31f], dem Fragepronomen **which** [➤31i(ii)] und dem Adjektiv **(an)other** »anderer/e/es« kann ebenfalls **one/ones** stehen, doch in diesen Konstruktionen können sie auch ausfallen (daher in Klammern).

> They are offering different types. *Which (ones)* would you like? I have the heavy *one*, so perhaps you should try *another (one)*. They have a medium *one*, but *that (one)* I would not recommend.

> Sie bieten verschiedene Modelle an. *Welche* möchten Sie? Ich habe den *schweren*, also nehmen Sie vielleicht *einen anderen*. Sie haben *einen mittleren*, aber *den* würde ich nicht empfehlen.

(iii) Zusammensetzungen

Kombinationen mit **one** in unbestimmten Mengenangaben sind bereits illustriert worden [➤30e(iv), f(v), h(ii)]; es soll nur noch einmal darauf verwiesen werden: **anyone** »irgendeiner/e/es«, **everyone** »jeder/e/es«, **no one** »keiner/e/es«, **someone** »jemand«.

31h Relativpronomen

Die Relativpronomen sind schon im Zusammenhang mit den Relativsätzen erläutert worden [➤8c]; sie werden hier nur noch einmal der Vollständigkeit halber aufgelistet, weil sie ja tatsächlich Pronomen sind, die ein Satzglied des Relativsatzes ersetzen.

who oder **that**: für Personen, die Subjektfunktion im Relativsatz haben:

PRONOMEN 31h

The girl *who/that* looked up the word ...	Das Mädchen, *das* das Wort nachgeschlagen hat, ...

whom/who/that: für Personen, die andere Funktionen als Subjekt im Relativsatz haben:

The boy *whom/who/that* they were waiting for ...	Der Junge, *auf den* sie warteten, ...

which oder **that**: für alles andere außer Personen, für alle Funktionen im Relativsatz:

The cat *which/that* caught the mouse ...	Die Katze, *die* die Maus fing, ...
The book *which/that* they had looked for ...	Das Buch, *das* sie gesucht hatten, ...

whose: als Genitivsignal, nur vor Nomen (Personen und allen anderen) attributiv gebraucht:

The tree *whose* branches annoyed our neighbour *whose* flowers were in their shadow ...	Der Baum, *dessen* Äste unseren Nachbarn ärgerten, *dessen* Blumen in ihrem Schatten waren, ...

31i Fragepronomen

Die Fragepronomen sind bereits im Zusammenhang mit den verschiedenen Fragesätzen besprochen worden [➤6b].

(i) Fragepronomen für Ergänzungsfragen

Es gibt folgende Fragepronomen für Ergänzungsfragen nach Subjekten und Objekten:

who: fragt nach Personen in Subjektfunktion:

Who was late?	*Wer* kam zu spät?

whom/who: fragt nach Personen in allen anderen Funktionen außer Subjekt:

NOMEN UND NOMINALPHRASEN

Whom/who **did you meet there?**	*Wen* hast du dort getroffen?

whose: fragt nach Personen als Besitzern:

Whose **birthday was it?**	*Wessen* Geburtstag wurde gefeiert?

what: fragt nach anderen als Personen, in allen Satzfunktionen:

What **happened?**	*Was* geschah?
What **did they say?**	*Was* haben sie gesagt?

(ii) *Attributiver Gebrauch von* **which** *und* **what**

Which und **what** werden mit Nomen verwendet (= attributiv):

What type **of car are they thinking of? My dealer represents a British and a Japanese firm.** *Which type* **would they want?**	An *was für einen Autotyp* denken sie? Mein Händler vertritt eine britische und eine japanische Firma. *Welchen Typ* würden sie haben wollen?

Die Frage mit **what** bedeutet, daß sich der Fragende auf eine unbegrenzte Menge bezieht (**what car** = »welches Auto von allen möglichen«); die Frage mit **which** setzt eine begrenzte Menge voraus, die für die Auswahl zur Verfügung steht (**which book (of these)** = »welches Buch (von diesen, von der gegebenen Menge)«).

(iii) *Fragewörter, die für adverbiale Satzglieder stehen*

how: Art und Weise, Umstand, Mittel:

How **do you open this?**	*Wie* öffnet man das?
How **do you feel?**	*Wie* fühlst du dich?

when: Zeit:

When **will they arrive?**	*Wann* werden sie ankommen?

where: Ort oder Richtung:

Where does she live?	*Wo* wohnt sie?
Where is he going?	*Wohin* geht er?

why: Begründung:

Why are they singing?	*Warum* singen sie?

31j Den Pronomen vergleichbare Pro-Formen

Pronomen fungieren als Stellvertreter von Nomen oder Nominalphrasen. Es gibt jedoch andere Arten von Stellvertretern, die man zur Satzverkürzung und zur stilistischen Abwechslung verwenden kann.

(i) Stellvertretende adverbiale Bestimmungen

Manche adverbiale Bestimmungen lassen sich durch Stellvertreter ersetzen:

At 9 o'clock/Then she went home.	Um 9 Uhr/Dann ging sie nach Hause.
She arrived *home/there* at 9.30.	Sie kam *zu Hause/dort* um 9.30 an.

(ii) Verkürzung von Nebensätzen

Sogar manche Nebensätze können durch Stellvertreter verkürzt und ersetzt werden:

I hope *that everything will be alright*/I hope *so*.	Ich hoffe, *daß alles in Ordnung sein wird*/Ich hoffe *es*.
I think *that the dispute was settled*/I think *so*.	Ich glaube, *daß der Streit beigelegt wurde*/Ich glaube *schon*.
'Did they lose their match?' – 'I hope *not*.'	»Haben sie das Spiel verloren?« – »Ich hoffe *nicht*.«
'Was there any vandalism?' – 'I *do not* think *so*.'	»Gab es irgendwelchen Vandalismus?« – »Ich glaube *nicht*.«

NOMEN UND NOMINALPHRASEN

(iii)   Weitere Verkürzungsmöglichkeiten

Auf weitere Verkürzungsmöglichkeiten soll nur knapp hingewiesen werden:

My friend can play the piano. **I can play it, *too/Me, too/* *So can I.***	Mein Freund kann Klavier spielen. Ich kann *auch* Klavier spielen/*Ich auch/Ich ebenso.*

32 Adjektive

Adjektive sind häufig Teile von Nominalphrasen. Sie modifizieren die Bedeutung der Nomen durch die Eigenschaften, die sie ausdrücken.

Adjektive können auch als Teil des Prädikats in Sätzen fungieren, wie in Abschnitt 32a gezeigt ist.

Die Form der Adjektive ist in allen Funktionen im Satz unveränderlich mit Ausnahme der Steigerung [➤32c].

32a Unterschiedliche Adjektivklassen: die Satzstellung

Adjektive lassen sich nach ihren Bedeutungen einteilen, z.B. in Farbadjektive (**blue** »blau«, **green** »grün« usw.), in Adjektive der Größe (**tall** »hoch«, **small** »klein«) und viele andere mehr. Hier sollen diejenigen Unterscheidungen im Vordergrund stehen, die für den richtigen Gebrauch im Satz relevant sind.

(i) Attributiver Gebrauch von Adjektiven

Eine große Zahl von Adjektiven wird vor das Nomen gestellt (attributiver Gebrauch).

The *hot* sun burnt the crops. The *desperate* farmers had to be given *large* subsidies.	Die *heiße* Sonne verbrannte die Ernte. Den *verzweifelten* Bauern mußten *beträchtliche* Subventionen gegeben werden.

(ii) Adjektive nach Kopulaverben

Die meisten Adjektive können auch als Teil des Prädikats nach einem Kopulaverb stehen [prädikativer Gebrauch ➤15b].

The weather remained *calm*, the sun was *warm*, and everybody felt *relaxed* and *content*.	Das Wetter blieb *ruhig*, die Sonne war *warm*, und jeder fühlte sich *entspannt* und *zufrieden*.

NOMEN UND NOMINALPHRASEN

(iii) *Adjektive vor Nomen*

Manche Adjektive können nur vor Nomen stehen (attributiv gebraucht).

They dug up the *main* street on the *mere* assumption that a *proper* contract would eventually be signed.	Sie rissen die *Haupt*straße in der *bloßen* Annahme auf, daß schließlich doch ein *ordnungsgemäßer* Vertrag unterzeichnet würde.

Diese Adjektive, wie auch **certain** »gewisser/e/es« (im Gegensatz zu **certain** »sicher«), **chief** »hauptsächlicher/e/es«, **former** »früherer/e/es«, **only** »einziger/e/es«, **principal** »hauptsächlicher/e/es«, **sole** »alleiniger/e/es, einziger/e/es«, können nicht im Prädikat nach Kopulaverben gebraucht werden.

(iv) Einige Adjektive können nur als Teil des Prädikats nach Kopulaverben (prädikativ) gebraucht werden, aber nicht vor Nomen (attributiv).

The girl was *alone* in the house and she was *afraid* that she might fall *asleep*.	Das Mädchen war *alleine* im Haus, und es hatte *Angst*, daß es einschlafen könnte.

Verschiedene Adjektive, die mit **a-** gebildet werden, etwa **ashamed** »beschämt«, **alive** »lebendig/am Leben«, **awake** »wach«, werden prädikativ verwendet.

(v) *Unterschiedliche Bedeutungen*

Manche Adjektive haben in attributiver und prädikativer Stellung unterschiedliche Bedeutungen.

a *close* friend	ein *enger* Freund
His friend was *close*.	Der Freund war sehr *nahe*.
the *present* king	der *gegenwärtige* König
The King was *present*.	Der König war *anwesend*.

(vi) *Unterschiede*

Gelegentlich entsprechen einem deutschen sowohl attributiv als auch prädikativ gebrauchten Adjektiv zwei verschiedene Wörter im Englischen.

ADJEKTIVE 32a

The *sick* child.	das *kranke* Kind
The child is *ill/sick*.	Das Kind ist *krank*.
The child was *sick*.	Das Kind *übergab sich*/Dem Kind war *übel*.
an *ill* omen	ein *böses* Omen

Es ist deutlich geworden, daß es im Bereich der Adjektivverwendung vielfältige Unterscheidungen gibt. Daher empfiehlt es sich im Zweifelsfall, in einem Wörterbuch nachzuschlagen, welche Satzstellung und welche Bedeutung vorliegt.

(vii) Nachstellung von Adjektiven

In einigen Konstruktionen kann ein Adjektiv auch einem Nomen nachgestellt werden.

(A) Nach **only** »einziger/e/es« und **every, each** »jeder/e/es« oder nach Superlativen besteht eine Wahlmöglichkeit, wenn ein weiteres Adjektiv (vor allem auf **-able** oder **-ible**) folgt.

Helen gave the *only possible answer*/the only answer (which was) *possible*. But it was considered the *worst imaginable insult*/the worst insult (that was) *imaginable*.	Helen gab die *einzig mögliche* Antwort/die einzige Antwort, die *möglich war*. Aber diese wurde als die *schlimmste vorstellbare* Beleidigung/als die schlimmste Beleidigung, die vorstellbar war, erachtet.

Die Konstruktion mit nachgestelltem **possible** oder **imaginable** kann als verkürzter Relativsatz verstanden werden [►8c(i)–(iv)]. Die Nachstellung ist nur möglich, wenn die Adjektive die prädikative Verwendung erlauben.

(B) Wenn statt eines Nomens ein Pronomen in der Nominalphrase erscheint, muß das Adjektiv nachgestellt werden:

Lynn talked about an *interesting problem*, and we expected *something* (which was) *interesting* from her.	Sie sprach über ein *interessantes* Problem, und wir erwarteten *etwas Interessantes* von ihr.

(C) Sätze, deren Prädikate die Bedeutung »etwas verändern« oder »als etwas bezeichnen« haben, erlauben im Objekt Nomen mit nachgestellten Adjektiven.

NOMEN UND NOMINALPHRASEN

Bob pushed the *window open* and started to paint *it green*. The neighbours considered his plans *foolish* and called *him crazy*.	Bob stieß das *Fenster auf* und begann, *es grün* zu streichen. Die Nachbarn hielten seine *Pläne für närrisch* und bezeichneten *ihn als verrückt*.

(D) In einigen feststehenden Bezeichnungen finden sich als Überbleibsel der Sprachgeschichte Nominalphrasen mit nachgestellten Adjektiven.

All things bright and beautiful ...	(bekanntes Kirchenlied)
the Attorney General	der Kronanwalt/Generalstaatsanwalt
the Postmaster General	der Postminister
the Princess Royal	die älteste Tochter in der Königsfamilie

32b *Unterschiedliche Adjektivklassen: die Wortform*

(i) Primäre Adjektive

Viele Adjektive gehören zu den primären Adjektiven, d.h., die Wörter sind nicht zusammengesetzt, etwa **able** »fähig«, **fine** »schön«, **pretty** »hübsch«, **sad** »traurig«.

(ii) Zusammengesetzte Adjektive

Es gibt verschiedene Typen von abgeleiteten Adjektiven, d.h., diese Wörter sind zusammengesetzt (intern komplex).

(A) ing-Formen [Partizipien der Gegenwart ►21b] lassen sich als Adjektive verwenden.

Garret poured the *boiling* water over the substance and produced an *amazing* effect.	Garret goß das *kochende* Wasser über die Substanz und erzielte einen *überraschenden* Effekt.

(B) Das Partizip Perfekt steht ebenfalls als Adjektiv zur Verfügung.

The *excited* child cried over the *torn* dress.	Das *aufgeregte* Kind weinte über das *zerrissene* Kleid.

(C) Wie schon in Abschnitt 3a(ii) illustriert wurde, kann man mit bestimmten Endungen (Suffixen) Adjektive aus anderen Wort-

ADJEKTIVE 32b

klassen ableiten, z.b. **hope – hopeful** »Hoffnung – hoffnungsvoll«, **boy – boyish** »Junge – jungenhaft« usw.

32c Steigerung bei Adjektiven

Eigenschaften können meistens von ihrer Bedeutung her gesteigert werden wie bei »schnell – schneller – am schnellsten«. (Es gibt auch Bedeutungen, die eine Steigerung ausschließen oder ungewöhnlich erscheinen lassen, z.B. **dead** »tot«!) Man unterscheidet verschiedene Arten der Bildung von Steigerungsformen: regelmäßige und unregelmäßige.

(i) -er, -est

Ein Typ der regelmäßigen Steigerung, die sogenannte »germanische« Steigerung, wird mit Hilfe der Endungen **-er**, **-est** ausgedrückt.

(A) Einsilbige Adjektive werden mit **-er**, **-est** gesteigert.

Grundform	Komparativ	Superlativ
great großartig	**greater**	**greatest**
high hoch	**higher**	**highest**
quick schnell	**quicker**	**quickest**

Einige Beispiele:

> An even *greater* surprise came when the results were published: her friend came out *highest*.
>
> Eine noch *größere* Überraschung kam, als die Resultate veröffentlicht wurden: ihr Freund stand an *höchster* Stelle.

(B) Wenn zweisilbige Adjektive auf **-y**, **-ow**, **-er**, **-le** enden, werden sie ebenfalls mit **-er**, **-est** gesteigert.

Grundform	Komparativ	Superlativ
heavy schwer	**heavier**	**heaviest**
narrow schmal, eng	**narrower**	**narrowest**
clever schlau	**cleverer**	**cleverest**
gentle sanft	**gentler**	**gentlest**

(ii) more, most

Ein zweiter Typ der regelmäßigen Steigerung wird mit den adverbähnlichen Wörtern **more** und **most** ausgedrückt, die vor

NOMEN UND NOMINALPHRASEN

die Adjektive gestellt werden, wenn die Adjektive mehr als zwei Silben haben oder als zweisilbige Adjektive nicht auf **-y**, **-ow**, **-er**, **-le** enden. Partizipien werden immer mit **more/most** gesteigert.

Einige Beispiele:

Grundform	Komparativ	Superlativ
active aktiv	**more active**	**most active**
beautiful schön	**more beautiful**	**most beautiful**
capable fähig	**more capable**	**most capable**
exciting aufregend	**more exciting**	**most exciting**
polite höflich	**more polite**	**most polite**
surprised überrascht	**more surprised**	**most surprised**

(iii) Variationen

Zweisilbige Adjektive erlauben oft Variationen zwischen der Steigerung mit **-er/-est** und **more/most**; so erlaubt **polite** »höflich« auch **politer/politest** und **common** »gewöhnlich« auch **commoner/commonest**. Im Zweifelsfall sollte man mit **more/most** steigern.

(iv) Schreibung bei Komparativ und Superlativ

Bei der Steigerung mit **more** und **most** behalten alle Adjektive ihre Form, doch wenn **-er** oder **-est** angefügt werden, muß man in einigen Fällen den Endkonsonanten der Grundform verdoppeln oder verändern. In der Aussprache wird nur /ə/ oder /əst/ angefügt, die Änderungen der Schreibung haben keinen Effekt.

(A) Wenn das Adjektiv auf einen einfachen Konsonantbuchstaben endet und davor ein einfacher Vokalbuchstabe steht, wird der Konsonantbuchstabe verdoppelt. Einige Beispiele:

bi**g** groß	bi**gg**er	bi**gg**est
ho**t** heiß	ho**tt**er	ho**tt**est
thi**n** dünn	thi**nn**er	thi**nn**est

(B) Wenn ein Adjektiv auf **-e** oder **-ee** endet, wird bei der Hinzufügung von **-er/-est** ein **-e** getilgt.

simpl**e** einfach	simpl*er*	simpl*est*
fr**ee** frei	fr*eer*	fr*eest*

(C) Wenn ein Adjektiv auf **-y** endet, wird dieses in den Formen mit **-er/-est** zu **i**, sofern vor **-y** ein Konsonant steht.

ADJEKTIVE 32c

dry trocken   *dr**ier***   *dr**iest***
icy eisig   *ic**ier***   *ic**iest***

Grey »grau« hat jedoch die Steigerungsformen **greyer/greyest**.

(v) *Unregelmäßig gesteigerte Adjektive*

Manche Adjektive werden unregelmäßig gesteigert, d.h., die jeweiligen Formen oder Bedeutungen für Komparativ und Superlativ finden sich nicht bei anderen Adjektiven.

Die folgende Tabelle enthält die häufigen Fälle.

Grundform   *Komparativ*   *Superlativ*

bad/ill   **worse**   **worst**
schlecht (allgemein)/krank

Beispiele: *worse* weather »schlechteres Wetter«; He feels *worse* »Er fühlt sich schlechter/kränker«.

good/well   **better**   **best**
gut (allgemein/gesundheitlich)

Beispiele: a *better* novel »ein besserer Roman«; She feels *better* »Sie fühlt sich besser«.

far   **farther/further**   **farthest/furthest**
weit

Beide Steigerungsformen können für konkrete Entfernung verwendet werden; **further/furthest** wird auch bei übertragener Bedeutung gebraucht: a *further* problem »ein weiteres Problem«

near   **nearer**   **nearest/next**
nahe

Die regelmäßigen Formen bezeichnen räumliche Nähe: the *nearest* pub »die nächste Kneipe«; **next** bezeichnet das nächste in einer Reihenfolge. *next* week »nächste Woche«.

late   **later/latter**   **latest/last**
spät

Beispiele: his *latest* novel »sein letzter (neuester) Roman«; his *last* novel »sein letzter Roman« (danach kam keiner mehr heraus).

old   **older/elder**   **oldest/eldest**
alt

Die unregelmäßigen Formen werden attributiv bei Verwandschaften gebraucht: my *elder* son »mein älterer Sohn« aber nicht vor **than**: My son is *older* than you »Mein Sohn ist älter als Sie«.

NOMEN UND NOMINALPHRASEN

much/many	more	most
viel/viele		

Beispiele: **no *more* tea than normal** »nicht mehr Tee als gewöhnlich«; ***more* books than ever** »mehr Bücher als je zuvor«.

little	less	least
klein, wenig		

Beispiele: ***less* hope than before** »weniger Hoffnung als zuvor«; **the *least* problem** »das geringste Problem«.

32d Eine Form: Adjektiv oder Adverb

(i) Adjektive ohne Formänderung

Es gibt einige Adjektive im Englischen, die keine Formänderung aufweisen, wenn sie als Adjektiv oder Adverb gebraucht werden [▶34b(iii)].

Adjektiv

Adverb

| a *fast* driver | ein *schneller* Fahrer | He drives *fast*. | Er fährt *schnell*. |
| a *hard* worker | eine *harte* Arbeiterin | She works *hard*. | Sie arbeitet *hart*. |

Zu dieser Gruppe gehören auch **late** »spät«, **long** »lang«, **quick** »schnell«.

(ii) Intensivierendes *most*

Man muß auf den Satzzusammenhang achten, um die Funktion von **most** zu erkennen.

| **the most intelligent pupil** | der (die) intelligenteste Schüler(in) |
| **a most intelligent pupil** | ein(e) höchst intelligente(r) Schüler(in) |

Nach **the** fungiert **most** als die regelmäßige Steigerung im Superlativ, nach **a** hat es eine andere adverbiale Funktion als intensivierendes Element, das mit »höchst«, »äußerst« oder ähnlich zu übersetzen ist.

32e Komplexe Adjektivkonstruktion

(i) Veränderung der Bedeutung

Adjektive modifizieren die Bedeutung der Nomen, zu denen sie gehören. Ihre eigene Bedeutung kann allerdings auch modifiziert werden, und zwar in erster Linie durch Adverbien [▶35a(ii)], doch auch durch andere Konstruktionen.

ADJEKTIVE 32e

(A) Die folgenden Beispiele zeigen die Verwendung von Adverbien, die Adjektive modifizieren, so daß insgesamt die Bedeutung der Nomen anders modifiziert wird.

The box was *very heavy*, so we needed *rather strong* people to carry it. We were *extremely lucky* that they helped us at this *impossibly short* notice.	Die Kiste war *sehr schwer*, daher brauchten wir *ziemlich starke* Leute, um sie zu tragen. Wir hatten *außerordentliches Glück*, daß sie uns nach dieser *unmöglich kurzfristigen* Benachrichtigung halfen.

(B) Adjektive können durch nachgestellte präpositionale Konstruktionen (Präpositionalphrasen), die zum Teil als verkürzte Nebensätze einzustufen sind, oder durch ganze Nebensätze modifiziert werden.

It is very interesting *to learn about other cultures*. Asia is famous *for its ancient civilization*. It is amazing *that few people learn Asian languages*.	Es ist sehr interessant, *etwas über andere Kulturen zu lernen*. Asien ist berühmt *für seine alte Zivilisation*. Es ist verblüffend, *daß nur wenige Leute asiatische Sprachen lernen*.

(ii) Modifikation eines Nomens durch mehrere Adjektive

Mehrere Adjektive können ein Nomen modifizieren. Die übliche Reihenfolge, die sich nach der Bedeutung oder Funktion der Adjektive richtet, ist in folgenden Beispielen dargestellt:

the famous old brown Renaissance leather binding the small green Chinese vase a beautiful expensive large dark Dutch picture	der berühmte alte braune Renaissance Ledereinband die kleine grüne chinesische Vase ein schönes teures großes dunkles holländisches Bild

Als Faustregel kann man danach gehen, daß unveräußerliche Eigenschaften, solche, die eher fest mit dem Nomen verbunden sind, oder objektivere Qualitäten näher als subjektive und nur flüchtige mit dem Nomen verbunden stehen.

NOMEN UND NOMINALPHRASEN

32f Sätze mit Vergleichen

Jeder Komparativ oder Superlativ impliziert einen Vergleich.

Last time the bill was *higher*. They are no longer *the most expensive* restaurant.	Letztes Mal war die Rechnung *höher*. Sie sind nicht mehr *das teuerste* Restaurant.

Das erste Beispiel heißt soviel wie **higher** (**than this time**) »als diesmal«, das zweite **the most expensive** (**in town** »in der Stadt«, **in the area** »in der Gegend« oder ähnlich). Der Kontext muß oft den Vergleichsmaßstab liefern, doch kann er auch in Vergleichssätzen ausgesprochen werden, die in Kapitel 12 erläutert sind.

E

BEDEUTUNG ERWEITERN UND VERÄNDERN: PRÄPOSITIONEN UND ADVERBIALE BESTIMMUNGEN

33 Beziehungen herstellen: Präpositionen

34 Adverbiale Bestimmungen und ihre Formen

35 Adverbiale Bestimmungen und ihre Wirkung auf Sätze

PRÄPOSITIONEN UND ADVERBIEN

33 Beziehungen herstellen: Präpositionen

33a Wie sehen Präpositionen aus?

Präpositionen sind meist einzelne, kurze Wörter, die zusammen mit anderen Satzteilen, z.B. einer Nominalphrase, auftauchen.

Die Klasse der Präpositionen ist größtenteils »geschlossen«, d.h., im Gegensatz zu Substantiven und Verben werden keine neuen Präpositionen gebildet. Eine Ausnahme bilden die Präpositionen, die von anderen Wortarten abgeleitet werden [➤33c(ii)].

Präpositionen haben immer ein und dieselbe Form. Die ihnen folgenden Ausdrücke bleiben ebenfalls unverändert in ihrer Form. Ausnahme: die Pronomen.

After the meeting, I'll talk to the computer expert *(to him)* about it.	Nach der Besprechung werde ich mit dem Computerfachmann *(mit ihm)* darüber reden.

33b Präpositionen, die aus einem Wort bestehen

(i) Ursprüngliche Präpositionen

Die meisten Präpositionen sind nicht von anderen Wortklassen abgeleitet:

Mike climbed *up* the mountain. *From* the top, he was able to see the tip *of* the church *to* which we wanted to drive *in* the afternoon.	Mike kletterte *auf* den Berg. *Vom* Gipfel aus konnte er die Spitze *der* Kirche sehen, *zu* der wir *am* Nachmittag fahren wollten.

(ii) Präpositionen, die Verben oder Adjektiven verwandt sind

In dieser Gruppe lassen sich neue Präpositionen bilden.

204

PRÄPOSITIONEN 33b

Considering **the short time that Chris has had his driving licence he is driving very well.** *André* lives *opposite* **the church.**	*In Anbetracht der kurzen Zeit, die Chris seinen Führerschein hat, fährt er sehr gut.* André wohnt *gegenüber* der Kirche.

33c Komplexe Präpositionen

(i) Präpositionale Ausdrücke, die aus mehreren Präpositionen bestehen

Im Englischen macht man von Präpositionen extensiven Gebrauch. Oft werden dabei mehrere Präpositionen gleichzeitig verwendet, um die Beziehungen zwischen den verschiedenen Satzteilen noch deutlicher zu machen.

Up to **now Rosie has been using her company car.** **Jo looked out** *from behind* **the garage and ran** *on to* **the lawn.**	*Bis* jetzt hat Rosie ihren Firmenwagen benutzt. Jo schaute *hinter* der Garage hervor und rannte *auf* den Rasen.

(ii) Präpositionale Phrasen, die aus Präpositionen und anderen Wortarten bestehen

Manche Präpositionen werden aus Präpositionen und anderen Wortarten zu präpositionalen Phrasen zusammengesetzt. Sie verhalten sich wie ein einzelner, feststehender Ausdruck. Solche Ausdrücke haben oft einen formellen Klang und werden deswegen vorwiegend im geschäftlichen Schriftverkehr verwendet: **according to, owing to, regardless of, on account of, with reference to.**

With regard to **your enquiry about the rights of EU citizens to vote in Euro-elections I can confirm that ...** *Thanks to* **his technical expertise Brian was able to rewire the whole house by himself.**	*Bezüglich* Ihrer Nachfrage über das Recht von Staatsangehörigen der EU, bei Europawahlen zu wählen, kann ich bestätigen, daß ... *Dank* seines technischen Fachwissens war Brian in der Lage, im ganzen Haus neue Kabel selbst zu verlegen.

PRÄPOSITIONEN UND ADVERBIEN

> I'd prefer a room with twin beds *instead of* one with a double bed, if possible.
>
> Wenn möglich hätte ich lieber ein Zimmer mit zwei Einzelbetten *anstelle* eines mit einem Doppelbett.

33d Wozu braucht man Präpositionen?

Präpositionen stellen Beziehungen zwischen den verschiedenen Satzteilen her. Außerdem können sie diese Satzteile näher bestimmen oder modifizieren. (Häufig übernehmen sie dabei eine ähnliche Funktion wie in anderen Sprachen die Deklination.)

> *On Sunday*, the children went *with their mother* *to the zoo*. I gave the book *to Audie*. He had not read any books *by this author*. It was the first in a series *of historical novels*.
>
> *Am Sonntag* gingen die Kinder *mit ihrer Mutter* *in den Zoo*. Ich habe *Audie* das Buch gegeben. Er hatte noch nie ein Buch *dieser Autorin* gelesen. Es war das erste in einer Serie *historischer Romane*.

In den meisten Fällen antworten die Präpositionalphrasen auf eine imaginäre Frage, wie z.B. »Wann hat sich etwas ereignet?« »Wo hat es sich ereignet?« »Wie hat es sich ereignet? Warum hat es sich ereignet?«

> Marie is playing *in the field at the back of the garden*. (wo?) *After the A level exams* many young people will be joining the ranks *of the unemployed*. (wann?)
>
> Marie spielt *im Feld hinter dem Garten*. *Nach den A level-Prüfungen* werden sich viele junge Leute den Reihen *der Arbeitslosen* anschließen.

(i)   Was kann der Präposition als Ergänzung folgen?

(A) Nominalphrase

Dies ist die wohl häufigste Verwendung der Präpositionen. Bei der Nominalphrase kann es sich um einen Eigennamen oder Ort handeln, um ein Substantiv mit oder ohne Artikel oder um ein Pronomen. Die Nominalphrase ihrerseits kann durch Adjektive, Zahlwörter oder einen Relativsatz näher bestimmt sein.

PRÄPOSITIONEN 33d

After 40 minutes, **the commuters were still waiting *on* the platform for the heavily delayed train.** **Francis invited us *to France for a holiday*. We stayed *at the house* which he is buying *from his father*.**	*Nach 40 Minuten* warteten die Pendler immer noch *auf dem Bahnsteig auf den stark verspäteten Zug*. Francis hat uns *zu einem Urlaub nach Frankreich* eingeladen. Wir wohnten *in dem Haus*, das er *von seinem Vater* kauft.

(B) Gebrauch im Gerundialsatz:

***After agreeing to the ceasefire* the feuding states were expected to withdraw their troops from the beleaguered town.** ***From listening to Jo's conversation* I gather that she is about to get married.**	*Nachdem sie dem Waffenstillstand zugestimmt hatten*, erwartete man von den feindlichen Staaten, daß sie ihre Truppen von der belagerten Stadt abzogen. *Aus Jos Unterhaltung* entnehme ich, daß sie bald heiraten wird.

(ii)   Stellung der Präpositionen im Satz

Wie der Name schon sagt (Prä-position = Vor-Stellung), stehen Präpositionen in den meisten Fällen *vor* ihrer Ergänzung, also z.B. vor der Nominalphrase. In den folgenden Fällen stehen sie jedoch meist danach:

(A) In Fragesätzen kann die Präposition sowohl davor als auch danach stehen. Letzteres ist geläufiger:

***Which computer* are you referring *to*?** ***To which computer* are you referring?** ***What* are you thinking *about*?** ***Where* are you coming *from* and where are you going *to*?**	*Von welchem Computer* sprichst du? *Woran* denkst du gerade? Wo kommen Sie *her*, und wo gehen Sie *hin*?

(B) In Relativsätzen können die Präpositionen vor- oder nachstehen:

PRÄPOSITIONEN UND ADVERBIEN

The new racing car (which) Madeleine was telling us *about* is parked in the drive./The new racing car *about* which Madeleine was telling us is parked in the drive.	Der neue Rennwagen, *von* dem uns Madeleine erzählt hat, steht in der Einfahrt.
The lake which Adrian jumps *into* every morning is ice-cold./The lake *into* which Adrian jumps every morning is ice-cold.	Der See, *in* den Adrian jeden Morgen springt, ist eiskalt.

(C) Gebrauch im Passiv:

The Labour leader is well thought *of* (by the captains of industry). [The captains of industry think well of the Labour leader.]	Der Vorsitzende der Labour-Partei ist bei den führenden Industriellen gut *an*gesehen.
Gaye was much sought *after* as a speaker at international conferences. She had been heard *of* even in Japan and Brazil.	Gaye war als Sprecherin auf internationalen Konferenzen sehr begehrt. Man hatte *von* ihr selbst in Japan und Brasilien gehört.

(D) Gebrauch mit dem Infinitiv:

For Pete a good crime novel is the best book to relax *with*, but Mike prefers a good radio play to listen *to*. [Mike prefers to listen to a good radio play.]	Für Pete ist ein guter Krimi das beste Buch *zum* Entspannen. Mike zieht es währenddessen vor, einem guten Radiohörspiel *zu*zuhören.
A new sports complex would have been a more obvious choice for the authorities to spend money *on*. [It would have been a more obvious choice for the authorities to spend money on a new sports complex./To spend money on a new sports complex would have been a more obvious choice for the authorities.]	Für die Ortsverwaltung wäre es eine bessere Wahl gewesen, das Geld *für* einen neuen Sportkomplex auszugeben.

PRÄPOSITIONEN 33d

(E) Gebrauch mit **ing**-Sätzen:

The new Picasso exhibition is well worth looking *at*. [It is well worth looking at the new Picasso exhibition.]	Die neue Picasso-Ausstellung ist wirklich sehenswert.

33e Welche Beziehungen stellen Präpositionen her?

Präpositionen geben genauere Auskünfte über zeitliche, örtliche und andere Einzelheiten. Sie können den Grund einer Handlung sowie die Einstellung des Sprechers verdeutlichen und eine Antwort auf bestimmte Fragen geben.

(i) Zeitliche Beziehungen

Präpositionen können einen Zeitpunkt festlegen, eine Zeitdauer angeben oder über einen Zeitraum sprechen.

(A) Zur Bezeichnung eines Zeitpunkts fragt man mit »Wann?« »Seit wann?« »Bis wann?«

***On* Sunday mornings we listen to 'The Archers'. The programme begins *at* 10.15. It is an omnibus of all editions broadcast *in* the evenings during the week. *After* dinner, Dad usually goes to the nightclub. He stays there *till* closing time *at* 3am.**	Sonntag morgens hören wir »The Archers«. Das Programm beginnt *um* 10.15 Uhr. Es ist eine Sammelausgabe aller Programme, die *abends* in der Woche gesendet wurden. *Nach* dem Abendessen geht Vati meist in den Nachtklub. Dort bleibt er dann, *bis um* 3 Uhr morgens geschlossen wird.

(B) Zur Bezeichnung eines Zeitpunkts fragt man mit »Wann?«

***In* 1995 he is going to make several journeys. *In* winter he is going skiing, and *in* the autumn he will probably travel to France.**	(*Im* Jahr) 1995 wird er mehrmals verreisen. *Im* Winter macht er einen Skiurlaub, und *im* Herbst wird er wahrscheinlich nach Frankreich fahren.

(C) Zur Bezeichnung eines Zeitraums fragt man mit »Wie lange?« »Von wann bis wann?«

PRÄPOSITIONEN UND ADVERBIEN

Carsten lived in London *for* five years, *from* 1965 *to* 1970.	Carsten lebte fünf Jahre *(lang)* in London, *von* 1965 *bis* 1970.

(ii) Ortsangaben

(A) Nach dem Ort wird mit »Wo?« gefragt:

The house is *in* Fazende, *between* Catus and Cazals, *near* the crossroads *in* Montgesty, *behind* M. Latroucherie's farm.	Das Haus steht *in* Fazende, *zwischen* Catus und Cazals, *nahe* der Kreuzung *in* Montgesty, *hinter* M. Latroucheries Farm.

(B) Im Fall von Bewegung lautet die Frage »Woher? Wohin?«:

We enjoy getting *out of* London, and going *to* the countryside, *away from* all the noise and traffic, *into* unspoilt nature.	Wir fahren gern *aus* London *aufs* Land *hinaus*, *weg von* allem Lärm und Verkehr, *in* die unzerstörte Natur.

(iii) Art und Weise

Nach der Art und Weise fragt man mit »Wie?« »Auf welche Weise?«

You can get an outside line *by* dialling '9'.	Sie können eine Leitung nach draußen bekommen, *indem* Sie »9« wählen.
Through her boss's recommendation she was promoted to a managerial position.	*Durch* die Empfehlung ihres Chefs wurde sie in eine leitende Stellung befördert.

(iv) Grund und Absicht

Bei Grund und Absicht lautet die Frage »Warum?«

Norbert didn't go to the party *because of* his terrible cold.	Norbert ging *wegen* seiner fürchterlichen Erkältung nicht auf die Party.

PRÄPOSITIONEN 33e

(v) Übertragene Bedeutungen

In diesen Sätzen läßt sich oft noch ein Überbleibsel der ursprünglichen, örtlichen oder zeitlichen Bedeutung der jeweiligen Präposition erkennnen.

After a year, she is finally beginning to get *over* her divorce. *Between* you and me, I didn't think she would take it so badly. Now she seems to be coming *out of* her shell.	Nach einem Jahr fängt sie endlich an, ihre Scheidung zu verwinden. *Unter* uns gesagt, ich hätte nicht gedacht, daß es ihr soviel ausmachen würde. Nun scheint sie endlich *aus* ihrem Schneckenhaus herauszukommen.

33f Präpositionalphrasen und ihre Wirkung auf Satzteile

(i) Nominalphrase

Diese Präpositionalphrasen bestimmen die Nominalphrase näher und verhalten sich wie ein nachgestelltes Adjektiv.

Robert likes *the little boy from next door.* Together they often play '*Visitors from Mars*', for which they hide in *the shed at the bottom of the garden.*	Robert mag *den kleinen Jungen von nebenan.* Zusammen spielen sie oft »*Besucher vom Mars*«, wofür sie sich *im Schuppen hinten im Garten* verstecken.

(ii) Verb

➤ [Verben mit Partikel oder Präposition ➤15c.]

(A) Bei Verben, die meist mit einer präpositionalen Ergänzung erscheinen, gehört die Präposition zum Verb. Zusammen mit dem Verb bildet sie einen festen Ausdruck, dem dann nur noch das Objekt folgt (Verbalphrase + Objekt, z.B. **belong to** + Objekt).

The car you are *referring to belongs to* Eva. It *consists of* more rust than metal. At first, she *worried about* the MOT, but she *succeeded in* getting it through.	Der Wagen, *von dem* du *sprichst, gehört* Eva. Er *besteht* mehr *aus* Rost als *aus* Metall. Zuerst *hat* sie sich Sorgen *wegen* des TÜVs gemacht, aber dann *gelang* es ihr, ihn durchzukriegen.

PRÄPOSITIONEN UND ADVERBIEN

(B) Es gibt Verben, bei denen die Ergänzung wegbleiben kann, aber mitverstanden wird:

Thomas waved when he *drove past* (the door). If he'd stopped we would have *invited* him *in* (to the house). But he obviously needed to *hurry along* (the road).	Thomas winkte, als er (an der Tür) *vorbeifuhr*. Wenn er angehalten hätte, hätten wir ihn (ins Haus) *gebeten*, aber er mußte offensichtlich (die Straße entlang) *weitereilen*.

(C) Im Englischen gibt es zahlreiche Verben, die mit Präpositionalpartikeln auftreten und dabei eine ganz bestimmte, neue, idiomatische Bedeutung annehmen. Oft werden sie *Phrasal Verbs* genannt. In den meisten Fällen läßt sich ein anderes Verb (häufig romanischen Ursprungs) finden, das denselben Inhalt in einem Wort wiedergibt.

Die folgenden Sätze zeigen, daß die Wortstellung nicht ganz einfach ist. Manche *Phrasal Verbs* lassen sich von ihren Präpositionen trennen: Sie erlauben dem Objekt, sofern es sich um eine Nominalphrase handelt, zwischen Verb und Präposition oder nach der Präposition zu stehen. Wenn es sich um ein Pronomen handelt, steht es immer dazwischen.

We can't *put up with* (= bear, endure) it any longer. If your sister can't *give up* (= stop) smoking, you'll both have to *move out* – we've *put* you and Helga *up* (= accommodate) for long enough. I won't *take back* (= retract) anything I said this morning.	Wir können es nicht länger *ertragen*. Wenn deine Schwester das Rauchen nicht *aufgeben* kann, müßt ihr beide *ausziehen* – wir haben dich und Helga lange genug *aufgenommen*. Ich werde nichts von dem *zurücknehmen*, was ich heute morgen gesagt habe.

Selbst eine einzige Kombination von Verb + Präposition kann viele verschiedene Bedeutungen annehmen:

She had lost so much weight that her dress needed *taking in*.	Sie hatte soviel abgenommen, daß das Kleid *enger gemacht* werden mußte.
They had *taken in* two refugee children.	Sie hatten zwei Flüchtlingskinder *aufgenommen*.

PRÄPOSITIONEN 33f

To make ends meet, she was *taking in* typing and bookkeeping for local businesses.	Um mit dem Geld besser auszukommen, *nahm* sie Schreib- und Buchhaltungsarbeiten für Firmen in der Nachbarschaft *an*.
They talked so fast, I couldn't *take* it all *in*.	Sie redeten so schnell, daß ich nicht alles *verstehen* konnte.
Does the guided tour *take in* the gardens as well as the house?	Schließt die Führung sowohl die Gärten als auch das Haus *ein*?
She was completely *taken in* by the offer of the free holiday.	Sie war von dem Angebot des kostenlosen Urlaubs vollkommen *überrumpelt*.

(iii) Adjektiv

Die Präpositionen gehören ganz eng zu bestimmten Adjektiven und bilden mit diesen feste Ausdrücke, die fast immer zusammen auftreten.

Fred was *worried about* the exams. He was well *aware of* his weaknesses: he was so *keen on* the maths teacher that he had not *prepared for* the other subjects.	Fred machte sich Sorgen *wegen* seiner Prüfung. Er war *sich seiner* Schwächen voll *bewußt*. Er war *von* seiner Mathe-Lehrerin so *angetan*, daß er sich *in* den anderen Fächern nicht *vorbereitet* hatte.

33g Liste der Präpositionen

Viele Präpositionen können gleichzeitig als Adverbien verwendet werden, und einige fungieren sogar als Konjunktionen. In der folgenden Liste der häufigsten Präpositionen zeigen die Beispielsätze, wie man sie im Satz verwenden kann.

• **about** »in/um ... herum, irgendwo, unterwegs, wegen« – Präposition mit ungenauer Ortsbestimmung oder mit übertragener (kausaler) Bedeutung:

There seems to be a mouse *about* the house.	*Irgendwo im* Haus scheint eine Maus zu sein.
I'm phoning *about* the electricity bill.	Ich rufe *wegen* der Stromrechnung an.

PRÄPOSITIONEN UND ADVERBIEN

– Adverb (Zeit und Ort) »ungefähr, gegen, herum«:

Come at *about* five o'clock.	Komm *gegen* fünf Uhr.

• **above** »über, oberhalb von, erhaben über« – Präposition des Ortes (Position) und mit übertragener Bedeutung:

The eagle was hovering high *above* his prey. **Above all, I was pleased to hear that she was *above* suspicion.**	Der Adler schwebte hoch *über* seiner Beute. *Am meisten* habe ich mich gefreut, daß sie *über* allen Verdacht *erhaben* war.

– Adverb (Ort) »darüber«:

She'd had no idea that a murderer had been living in the flat *above*.	Sie hatte keine Ahnung gehabt, daß in der Wohnung *über ihr* ein Mörder gewohnt hatte.

• **across** »über, durch, jenseits« – Präposition des Ortes, Adverb:

I came *across* my old teacher yesterday, as I was walking *across* Battersea Bridge.	Gestern *begegnete* mir mein alter Lehrer, als ich *über* die Battersea-Brücke lief.

• **after** »nach, hinter ... her« – Präposition des Ortes, der Zeit und mit übertragener Bedeutung:

Even *after* the wedding, he didn't stop chasing *after* other women. **She named her first daughter *after* her favourite filmstar.**	Selbst *nach* der Hochzeit hörte er nicht auf, *hinter* anderen Frauen *her*zulaufen. Sie nannte ihre erste Tochter *nach* ihrem Lieblingsfilmstar.

• **afterwards** Adverb (Zeit) »danach, hinterher«:

***Afterwards*, they went home separately.**	*Danach* gingen sie getrennt nach Hause.

PRÄPOSITIONEN 33g

– Konjunktion »nachdem«:

After the film had become such a box office success, the director was asked to write a sequel.	*Nachdem* der Film ein solcher Kassenschlager geworden war, bat man den Regisseur, eine Fortsetzung zu schreiben.

• **against** »gegen, wider« – Präposition des Ortes und mit übertragener Bedeutung:

He was leaning *against* his sports car and, *against* her better judgment, she ran towards him.	Er lehnte *an* seinem Sportwagen, und *entgegen* aller Vernunft (obwohl sie es besser wußte) lief sie auf ihn zu.

• **around** »um, ringsherum« – Präposition und Adverb des Ortes und der Zeit:

Vivien had been wandering *around* the town all morning. Now she stood, with all the other tourists, *around* the clock tower. The bells were supposed to start ringing *around* midday.	Vivien war den ganzen Morgen in der Stadt *umher*gewandert. Jetzt stand sie zusammmen mit den anderen Touristen *um* den Uhrenturm *herum*. Die Glocken sollten *gegen* Mittag zu läuten anfangen.

• **at** »an, in/im, um, zu, für, gegen, (vorne/hinten)« – Eine Präposition mit recht vager Bedeutung, die sehr häufig auftritt. Sie erscheint regelmäßig mit vielen Verben (z.B. **laugh at** »lachen über«, **point at** »zeigen auf«, **wonder at** »sich wundern über«), Adjektiven (z.B. **surprised at** »erstaunt über«, **furious at** »wütend über«) und in Idiomatischen Ausdrücken (**at home** »zu Hause«, **at ease** »sich wohlfühlen«, **at once** »sofort«). Sie kann Aussagen über Zeitpunkt oder Häufigkeit, über einen Ort (Position und Bewegung) und über die Art und Weise machen sowie eine übertragene Bedeutung annehmen.

She arrived *at* the theatre *at* seven o'clock. All the seats *at* the front had been taken, so she had to sit right *at* the back.	Sie kam *um* sieben Uhr *im* Theater an. *Vorne* waren alle Sitze bereits belegt, so daß sie ganz *hinten* sitzen mußte.

PRÄPOSITIONEN UND ADVERBIEN

Barbarella stopped *at* nothing: *at* over 100mph she chased after the burglar, then she carefully aimed her gun *at* him.	Barbarella schreckte *vor* nichts zurück: *Mit* mindestens 100 Meilen pro Stunde jagte sie hinter dem Einbrecher her, dann zielte sie sorgfältig mit ihrer Pistole *auf* ihn.

- **because of** »wegen« – Präposition mit kausaler Bedeutung:

All trains are delayed *because of* a signals failure outside Victoria Station.	Alle Züge fahren mit Verspätung *wegen* eines Fehlers in der Signalanlage vor dem Victoria-Bahnhof.

- **because** Konjunktion »weil«:

Bob likes going to the Canaries, *because* the weather there is so mild.	Bob fährt gern auf die Kanarischen Inseln, *weil* das Wetter dort so mild ist.

- **before** »vor« – Präposition der Zeit und (selten) des Ortes sowie mit übertragenem Sinn:

Before dinner, we are having aperitifs on the terrace. I bet he'll get there *before* us.	*Vor* dem Abendessen nehmen wir einen Aperitif auf der Terrasse ein. Ich wette, daß er *vor* uns dort sein wird.

– Adverb (Zeit) »zuvor, vorher«:

Duncan had never been to this stately home *before* and he had never *before* seen the fireworks on the lake.	Duncan war noch nie *(zuvor)* in diesem herrschaftlichen Haus gewesen, und er hatte noch nie *zuvor* das Feuerwerk am See gesehen.

– Konjunktion (Zeit) »bevor«:

Before you take your coat off, let's go and look at the gardens.	*Bevor* du deinen Mantel auszieht, laß uns die Gärten ansehen.

- **behind** »hinter, nach« – Präposition des Ortes (Standpunkt) und, übertragen, seltener auch der Zeit:

PRÄPOSITIONEN 33g

| Cappi did not enjoy working *behind* the bar. The guests often left so much mess *behind* them. | Cappi arbeitete nicht gerne *hinter* der Theke. Die Gäste *hinterließen* oft so viel Dreck. |

– Adverb (Ort, Zeit) »zurück, hinterher«:

| Often he had to stay *behind* to lock up. | Oft mußte er *zurück*bleiben, um (das Geschäft) abzuschließen. |

• **beside** »neben, außer« – Präposition des Ortes und übertragen:

| When Margaret found her bicycle in the narrow alleyway *beside* the garage she was *beside* herself with joy. | Als Margaret ihr Fahrrad in dem Gäßchen *neben* der Garage fand, war sie vor Freude *außer* sich. |

• **besides** »außer, zusätzlich« – Präposition mit übertragenem Sinn:

| *'Besides* your brothers, will anyone else be coming?' – 'Nobody *besides* three uncles and all my cousins.' | »Wird *außer* deinen Brüdern sonst noch jemand kommen?« – »Niemand *außer* drei Onkeln und meinen ganzen Cousins.« |

– Adverb »außerdem«:

| *'Besides*, we have enough food and drink for an army.' | »*Außerdem* haben wir genug zu essen und zu trinken für eine ganze Armee.« |

• **between** »zwischen, etwa, unter« – Präposition des Ortes und der Zeit sowie mit übertragener Bedeutung:

| The truck has to be picked up *between* 10 and 12 o'clock. It is costing *between* two and three times the amount Lesley has saved. But *between* us, I think we'll raise the rest. | Der Lastwagen muß *zwischen* 10 und 12 Uhr abgeholt werden. Er kostet *etwa* zwei- oder dreimal soviel, wie Lesley gespart hat. Aber *gemeinsam* werden wir den fehlenden Betrag schon zusammenbekommen. |

PRÄPOSITIONEN UND ADVERBIEN

| The vehicle will have to be parked *between* our house and next door. | Das Fahrzeug wird *zwischen* unserem und dem benachbarten Haus parken müssen. |

– Adverb »dazwischen«:

| Don't put the book on top but *in-between*. | Leg das Buch nicht obenauf, sondern *dazwischen*. |

• **beyond** »darüber, über ... hinaus, ohne/un-« – Präposition des Ortes (Standpunkt und Bewegung), der Zeit und mit übertragener Bedeutung:

| This is *beyond* belief: the train is no longer going *beyond* Croydon. I cannot make any plans *beyond* next year. | Das ist *un*glaublich: der Zug fährt nicht mehr *über* Croydon *hinaus*. Ich kann keine Pläne *über* das nächste Jahr *hinaus* machen. |

– Adverb »jenseits davon, dahinter, danach«:

| I wonder what lies in the fields *beyond*? | Was wohl in den Feldern *dahinter* liegt? |

• **by** »durch, an, gegen (Zeit), von (Passiv)« – Eine sehr häufige Präposition des Ortes, der Zeit und mit übertragener Bedeutung. Sie tritt in vielen idiomatischen Ausdrücken auf (z.B. **by heart** »auswendig«, **by mistake** »aus Versehen«, **step by step** »Schritt für Schritt«). In Passiv-Sätzen wird sie außerdem verwendet, um den Handlungsträger zu kennzeichnen.

| She sat *by* the window and waited for him. *By* ten o'clock she was getting worried. Finally he was led in *by* two policemen who were holding him *by* the arm. | Sie saß *am* Fenster und wartete auf ihn. *Gegen* zehn Uhr fing sie an, sich Sorgen zu machen. Schließlich wurde er *von* zwei Polizisten hereingeführt, die ihn *am* Arm hielten. |

– Adverb »vorbei, daneben, bereit«:

PRÄPOSITIONEN 33g

They stood *by*, as he collapsed onto his chair.	Sie standen *neben ihm* (oder: *bereit*), als er auf seinen Stuhl sackte.

• **down** »herunter, hinunter, durch, bis« – Präposition des Ortes (Bewegung) und der Zeit sowie mit übertragener Bedeutung:

Stephen ran all the way *down* the hill, right *down* to the sea. *Down* the centuries, there had always been a pier here. Everyone in the family, *down* to little Audie, ran onto it.	Stephen rannte den ganzen Hügel *hinunter*, bis *runter* zum Meer. *Seit* Jahrhunderten gab es hier einen Pier. Die ganze Familie, bis *hinunter* zum kleinen Audie, rannte auf ihn drauf.

– Adverb »nieder, herunter«:

By the time the sun went *down*, nearly the whole house had burned *down*.	Bis die Sonne *unter*ging, war beinahe das ganze Haus *ab*gebrannt.

• **during** »während« – Präposition der Zeit:

During the afternoon, the garden was peaceful and sunny.	*Während* des Nachmittags war der Garten friedlich und sonnig.

⚠️ Achtung: Die deutsche Konjunktion »während« wird mit **while**, nicht mit **during**, übersetzt.

• **except (for)** »außer, abgesehen von« – Präposition nur mit übertragener Bedeutung:

Nobody lives in this house *except for* an old woman and twenty cats.	Niemand lebt in diesem Haus *außer* einer alten Frau und zwanzig Katzen.

• **for** »für, ... lang, seit, für, um, auf« – Eine häufig benutzte Präposition des Ortes (Bewegung), der Zeit (Dauer) und mit übertragener Bedeutung. Verben (z.B. **apply for** »sich bewer-

PRÄPOSITIONEN UND ADVERBIEN

ben um«, **care for** »sich sorgen um«, **long for** »sich sehnen nach«) und Adjektive (z.B. **known for** »bekannt für«, **famous for** »berühmt wegen«, **responsible for** »verantwortlich für«) erscheinen mit der Präposition for, und viele idiomatische Ausdrücke werden damit gebildet (etwa **for example** »zum Beispiel«, **for sale** »zum Verkauf«).

He had been held prisoner *for* three years. *For* two years he waited *for* his release. Finally he managed to break free and made *for* the beach.	*Seit* drei Jahren wurde er gefangen gehalten. Zwei Jahre lang wartete er *auf* seine Freilassung. Schließlich gelang es ihm auszubrechen, und er machte sich *zum* Strand auf.

– Konjunktion »denn«:

The police were looking for him, *for* he had killed one of the guards.	Die Polizei suchte ihn, *denn* er hatte einen der Aufseher getötet.

• **from** »von, von ... an, vor« – Präposition des Ortes, der Zeit und mit übertragener Bedeutung, auch zusammen mit Verben (z.B. **differ from** »sich unterscheiden von«, **prevent from** »hindern an«, **suffer from** »leiden an«) und Adjektiven (z.B. **far from** »fern von«, **free from** »frei von«):

From June there will be no more early-morning trains *from* the airport.	*Von* Juni *an* verkehren am frühen Morgen keine Züge mehr *vom* Flughafen.

– Adverb (Ort und Zeit) »hervor«:

He looked up *from* below his blanket with his eyes still half-closed.	Mit halbgeschlossenen Augen sah er unter seiner Decke *hervor*.

• **from ... to** »von ... bis, zwischen ... und« – Präposition des Ortes und der Zeit:

PRÄPOSITIONEN 33g

This road leads *from* Purley *to* Banstead. It is particularly busy *from* 8 *to* 9 in the morning and *from* 4 *to* 7 in the evening.	Diese Straße führt *von* Purley *nach* Banstead. Sie ist besonders stark befahren *zwischen* 8 *und* 9 Uhr morgens und *zwischen* 16 *und* 19 Uhr abends.

- **in** »in, auf, am, in/im« – Eine sehr häufige Präposition des Ortes (Standpunkt), der Zeit und mit übertragener Bedeutung. Erscheint mit Verben (z.B. **succeed in** »Erfolg haben mit«, **believe in** »glauben an«, **persist in** »bestehen auf«) und Adjektiven (z.B. **interested in** »interessiert an«, **rich in** »reich an«). Sie wird außerdem in vielen idiomatischen Ausdrücken verwendet.

In 1993, Ingrid took a job *in* Berlin. She had tried *in vain* to find a job *in* the North. *In the end*, she got used to living apart from her husband.	(*Im Jahre*) 1993 nahm Ingrid eine Stelle *in* Berlin an. Sie hatte *vergeblich* versucht, eine Stelle *im* Norden zu finden. *Letzten Endes* gewöhnte sie sich daran, von ihrem Mann getrennt zu leben.

– Adverb (Ort) »herein, drinnen«:

'Can I come *in*, please?' – 'No, there's no point, the manager is not *in*.' – 'Please let me *in*, anyway. I would like to hand something *in*.'	»Kann ich bitte *herein*kommen?« – »Nein, das hat keinen Zweck, der Geschäftsführer ist nicht *hier*.« – »Bitte lassen Sie mich trotzdem *herein*. Ich möchte gerne etwas *ab*geben.«

- **into** »in ... hinein, bis in« – Präposition des Ortes, der Zeit und mit übertragener Bedeutung:

Every evening, Mike jumped *into* the pool, and afterwards we sat outside well *into* the night. When we had to leave, I burst *into* tears.	Jeden Abend sprang Mike *in* das Schwimmbecken, und danach saßen wir *bis* spät *in* die Nacht draußen. Als wir abfahren mußten, brach ich *in* Tränen aus.

- **near** »nahe, gegen« – Präposition des Ortes und der Zeit:

PRÄPOSITIONEN UND ADVERBIEN

It was quite *near* the end of her pregnancy, and unfortunately Sue didn't live *near* a hospital. On the way there, she was *near to* giving birth in the car.	Es war ziemlich *gegen* Ende ihrer Schwangerschaft, und leider wohnte Sue nicht *in der Nähe* eines Krankenhauses. Auf dem Weg dorthin war sie *nahe* daran, im Auto zu gebären.

– Adverb (Zeit, übertragen) »nahe (daran)«:

Fortunately, the doctor was *near* at hand when they arrived.	Zum Glück war der Arzt *zur* Hand, als sie ankamen.

– **Near** kann außerdem ein Adjektiv sein, tritt jedoch meist nur im Komparativ oder Superlativ auf. Sonst heißt es **nearby**:

They almost caused an accident, as they drew up in front of the *nearest* door. A *nearby* porter rushed to help her out of the car.	Sie verursachten beinahe einen Unfall, als sie vor der *nächsten* Tür vorfuhren. Ein Krankenträger, der sich in der Nähe befand, eilte herbei, um ihr beim Aussteigen zu helfen.

- **of** »von« – Häufig verwendete Präposition, die Besitz anzeigt (vom Sinn her oft dem Genitiv im Deutschen ähnlich) sowie örtliche oder zeitliche Distanz oder Kausalität.

Sie erscheint außerdem mit unzähligen Verben (z.B. **consist of** »bestehen aus«, **know of** »wissen von«, **become of** »werden aus«), Adjektiven (z.B. **sure of** »sicher«, **ashamed of** »sich schämen«, **afraid of** »sich fürchten vor«) und idiomatischen Ausdrücken (z.B. **of course** »natürlich«).

'*In a matter of* days, she'll be exposed as the lover *of* the Ambassador.' – 'I hope you're *sure of* your facts.' – '*Of course* I am, they have a love nest together just north *of* Parliament Square.'	»*In wenigen Tagen* wird man sie als die Geliebte *des* Botschafters bloßstellen.« – »Ich hoffe, du bist dir deiner Fakten *sicher*.« – »*Natürlich* bin ich das. Die beiden haben ein Liebesnest direkt nördlich *des* Parliament Square.«

- **on (upon)** »auf, an, von« – Präposition des Ortes (Position),

PRÄPOSITIONEN 33g

der Zeit (Zeitpunkt) und mit übertragener Bedeutung. Viele Verben (z.B. **depend on** »sich verlassen auf«, **live on** »leben von«, **insist on** »bestehen auf«), Adjektive (z.B. **keen on** »begierig auf«, **intent on** »entschlossen zu«) und idiomatische Ausdrücke (z.B. **on average** »durchschnittlich«, **on the whole** »insgesamt«) werden mit **on** gebildet (**upon** wird sehr viel seltener verwendet, eigentlich überhaupt nur noch in der Schriftsprache).

On Sunday, Pete will be pitching his tent *on* the hill. He is making his way there *on* foot. *Once upon a time* there was a titchy witch.	*(Am)* Sonntag wird Pete sein Zelt *auf* dem Hügel aufstellen. Er geht *zu* Fuß dorthin. *Es war einmal* eine winzige Hexe.

– Adverb »auf, an«:

He went *on and on:* from that day *on*, he said, we'd always have to keep our hats *on*, and we should also put our gloves *on* at work.	Er *hörte* überhaupt nicht mehr *auf*. Von diesem Tag *an*, sagte er, müßten wir immer unsere Mützen *auf*behalten und außerdem bei der Arbeit Handschuhe *an*ziehen.

• **out of** »aus ... heraus, außer(halb)« – Präposition des Ortes (Bewegung) und mit übertragener Bedeutung:

'Did you see the frog? It just jumped *out of* the pond.'	»Hast du den Frosch gesehen? Er ist gerade *aus* dem Teich *heraus*gesprungen.«

• **out** Adverb »(her)aus«:

The lights have gone *out*.	Die Lichter sind/das Licht ist *aus*gegangen.

• **over** »über (... hinaus), mehr als«– Präposition des Ortes (Standpunkt und Bewegung), der Zeit und mit übertragener Bedeutung:

PRÄPOSITIONEN UND ADVERBIEN

Daniel was *over the moon*: finally he was *over* eighteen. His friends came *from all over* Bournemouth and stayed *over* the weekend. At midnight, they threw confetti *over* him.	Daniel war *überglücklich*: Endlich war er *über* achtzehn Jahre alt. Seine Freunde kamen *aus ganz* Bournemouth und blieben *übers* Wochenende. Um Mitternacht *bewarfen* sie ihn mit Konfetti.

– Adverb »vorbei«:

I'm afraid the party is *over*. I have told you *over and over* again not to smoke.	Es tut mir leid, die Party ist *zu Ende*. Ich habe dir *immer wieder* gesagt, daß du nicht rauchen sollst.

- **past** »an ... vorbei, nach« – Präposition des Ortes (Bewegung), der Zeit (Zeitpunkt) und mit übertragener Bedeutung:

It was a quarter *past* two when Sarah walked *past* the police station. By now she was *past* caring.	Es war viertel *nach* zwei, als Sarah *an* der Polizeiwache *vorbei*ging. Aber jetzt kümmerte es sie *nicht mehr*.

- **since** »seit« – Präposition der Zeit (von einem Zeitpunkt an):

Penny has been working *since* last week on the new project.	*Seit* letzter Woche arbeitet Penny an dem neuen Projekt.

– Adverb (Zeit) »seitdem«:

I haven't seen her *since*.	Ich habe sie *seitdem* nicht mehr gesehen.

– Konjunktion »da, weil, seit«:

Since you ask: they are discussing your performance.	*Da* du fragst: Sie besprechen deine Leistungen.

PRÄPOSITIONEN 33g

- **through** »durch, während« – Präposition des Ortes (Bewegung), der Zeit (Zeitraum) und der Art und Weise:

We had to fight our way *through* the crowd of operagoers. We had got the tickets *through* a friend. Unfortunately, I slept *through* the whole opera.	Wir mußten uns einen Weg *durch* die vielen Operngänger bahnen. Wir hatten die Karten *durch* einen Freund bekommen. Leider habe ich *während* der ganzen Oper geschlafen.

– Adverb »durch, lang«:

Chris worked *through* till the next morning, and then he read everything *through* again.	Chris arbeitete bis zum Morgen *durch*, und dann las er alles noch einmal *durch*.

- **till/until** »bis« – Präposition der Zeit (auf einen Zeitpunkt hin):

Graham has *until* Sunday to collect his prize. *Till* yesterday, he didn't know he'd won.	Graham muß seinen Preis *vor* Sonntag abholen. *Bis* gestern wußte er nicht, daß er gewonnen hat.

– Konjunktion »bis, bevor«:

Please don't start the video *till* I get there.	Bitte laß den Videofilm nicht laufen, *bis* ich angekommen bin.

- **to** »zu, bis« – Eine der häufigsten Präpositionen. Sie kann einen Ort (Bewegung auf etwas zu, Ziel) und die Zeit (auf einen Zeitpunkt zu) bestimmen und auch übertragene Bedeutungen annehmen. Sie erscheint außerdem mit unzähligen Verben (z.B. **agree to** »zustimmen«, **belong to** »gehören«, **listen to** »zuhören«), Adjektiven (z.B. **due to** »wegen«, **prone to** »geneigt zu, anfällig für«, **equal to** »gleich«) und in idiomatischen Ausdrücken. Ähnlich wie die Präposition **of** kann sie auch eine syntaktische Rolle im Satz spielen: sie übernimmt einen Verweis auf ein indirektes Objekt [➤15d].

PRÄPOSITIONEN UND ADVERBIEN

On Sunday we are going *to* the funfair. We'll probably stay there from midday *to* late. Chris will meet us at ten *to* three. He has to go *to* the office first. If we win the raffle, we could give the money *to* a charity. What do you say *to* the idea?	Am Sonntag gehen wir *auf* die Kirmes. Wir werden wahrscheinlich von mittags *bis* spät abends dort bleiben. Wir werden Chris um zehn *vor* drei dort treffen. Er muß zuerst *ins* Büro gehen. Wenn wir bei der Verlosung gewinnen, könnten wir das Geld *einem* Wohltätigkeitsverein spenden. Was hältst du *von* der Idee?

N.B.: **to** steht außerdem oft vor dem Infinitiv [➤21a].

• **towards** »auf ... zu, in Richtung, gegen« – Präposition des Ortes (Bewegung), der Zeit und mit übertragener Bedeutung:

If you are coming from London, drive *towards* Brighton. We expect you *towards* seven o'clock. After some negotiating, they moved *towards* each other's positions.	Wenn du von London aus kommst, fahre *in Richtung* Brighton. Wir erwarten dich *gegen* sieben Uhr. Nach einigen Verhandlungen bewegten sich ihre Standpunkte *auf*einander *zu*.

• **under** »unter, weniger als« – Präposition des Ortes, der Zeit und mit übertragener Bedeutung sowie in idiomatischen Ausdrücken:

In *under* seven minutes, the Oxford boat had rowed *under* the first bridge. Meanwhile the Cambridge boat had gone *under*.	In *weniger als* sieben Minuten war das Boot aus Oxford *unter* die erste Brücke gerudert. Inzwischen war das Boot aus Cambridge *unter*gegangen.

• **underneath** Adverb »darunter«:

She wore a see-through blouse and nothing *underneath*.	Sie trug eine durchsichtige Bluse und nichts *darunter*.

• **up** »(hin)auf, hoch« – Präposition des Ortes:

PRÄPOSITIONEN 33g

Jack and Jill went *up* the hill. (Kinderreim)	Jack und Jill gingen den Hügel *hinauf.*

– Adverb »bis, (her)aus« und übertragen:

'Speak *up*, I can't hear you.' – 'Something's come *up*, I'll have to go.'	»Sprich *lauter*, ich kann dich nicht hören.« – »Mir ist etwas *dazwischen*gekommen, ich muß gehen.«

- **with** »mit, bei, vor/aus ...« – Häufige Präposition, die das Mittel, die Art und Weise, ein Werkzeug oder einen Grund angeben kann sowie das Zusammensein von Gegenständen oder Personen:

Cappi went swimming *with* his daughters. The girls were screaming on the slides, first *with* fear, then *with* excitement.	Cappi ging *mit* seinen Töchtern schwimmen. Die Mädchen schrien auf den Rutschbahnen, zuerst *aus* Angst, dann *vor* Aufregung.

- **within** »innerhalb« – Präposition des Ortes (Position), der Zeit (Zeitraum) und mit übertragener Bedeutung:

It wasn't *within their means* to hire a plane. Yet they had to reach the church *within* the next two days. The refugee was supposed to be hiding *within* its walls, waiting to be rescued.	Sie *konnten es sich* nicht *leisten*, ein Flugzeug zu chartern. Dennoch mußten sie die Kirche *innerhalb* der nächsten zwei Tage erreichen. Angeblich hielt sich der Flüchtling *innerhalb* ihrer Mauern versteckt und wartete auf Rettung.

- **without** »ohne« – Präposition:

There is no smoke *without* fire. (Sprichwort) **It goes *without saying* that you are welcome to stay here anytime.**	Kein Rauch *ohne* Feuer. Selbstverständlich könnt ihr jederzeit hier übernachten.

PRÄPOSITIONEN UND ADVERBIEN

34 ADVERBIALE BESTIMMUNGEN UND IHRE FORMEN

34a Was sind adverbiale Bestimmungen?

Eine adverbiale Bestimmung kann aus einem einzelnen Wort, dem Adverb, bestehen. Sie kann auch aus einer Reihe von Wörtern bestehen, d.h. einer Adverbialphrase. Dabei handelt es sich oft um eine präpositionale Bestimmung [➤33]. In vielen Fällen fungiert ein ganzer adverbialer Nebensatz als adverbiale Bestimmung für den Hauptsatz. Die drei Arten von adverbialen Bestimmungen können oft problemlos gegeneinander ausgetauscht werden.

Here she comes. *Now* listen *carefully*: she sings the Queen of the Night aria *beautifully*. *After the overture*, Ursula finally appeared on stage. It was worth waiting for her: she sings *with remarkable verve*. She started singing, *as soon as the conductor had given her the cue*. *Yesterday/In the morning/ When the doorbell rang*, the postman delivered a parcel from Steve.	*Hier* kommt sie. *Nun* hör *gut* zu: Sie singt die Arie der Königin der Nacht *wunderschön*. *Nach der Ouvertüre* erschien Ursula endlich auf der Bühne. Es hat sich gelohnt, auf sie zu warten: Sie singt *mit erstaunlicher Ausdruckskraft*. Sie fing an zu singen, *sobald der Dirigent ihr den Einsatz gegeben hatte*. *Gestern /Am Morgen /Als es an der Tür klingelte*, brachte der Postbote ein Paket von Steve.

34b Adverbien: Ursprung und Bedeutung

Adverbien, die aus einem Wort bestehen, sind entweder ursprüngliche Adverbien oder von anderen Wörtern, meist Adjektiven, abgeleitet.

(i) Ursprüngliche Adverbien

Zu den ursprünglichen Adverbien zählen viele häufig gebrauchte Wörter, die nicht von einem anderen Wort abgeleitet

ADVERBIALE BESTIMMUNGEN – FORMEN 34b

sind und in ihrer Form unveränderlich bleiben wie z.B. **now, then, here, there, often, very**.

I *never* knew that Daniel was a champion Sumo wrestler. *Now* he's been offered a contract by the Japanese Television in Tokyo. I wonder whether he will move *there*?	Ich wußte *gar nicht*, daß Daniel ein Meister im Sumo-Ringen ist. *Jetzt* hat das japanische Fernsehen in Tokio ihm einen Vertrag angeboten. Ob er wohl *dorthin* ziehen wird?

(ii)   Abgeleitete Adverbien

Diese Gruppe von Adverbien läßt sich am leichtesten erkennen, da sie meist eine Endung wie das Suffix **-ly** hat. Es ist eine offene Gruppe: Da ständig neue Adjektive auftauchen, lassen sich auch immer neue Adverbien daraus ableiten.

(A) Von Adjektiven kann man Adverbien wie folgt ableiten:

• durch Anhängen des Suffixes **-ly** an ein Adjektiv (z.B. **quick – quickly**). Die folgenden Schreibregeln werden beachtet:

Endet das Adjektiv auf einen Vokal + **-e**, so fällt das **-e** oft weg. Endet es auf einen Konsonant + **-e**, dann bleibt es erhalten (z.B. **true – truly**, aber: **nice — nicely**).

Endet es auf **-le**, dann fällt dieses weg, außer wenn dieser Silbe ein Vokal vorausgeht (z.B. **able – ably**; **sole – solely**). Endet es auf **-y**, so wird dieses oft in ein **-i** verwandelt (z.B. **crazy – crazily**; **dry – drily**). Ausnahmen: **wry – wryly, shy – shyly, sly – slyly**.

Endet das Adjektiv auf **-ic**, dann hängt man **-ally** an (z.B. **frantic – frantically**). Ausnahme: **public – publicly**

Dominic *quickly* ran into the kitchen. *Carefully* he opened the back door and then he *gently* took the injured bird into his hands. Every morning the bird had sung *happily*, but now it just stared at him *shyly* and peeped with a *terribly* sad voice.	Dominic rannte *schnell* in die Küche. *Vorsichtig* öffnete er die Hintertür, und dann nahm er den verletzten Vogel *behutsam* in die Hand. Jeden Morgen hatte der Vogel *fröhlich* gesungen, aber jetzt starrte er ihn nur *verschüchtert* an und piepste mit einer *furchtbar* traurigen Stimme.

PRÄPOSITIONEN UND ADVERBIEN

- Adjektive, die bereits selbst auf **-ly** enden, bleiben entweder unverändert oder verwenden eine Umschreibung wie **in a xxx manner/fashion/way**:

'If you pay *daily*, you end up paying more,' he explained *in a friendly way*. He has taken an *early* (Adjektiv) lunchhour – he wants to leave *early* (Adverb) **tonight**.	»Wenn Sie *täglich* zahlen, zahlen Sie letzten Endes mehr«, erklärte er *freundlich*. Er ist *früh* zu Mittag gegangen – er will heute abend *früh* gehen.

- Adverbien können von Adjektiven, Substantiven und anderen Adverbien abgeleitet werden, indem man andere Wortteile wie **-wise, -style, -type** anhängt:

To cook *Szechuan-style*, cut the spring onions *lengthways* into thin strips, and the carrots across into slices. Tony stood *yoga-fashion* on his head and looked *backwards* at the teacher. 'How are you getting on *workwise*?' – 'I have no problems with work, but I find it difficult to manage *taxwise*.'	Zum Kochen *auf Szechuan-Art* die Frühlingswiebeln *längs* in dünne Streifen und die Möhren quer in Scheiben schneiden. Tony stand *in Yoga Art* auf dem Kopf und schaute seinen Lehrer *rückwärts* an. »Wie läuft es *bei der Arbeit*?« – »Ich habe keine Probleme mit der Arbeit, aber ich komme *mit den Steuern* nicht klar.«

N.B.: Das Suffix **-wise** wird hauptsächlich im Amerikanischen Englisch und in kommerziellen Texten (z.B. in der Reklame) gebraucht.

(B) Wie Adjektive können auch Adverbien vom Partizip Präsens durch Anhängen von **-ly** abgeleitet werden:

It was a *pleasingly* sunny morning. Ursula wandered past the baker's where a cream cake stared at her *invitingly*. *Surprisingly*, she was not at all tempted.	Es war ein *angenehm* sonniger Morgen. Ursula spazierte am Bäcker vorbei, wo eine Sahnetorte ihr *einladend* entgegenstarrte. *Erstaunlicherweise* wurde sie davon überhaupt nicht in Versuchung geführt.

ADVERBIALE BESTIMMUNGEN – FORMEN 34b

(C) Vom Partizip Perfekt werden Adverbien ebenfalls durch Anhängen des Suffixes **-ly** gebildet:

Mum held the *excitedly* chattering toddler in her arms. She had arrived *unexpectedly*. *Admittedly*, she had been dropping hints that she might come.	Mutti hielt das *aufgeregt* plappernde Kleinkind im Arm. Sie war *unerwartet* gekommen. *Zugegeben*, sie hatte angedeutet, daß sie eventuell kommen würde.

(iii) Adverbien mit derselben Form wie Adjektive

Etwas verwirrend sind Adverbien, die in ihrer Form unverändert sind und wie das zu ihnen gehörende Adjektiv aussehen. Dabei können Adjektiv und Adverb dieselbe oder eine unterschiedliche Bedeutung haben.

This was a terrible game – we just haven't had *enough* (Adjektiv) **training/we just haven't trained** *enough* (Adverb). **Helen is a very** *pretty* (Adjektiv) **girl, but she is also** *pretty* (Adverb) **lively. She is Robert's** *only* (Adjektiv) **sister, and she is** *only* (Adverb) **five years old.**	Das war ein schreckliches Spiel – wir haben einfach nicht *genügend* Training gehabt/wir haben eben nicht *genug* trainiert. Helen ist ein sehr *hübsches* Mädchen, aber sie ist auch *ziemlich* lebhaft. Sie ist Roberts *einzige* Schwester, und sie ist *erst* fünf Jahre alt.

(iv) Adverbien mit zwei verschiedenen Formen und verschiedenen Bedeutungen

In manchen Fällen kann ein Wort als Adjektiv und als Adverb dieselbe Form haben, und dann gibt es zusätzlich noch ein zweites Adverb mit der **-ly** Form:

Laura is a *hard* (Adjektiv) **boss. She makes her employees work very** *hard* (Adverb 1). **They** *hardly* (Adverb 2) **ever get an evening off.**	Laura ist eine *harte* Chefin. Sie läßt ihre Angestellten *hart* arbeiten. Sie haben *kaum* jemals einen freien Abend.

PRÄPOSITIONEN UND ADVERBIEN

> *Lately* (Adverb 2), **I've always got up early, but last night, the party ended very *late*** (Adverb 1). **So I will have a *late*** (Adjektiv) **breakfast today.**
>
> *In letzter Zeit* bin ich immer früh aufgestanden, aber gestern abend hat die Party erst *spät* geendet. Also werde ich heute ein *spätes* Frühstück einnehmen.

34c *Steigerung von Adverbien*

In vielen Fällen lassen sich Adverbien steigern. Wie bei den Adjektiven kann man eine Komparativform und eine Superlativform bilden.

(i) *-er, -est und **more, most***

Adverbien werden auf die gleiche Weise gesteigert wie Adjektive, d.h. entweder durch Anhängen der Silben **-er** und **-est** (germanische Art) oder durch die vorangestellten Wörter **more** und **most** (romanische Art) [➤32c (i), (ii)]. Die auf germanische Art gesteigerten Adverbien haben dieselben Formen im Komparativ und Superlativ wie die ihnen verwandten Adjektive.

> **Please work *hard*; the *harder* you work the *faster* you'll be finished.**
> **The Russian couple skated *more energetically* than the British competitors. The ice dance performance was one of the *most widely watched* events in the Winter Olympics.**
>
> Bitte arbeite *hart*; *je härter* du arbeitest, desto schneller bist du fertig.
> Das russische Paar lief *schwungvoller* auf dem Eis als die britischen Teilnehmer. Die Eistanz-Vorführung war eines der Ereignisse der Winterolympiade *mit den meisten Zuschauern*.

(ii) *Besondere Steigerungsformen*

Die folgenden Adverbien haben wie die ihnen verwandten Adjektive besondere Steigerungsformen:

(good) well	– better	– best
(bad) badly/ill	– worse	– worst
little	– less	– least
much	– more	– most
far	– farther/further	– farthest/furthest

ADVERBIALE BESTIMMUNGEN – FORMEN 34c

N.B.: Auch hier verwechselt man leicht Adverb und Adjektiv, weil sie dieselben Steigerungsformen haben.

(iii) *Andere Steigerungsformen*

Allmähliche Zunahme und Steigerung können auch durch Wiederholung des Wortes ausgedrückt werden bzw. durch Wiederholung von **more**, wenn es sich um ein romanisch gesteigertes Adverb handelt.

- Intensivierung läßt sich zudem durch **ever** oder Adverbien wie **very** ausdrücken.
- »Immer wieder« heißt **again and again**.
- **the ... the ...** vor Komparativen bedeutet im Deutschen »je ... desto ...«.

The conveyor belt was set to run *faster and faster*, and the little guy had to work *more and more quickly*. **Again and again Vivien tried to start the car, and *the* more often she tried *the* more furious she became.**	Das Fließband wurde so eingestellt, daß es *immer schneller* lief, und der kleine Mann mußte *immer schneller* arbeiten. *Immer wieder* versuchte Vivien, den Motor anzulassen, und *je* öfter sie es versuchte, *desto* wütender wurde sie.

PRÄPOSITIONEN UND ADVERBIEN

35 ADVERBIALE BESTIMMUNGEN UND IHRE WIRKUNG AUF SÄTZE

35a Durch adverbiale Bestimmungen modifizierte Satzteile

Dem Wort nach könnte man vermuten, daß adverbiale Bestimmungen nur ein Verb näher bestimmen können (*ad-verb* = zum Verb). Sie sind jedoch wesentlich vielseitiger und können außerdem die Bedeutung anderer Adverbien sowie die von Adjektiven, Substantiven und Nominalphrasen, Zahlen und Zahlwörtern, Präpositionalphrasen und von ganzen Sätzen näher bestimmen oder modifizieren.

(i) Adverbiale Bestimmungen und Verben

Adverbiale Bestimmungen erklären, auf welche Art und Weise, wann oder wo eine bestimmte Handlung vollzogen wurde.

Mike painted the hall *in a neutral white*. Neutral colours set others off *beautifully*.	Mike hat die Diele *in einem neutralen Weiß* gestrichen. Neutrale Farben heben andere *wunderbar* hervor.

(ii) Adverbiale Bestimmungen und Adjektive

Adverbiale Bestimmungen qualifizieren Adjektive und antworten meist auf die Frage **how?** »wie?«.

This book is *very* interesting. I have been trying to find one that is *not too* academic, yet *not entirely* light-weight in content. For train journeys you need something *fairly* undemanding.	Dieses Buch ist *sehr* interessant. Ich habe versucht, eins zu finden, das *nicht zu* akademisch, andererseits aber inhaltlich keine allzu leichte Kost ist. Für Bahnreisen braucht man etwas *ziemlich* Anspruchsloses.

ADVERBIALE BESTIMMUNGEN – WIRKUNG 35a

(iii)   Adverbiale Bestimmungen und Nominalphrasen

Nominalphrasen werden seltener von adverbialen Bestimmungen begleitet. Diese können vor- oder nachgestellt sein. Die jeweilige Nominalphrase wird dabei entweder eingeschränkt oder auf andere Weise modifiziert.

Alison is *only* a beginner in her field, and already she has become *quite* an expert on questions of stress. A job in this area might be the way *forward* for her.	Alison ist *erst* ein Neuling auf ihrem Gebiet, und schon ist sie eine *richtige* Expertin in Streßfragen. Eine Stelle in diesem Bereich könnte für sie der richtige Schritt *vorwärts* sein.

(iv)   Adverbiale Bestimmungen und Zahlen oder Zahlwörter

Ordinalzahlen, Kardinalzahlen und andere Zahlwörter können zusammen mit adverbialen Bestimmungen auftreten.

More than ten thousand people protested about the change in programme, that is *nearly half* the entire number of regular listeners. This was *not the first* time: *the very first* protest march had taken place *almost two* years before.	*Mehr als zehntausend* Leute protestierten gegen die Programmänderung, das ist *beinahe die Hälfte* aller regelmäßigen Zuhörer. Dies war *nicht das erste* Mal: Der *allererste* Protestmarsch hatte vor *beinahe zwei* Jahren stattgefunden.

(v)   Adverbiale Bestimmungen und Präpositionen oder Präpositionalphrasen

Viele Präpositionalphrasen fungieren als adverbiale Bestimmungen [➤33]. Es gibt aber auch Fälle, wo eine Präpositionalphrase ihrerseits von einem Adverb begleitet wird. Es kann davor oder dahinter stehen.

He had to work on the manuscript *right up to the last minute*, although he had planned to stay *well within the deadline*.	Er mußte *bis zur letzten Minute* am Manuskript arbeiten, obwohl er geplant hatte, *rechtzeitig* fertig zu werden.

PRÄPOSITIONEN UND ADVERBIEN

Come *along here* to the viewing platform, please. Look how small the houses look *from above!* The tall building *down there* is the cathedral.	Kommen Sie bitte *hier entlang* zur Aussichtsplattform. Sehen Sie, wie klein die Häuser *von oben* aussehen! Das hohe Gebäude *dort unten* ist die Kathedrale.

(vi) Adverbiale Bestimmungen und andere Adverbien

Selbst Adverbien können durch andere Adverbien näher bestimmt werden. Sie fungieren hier ähnlich wie bei den Adjektiven und geben eine Antwort auf die Frage **how?** »wie?«

'*Very well*, let's join in the karaoke.' – 'Unfortunately, I have to leave *especially early* tonight.' – 'You should stay: Tim really sings *surprisingly well*.'	»*Na gut*, dann laß uns beim Karaoke mitmachen.« – »Leider muß ich heute abend *besonders früh* gehen.« – »Du solltest noch bleiben: Tim singt wirklich *erstaunlich gut*.«

(vii) Adverbiale Bestimmungen und der ganze Satz

Häufig modifizieren adverbiale Bestimmungen einen ganzen Satz. Hier kann es sich um Aussagen über Ort, Zeit, Art und Weise oder die Einstellung des Sprechers handeln. Manchmal drücken adverbiale Bestimmungen auch nur geringe Bedeutungsnuancen aus.

Unexpectedly, the telephone rang. *Perhaps* it was her boyfriend. Clare was hoping to see him *at the youth club that evening*. *Full of anticipation* she answered the call. '*Unfortunately* the car is not yet finished. We have, *however*, found the fault in the engine.' – '*Well*, I guess that's better than nothing.'	*Plötzlich* klingelte das Telefon. *Vielleicht* war es ihr Freund. Clare hoffte, ihn *am selben Abend im Jugendverein* zu treffen. *Voller Erwartung* nahm sie das Gespräch entgegen. »*Leider* ist der Wagen noch nicht fertig. Wir haben *jedoch* den Fehler im Motor gefunden.« – »*Na*, das ist vermutlich besser als gar nichts.«

ADVERBIALE BESTIMMUNGEN – WIRKUNG 35b

35b Aussagen von adverbialen Bestimmungen

Wie bereits mehrmals angedeutet, beantworten adverbiale Bestimmungen Fragen der Art: **when?** »wann?«, **where?** »wo?«, **from where?** »woher?«, **where to?** »wohin?«, **why?** »warum?«, **how?** »wie?«, **in which way?** »auf welche Art und Weise?«, **how much?** »wie sehr?« usw. Hier einige Beispiele, die dies verdeutlichen sollen. Danach folgen die häufigsten Adverbien in den einzelnen Bedeutungsgruppen.

Today (wann?) **Paul started a new job. He is** *now* (wann?) **selling encyclopedias. He** *never* (wann?) **planned to do it, but the job is** *fairly well* (wie?) **paid, and he** *rather* (wie?) **enjoys it.** *Out there* (wo?)**,** *in the job market* (wo?)**, life is** *not too* (wie?) **rosy.** *However* (Einstellung)**,** *with some effort* (wie?)**, he'll be able to do** *well* (wie?)**.**

Heute hat Paul einen neuen Job angefangen. Er verkauft *nun* Enzyklopädien. Er hatte das *nie* geplant, doch die Arbeit wird *recht gut* bezahlt und macht ihm *ziemlich* Spaß. *Draußen auf dem Arbeitsmarkt* sieht die Lage *nicht allzu* rosig aus. *Mit etwas Anstrengung* wird er *allerdings* gut vorankommen.

(i) Adverbien der Zeit

(A) Aussagen über einen bestimmten Zeitpunkt:

now	jetzt
then	dann
this morning/evening	heute abend/morgen
today	heute
(the day after) tomorrow	(über)morgen
(the day before) yesterday	(vor)gestern

(B) Aussagen über einen unbestimmten Zeitpunkt:

afterwards	danach
before	davor
early	früh(zeitig)
immediately	sofort
lately	in letzter Zeit
recently	neulich, kürzlich
since	seitdem
soon	bald
still	noch (immer)

PRÄPOSITIONEN UND ADVERBIEN

(C) Aussagen über die Häufigkeit:

always	immer(zu)
frequently	häufig
often	oft
sometimes	manchmal
rarely	selten
seldom	selten
never	nie(mals)

(ii)   Adverbien des Ortes

(A) Standpunkt:

above	über
below	unter
everywhere	überall
far	weit
here	hier
inside	(dr)innen
near(by)	nahe(bei), in der Nähe
nowhere	nirgends/nirgendwo
outside	(dr)außen, außerhalb
there	dort
behind/in front/at the side	dahinter/davor/daneben

(B) Richtung:

(to) here/there	hierher/dorthin
from here/there/above/below	von hier/dort/oben/unten
backwards	rückwärts
forwards	vorwärts
sideways	seitlich
across	quer
lengthways	längs

(iii)   Adverbien der Art und Weise

badly	schlecht
especially	besonders
gently	behutsam
happily	glücklich
quickly	schnell
relatively	ziemlich
slowly	langsam

ADVERBIALE BESTIMMUNGEN — WIRKUNG 35b

violently	gewaltsam
well	gut

(iv)   Adverbien des Grades und der Stärke

absolutely	vollkommen
almost	beinahe, fast
extremely	äußerst
fairly	ziemlich
hardly (at all)	kaum (jemals)
quite	ziemlich, ganz
rather	ziemlich
really	wirklich
totally	vollkommen, total
very	sehr

(v)   Adverbien, die einen Standpunkt ausdrücken

happily	glücklicherweise
however	dennoch
nevertheless	trotzdem
nonetheless	trotzdem
(un)fortunately	(un)glücklicherweise

(vi)   Adverbien der Verneinung

hardly	kaum
not (at all)	(überhaupt) nicht
never	nie(mals)
nowhere	nirgendwo

(vii)   Adverbien, die Bedeutungsnuancen ausdrücken

just	gerade
of course	natürlich
naturally	natürlich
really	wirklich
well	nun denn

F

DER UMGANG MIT ZAHLEN

36 *Zahlen und Zahlwörter*

37 *Zeiten und Daten*

ZAHLEN

36 ZAHLEN UND ZAHLWÖRTER

36a Zählen: Kardinal- oder Grundzahlen
(i) Schreibung

Die folgenden Zahlen sollten Sie sich merken, denn alle anderen folgen demselben Muster. Unregelmäßige Formen sind kursiv gesetzt.

0	nought	40	*forty*
1	one	50	*fifty*
2	two	60	sixty
3	three	70	seventy
4	four	80	*eighty*
5	five	90	ninety
6	six	100	one hundred
7	seven	101	one hundred and one
8	eight		
9	nine	102	one hundred and two
10	ten		
11	*eleven*	200	two hundred
12	*twelve*	1000	one thousand
13	*thirteen*	1001	one thousand and one
14	fourteen		
15	*fifteen*	1002	one thousand and two
16	sixteen		
17	seventeen	2000	two thousand
18	*eighteen*	10 000	ten thousand
19	nineteen	100 000	one hundred thousand
20	*twenty*		
21	twenty-one	1 000 000	one million
22	twenty-two	1 000 001	one million and one
23	twenty-three		
24	twenty-four	1 000 021	one million and twenty-one
25	twenty-five		
26	twenty-six	1 000 000 000	one thousand million/one (American) billion
27	twenty-seven		
28	twenty-eight		
29	twenty-nine		
30	*thirty*		

ZAHLWÖRTER **36a**

ANMERKUNGEN

1. Die Zahl 0 (Null) wird je nach Kontext unterschiedlich ausgesprochen:

• Beim Aufzählen sagt man **nought**.

• Spricht man von einer Werteskala, z.B. von Temperaturen, so sagt man **zero** oder **nought**:

The wind chill factor reduces temperatures to *zero* degrees Fahrenheit.	Durch den kalten Wind sinkt die Temperatur auf *null* Grad Fahrenheit ab.

• Bei Sportergebnissen, etwa im Fußball, heißt es **nil**. Fußballergebnisse werden wie folgt angegeben:

Sheffield Wednesday 0 (*nil*), Manchester United 2 (two)	Sheffield Wednesday: Manchester United... 0:2

• Im Amerikanischen English wird 0 in Sportergebnissen meist als **nothing** ausgesprochen:

The ice hockey team won 3–0 (three–*nothing*).	Die Eishockey-Mannschaft gewann 3:0.

• Im Tennis heißt es **love**:

In the second game of the match Steffi Graf is leading thirty–*love*.	Im zweiten Spiel des Wettkampfs führt Steffi Graf 30:0.

• Bei der Angabe von Telefonnummern spricht man die Null oft als Buchstaben **oh** aus. Doppelt vorkommende Ziffern werden als **double** angegeben; manchmal benutzt man auch **triple** für dreifache Ziffern. Sonst werden alle Ziffern einzeln ausgesprochen:

oh-seven-one – double-six-oh two-nine-oh-eight	071– 660 2908

(Bei der Annahme eines Telefongesprächs meldet sich der Teilnehmer übrigens oft nur mit **Hello?** oder mit den letzten Ziffern seiner Telefonnummer statt mit dem Nachnamen.)

ZAHLEN

2. Mit oder ohne Bindestrich?
Bis zur Zahl 20 werden alle Zahlen als ein Wort geschrieben. Darüber steht zwischen Zehnern und Einern ein Bindestrich. Bei Zahlen über 100 steht vor Zehnern und/oder Einern das Wort **and**.

19	– **nineteen**
21	– **twenty-one**
777 777	– **seven hundred and seventy-seven thousand seven hundred and seventy-seven**

3. Mit unbestimmtem Artikel
Bei Zahlenangaben wie **dozen, hundred, thousand, million** wird stets der unbestimmte Artikel **a** oder die Zahl **one** verwendet. **One** setzt dabei eine stärkere Betonung auf den genauen Zahlenwert:

I would like *a dozen* eggs, please.	Ich hätte gern *ein Dutzend* Eier.
It is exactly *one hundred* miles from London to Bournemouth.	Von London nach Bournemouth sind es genau *einhundert* Meilen.

4. Ausgeschrieben werden die Zahlen normalerweise nur bis zwölf, danach verwendet man meist Ziffern.

5. Bei fünf- oder mehrstelligen Zahlen wird ein Komma gesetzt:

12,456
123,456,789

(ii) Zahlen als Substantive

Zahlen können sich genau wie Substantive verhalten – sie können mit dem bestimmten oder unbestimmten Artikel auftreten [➤ 29b, c], und sie können im Plural ohne Artikel stehen, z.B. um die folgenden Sachverhalte auszudrücken:

(A) Unbestimmte, große Mengen:

Mum received *dozens* of birthday cards.	Mutti hat *Dutzende* von Geburtstagskarten erhalten.
***Thousands* joined the demonstration.**	*Tausende* schlossen sich der Demonstration an.
***Scores and scores* of football fans were roaming the streets.**	*Jede Menge/Hunderte* von Fußballfans zogen durch die Straßen.

ZAHLWÖRTER 36a

(B) Gruppierungen und Maße (z.B Geldscheine):

Children, please stand in the yard in *twos* and *threes*.	Kinder, stellt euch bitte auf dem Hof zu *zweit* und zu *dritt* auf.
How would you like your money? In *tens* or *fives*?	Wie hätten Sie das Geld gerne? In *Zehn-* oder *Fünf*-Pfund-Noten?

(C) Alter und Zeitalter:

Dad is in his mid-*sixties*, Mum in her late *fifties*.	Vati ist Mitte *sechzig*, Mutti Ende *fünfzig*.
Young people in their *twenties* have not experienced the swinging *sixties*.	Junge Leute um die *Zwanzig* haben die Wilden *Sechziger* (Jahre) nicht erlebt.
The *nineties* have brought unemployment and bankruptcy to many.	Die *neunziger* Jahre haben vielen Arbeitslosigkeit und den Bankrott gebracht.
The temperatures were in the *nineties*.	Es waren mindestens 90° Fahrenheit.

(D) Andere Zahlen können ebenfalls (als Pronomen oder verkürzte Nominalphrase) mit dem bestimmten Artikel auftreten. Normalerweise wird dabei das fehlende Substantiv immer mitgedacht:

'Which bus takes me back to Clapham?' – 'You have to take the *88* (bus).'	»Mit welchem Bus komme ich nach Clapham zurück?« – »Sie müssen die *Nummer 88*/den *88er* nehmen.«
'Which patterns do you prefer?' – 'Oh, I like these *two* (patterns) here.'	»Welche Muster gefallen Ihnen am besten?« – »Oh, ich mag diese *beiden* hier.«

36b *Ordnung schaffen: Ordinal- oder Ordnungszahlen*

(i) Schreibung

Ordinalzahlen werden im Englischen nicht durch einen Punkt hinter der Zahl, sondern durch Anhängen von Buchstaben ausgedrückt. Dabei erhalten alle Zahlen ein **th**, außer denen, die auf **1 (st)**, **2 (nd)** oder **3 (rd)** enden. Ungewöhnliche Formen sind wieder kursiv gesetzt.

ZAHLEN

1.	1st	*first*
2.	2nd	*second*
3.	3rd	*third*
4.	4th	fourth
5.	5th	*fifth*
6.	6th	sixth
7.	7th	seventh
8.	8th	*eighth*
9.	9th	*ninth*
10.	10th	tenth
11.	11th	eleventh
12.	12th	*twelfth*
13.	13th	thirteenth
20.	20th	twent*ieth*
21.	21st	twenty-*first*
22.	22nd	twenty-*second*
23.	23rd	twenty-*third*
24.	24th	twenty-fourth
30.	30th	thirt*ieth*
31.	31st	thirty-*first*
32.	32nd	thirty-*second*
33.	33rd	thirty-*third*
40.	40th	fort*ieth*
50.	50th	fift*ieth*
60.	60th	sixt*ieth*
70.	70th	sevent*ieth*
80.	80th	eight*ieth*
90.	90th	ninet*ieth*
100.	100th	hundredth
101.	101st	hundred and *first*
199.	199th	hundred and ninety-*ninth*
200.	200th	two hundredth
1 000.	1000th	thousandth
1002.	1002nd	thousand and *second*
1 000 000.	1 000 000th	millionth

(ii) *Gebrauch*

(A) Datenangaben: [➤37b)]

(B) Die Namen von Königen und Königinnen werden wie im Deutschen durch Anhängen römischer Ziffern angegeben, denen jedoch kein Punkt folgt. In der Aussprache benutzt man die jeweilige Ordinalzahl mit dem bestimmten Artikel:

ZAHLWÖRTER 36b

Queen *Elizabeth II* (Elizabeth the Second) is going on a state visit to Bermuda.	Königin *Elisabeth II.* fährt zu einem Staatsbesuch auf die Bermudas.
***Henry IV* and *Henry V* are two of Shakespeare's historical plays.**	*Heinrich IV.* und *Heinrich V.* sind zwei der historischen Dramen Shakespeares.

(C) Viele Ausdrücke mit Ordinalzahlen sind ein fester Bestandteil der Sprache geworden:

Western governments do not give sufficient aid to the *Third World*.	Die westlichen Regierungen geben der *Dritten Welt* nicht genügend Entwicklungshilfe.
Today, many people buy in *second-hand* clothes shops.	Heutzutage kaufen viele Leute in *Second-hand*-Läden.
I'd like to send this letter *second class*, please.	Ich möchte diesen Brief bitte per Post *zweiter Klasse* schicken.
This film is rather *third-rate*.	Dieser Film ist eher *drittklassig/schlecht*.
When is Clare leaving school? Will she continue to the *Sixth form*?	Wann geht Clare von der Schule ab? Wird sie bis zur *Abschlußklasse* weitermachen?

(iii)   Erstens, zweitens, drittens

Bei einer Aufzählung, etwa von Begründungen, werden die Ordinalzahlen meist durch **-ly** in Adverbien verwandelt. Sie können jedoch auch unverändert erscheinen.

'Why did you not write?' – '*Firstly*, because I didn't have much time; *secondly*, because there was nothing much to say; *thirdly*, because I didn't know your new address.'	»Warum hast du nicht geschrieben?« – »*Erstens*, weil ich nicht viel Zeit hatte; *zweitens*, weil es nicht viel zu sagen gab; *drittens*, weil ich deine neue Adresse nicht hatte.«

(iv)   Wie oft? – Die Multiplikatoren

Das Einfache oder Mehrfache kann auf verschiedene Weise ausgedrückt werden.

ZAHLEN

- Vervielfältigungen wie viermal, fünfmal usw. werden durch die jeweilige Zahl, gefolgt von **times**, ausgedrückt, wobei einmal und zweimal besondere Formen entwickelt haben (**once**, **twice**).

- Das Mehrfache kann durch Anhängen von **-fold** oder durch den Gebrauch der lateinischen Wörter mit dem Anhängsel **-ple** (*double*, **triple, quadruple, quintuple**) beschrieben werden.

I have told you not *once*, not *twice*, but a *hundred times* that you should take your shoes off when you come indoors!	Ich habe dir nicht nur *ein-* oder *zweimal*, sondern *hundertmal* gesagt, daß du die Schuhe ausziehen sollst, bevor du hereinkommst!
By betting on an outsider he managed to increase his money *tenfold*.	Indem er auf einen Außenseiter setzte, konnte er sein Geld *verzehnfachen*.
I'm afraid we have no *single* rooms left, only *double* rooms and one *triple* room.	Es tut mir leid, aber wir haben keine *Einzel*zimmer mehr, nur noch *Doppel*zimmer und ein *Drei*bettzimmer.

36c *Unterteilen: Brüche und Dezimalangaben*

(i) Brüche – Schreibung und Aussprache

- Brüche (außer **half** und **quarter**) werden gebildet, indem man für den Nenner die entsprechende Ordinalzahl verwendet. Im Plural erhält diese ein **-s** am Ende.

½	**a (one) half**
⅓	**a (one) third**
¼	**a (one) quarter**
⅕	**a (one) fifth**
⅙	**a (one) sixth**
⅔	**two thirds**
¾	**three quarters**
15/16	**fifteen sixteenths**
2⅚	**two and five sixths**
3½	**three and a half**

(ii) Wozu man sie verwendet

Brüche werden im Englischen viel häufiger als Dezimalzahlen verwendet.

ZAHLWÖRTER 36c

(A) Zeit und Zeitraum:

It's *a quarter* to nine.	Es ist *viertel* vor neun.
In *three quarters* of an hour the fireworks will begin.	Das Feuerwerk fängt in einer *Dreiviertelstunde* an.

(B) Messen:

Da englische Maße noch weithin üblich sind, gibt es viele Brüche:

Ingredients: ¼ onion (Aussprache: *a quarter of an onion*)	Zutaten: ¼ Zwiebel
Could you file away *another* ¹⁄₁₆ *in.*, please? (Aussprache: *another sixteenth of an inch*)	Könnten Sie bitte noch ¹⁄₁₆ *Zoll* abfeilen?
It is ¾ *miles* to the next town. (Aussprache: *three quarters of a mile* to the next town)	Bis zur nächsten Stadt sind es ¾ *Meilen*.
***Half a pint* of bitter, and *two halves* of lager, please.**	*Ein halbes Pint* Bitter (Bier) und *zwei halbe* Lager (helles Bier), bitte.

(iii) Dezimalzahlen

Dezimalzahlen werden mit einem Punkt statt einem Komma geschrieben. Der Punkt wird mit ausgesprochen, die Zahlen danach werden als einzelne Ziffern gesprochen.

1 ft (one foot) measures *30.48* (thirty point four eight) centimeters.	Ein Fuß entspricht *30,48* cm.

ZAHLEN

37 ZEITEN UND DATEN

37a Die Uhrzeit

(i) Stunden und Minuten

- Zeitangaben werden oft durch den Anhang **o'clock** (Abkürzung für **on the clock**) gemacht, entsprechend dem deutschen »Uhr«.

- Minuten werden bis zur 30 als **past** nach der vollen Stunde angegeben, dann als **to** vor der nächsten vollen Stunde.

- Das Wort **minutes** kann wegbleiben, wenn die Zeit mit dem Ausdruck **past/to** angegeben wird, außer bei Zeitangaben unter fünf Minuten.

1.00	one o'clock
1.02	one oh two/two minutes past one
1.05	one oh five/five (minutes) past one
1.10	one ten/ten (minutes) past one
1.15	one fifteen/quarter past one
1.20	one twenty/twenty (minutes) past one
1.25	one twenty-five/twenty-five (minutes) past one
1.30	one thirty/half past one *

⚠ *Hier schleicht sich besonders bei jungen Leuten auch die amerikanische Form **half one** ein. Man beachte, daß **half one** im Deutschen »halb zwei« entspricht.

1.35	one thirty-five/twenty-five (minutes) to two
1.40	one forty/ twenty (minutes) to two
1.45	one forty-five/quarter to two
1.50	one fifty/ten (minutes) to two
1.55	one fifty-five/five (minutes) to two
2.00	two o'clock

(ii) 12 oder 24 Stunden am Tag?

- Alle offiziellen Zeitangaben wie z.B. Zugfahrpläne verwenden den 24-Stunden-Tag. Ausgesprochen werden diese Zeitangaben, indem man die Stunden zuerst nennt, dann, ohne Komma oder Punkt, die Minuten, oft gefolgt von dem Wort **hours**. Die volle Stunde wird als **hundred** angegeben.

ZEITEN UND DATEN 37a

- In vielen halboffiziellen Kontexten, z.B. bei der Zeitangabe für Fernsehprogramme und in der Umgangssprache, wird der Tag jedoch weiterhin in zweimal 12 Stunden unterteilt.

- Vormittags und nachmittags werden dabei oft durch die lateinischen Abkürzungen **a.m.** (**ante meridiem**) und **p.m.** (**post meridiem**) differenziert. Diese Angaben macht man aber nur, wenn aus dem Kontext nicht ersichtlich ist, wann ein bestimmtes Ereignis stattfindet.

- Die Minutenzahl unter zehn wird manchmal ohne die Null geschrieben, z.B. 5.5 entspricht 17.05 Uhr.

The *18.01* (eighteen oh-one) Epsom Downs train leaves from platform 11.	Der Zug um *18.01* Uhr nach Epsom Downs fährt von Bahnsteig 11 ab.
The gardens will close today at *17.00* (seventeen hundred hours).	Die Gärten schließen heute um *17 Uhr/fünf Uhr nachmittags*.
Conference participants will be greeted with a welcome drink at *10 p.m.*	Um *22 Uhr* heißen wir die Konferenzteilnehmer mit einem Begrüßungstrunk willkommen.

Und ein weiteres Beispiel:

10.30	Good Morning with Anne and Nick
12.15	Pebble Mill
12.55	Regional News
1.0	News; Weather
1.30	Neighbours
....	
11.35	Advice Shop
12.05	The Uncanny
1.35	Weather
1.40	Close

(Auszug aus dem Fernsehprogramm von Vormittag bis Mitternacht)

(iii) Redewendungen

What time is it?/ Have you got the time, please?	Wieviel Uhr ist es?/Wie spät ist es?/Können Sie mir bitte sagen, wie spät es ist?

ZAHLEN

at 24.00 hours/(twelve) midnight	um 24 Uhr/Mitternacht
at twelve o'clock/ midday/(twelve) noon	um 12 Uhr/mittags
at about three p.m.	gegen drei Uhr nachmittags/um etwa 15 Uhr
The office will close at one p.m. sharp on New Year's Eve.	Das Büro schließt an Silvester um Punkt 13 Uhr.

37b Tage, Monate, Jahre

(i) Wochentage

Alle Wochentage und Monatsnamen werden großgeschrieben.

Monday	Montag
Tuesday	Dienstag
Wednesday	Mittwoch
Thursday	Donnerstag
Friday	Freitag
Saturday	Samstag/Sonnabend
Sunday	Sonntag
the day before yesterday/ yesterday/ today/tomorrow/ the day after tomorrow	vorgestern/ gestern/heute/morgen/ übermorgen
week	Woche
fortnight	vierzehn Tage/zwei Wochen
on weekdays/at the weekend	wochentags/am Wochenende
Bank holiday	öffentlicher Feiertag

Many shops open on *Sundays*.	Viele Läden sind *sonntags* geöffnet.
On *Thursday*, the rail fares will go up.	Am *Donnerstag* werden die Bahnpreise erhöht.
This magazine is published *once a fortnight*.	Diese Zeitschrift erscheint *alle zwei Wochen/zweiwöchentlich*.

(ii) Monate und Jahreszeiten

January	Januar
February	Februar
March	März

ZEITEN UND DATEN 37b

April	April
May	Mai
June	Juni
July	Juli
August	August
September	September
October	Oktober
November	November
December	Dezember
spring	Frühling/Frühjahr
summer	Sommer
autumn	Herbst
(Amerikanisches Englisch: **fall**)	
winter	Winter
last/this/next year	letztes/dieses/nächstes Jahr
in early April/	Anfang April
at the beginning of April	
(by) mid-July/the middle of July	(bis) Mitte Juli
late November/	Ende November
at the end of November	

The magazine is published every ... months/bi-monthly/quarterly.
Die Zeitschrift erscheint alle ... Monate/alle zwei Monate/vierteljährlich.

At the beginning of *May* we are going to Berlin, and next *January* we are hoping to travel to the Caribbean.
Anfang *Mai* fahren wir nach Berlin, und nächsten *Januar* wollen wir in die Karibik reisen.

***This summer* was very wet and grey.**
Dieser Sommer war sehr feucht und grau.

The clocks go forward about the beginning of *spring*, and they go back again in the *autumn*, one *month* after the end of *Summer* Time in Germany.
Die Uhren werden etwa zum *Frühlings*anfang eine Stunde vorgestellt, und im *Herbst* werden sie wieder eine Stunde zurückgestellt, einen *Monat* nach Ende der *Sommer*zeit in Deutschland.

(iii)   Britische und amerikanische Fest- und Feiertage

• **(GB)** bedeutet Feiertag hauptsächlich in Großbritannien, **(US)** Feiertag hauptsächlich in den USA. Alle anderen Feste wer-

ZAHLEN

den in beiden Ländern gefeiert. Alle mit *Sternchen versehenen Tage sind öffentliche Feiertage, alle anderen Feste werden zwar gefeiert, aber Läden und Büros schließen nicht.

• Seit der Einführung neuer Ladenschlußgesetze sind auch an Sonn- und Feiertagen viele Supermärkte und Warenhäuser geöffnet.

• Wenn Neujahr oder die Weihnachtstage auf das Wochenende fallen, gibt es als Ersatz ein bzw. zwei zusätzliche Feiertage.

• Insgesamt werden in Großbritannien und den USA religiöse Feiertage nicht im selben Maße gefeiert wie in Deutschland. Es gibt z.B. keinen Pfingstmontag, Christi Himmelfahrt, Buß- und Bettag usw. Dafür gibt es in Großbritannien zwei **Bank Holidays** (öffentliche Feiertage) im Frühjahr und im Sommer.

* New Year('s Day)	1.1. – Neujahr(stag)
Chinese New Year	Chinesisches Neujahr (Veranstaltungen und Umzüge im Londoner Chinatown in Soho und im New Yorker Chinatown in Manhattan)
Ash Wednesday	Aschermittwoch
(St.) Valentine's Day	14. Februar – Valentinstag
(GB) St. David's Day	1. März – St. Davidstag (Schutzpatron der Waliser)
Mothers' Day	gefeiert am zweiten Sonntag im März – Muttertag
St. Patrick's Day	17. März – St. Patrickstag (Schutzpatron der Iren; am nächstliegenden Wochenende finden in New York große Paraden statt)
(GB) St. George's Day	23. April – St. Georgstag (Schutzpatron der Engländer)
* Good Friday	Karfreitag
* Easter Sunday	Ostersonntag
* Easter Monday	Ostermontag
* May Day Holiday	gefeiert nicht am 1. Mai, sondern am ersten Montag danach, also bis zu sechs Tage später – Maifeiertag
(* US) Martin Luther King Jr. Memorial Day	17. Mai – Feiertag zum Gedenken des amerikanischen Bürgerrechtlers

ZEITEN UND DATEN 37b

(* GB) Spring Bank Holiday	letzter Montag im Mai – Frühjahrsfeiertag
Fathers' Day	gefeiert am dritten Sonntag im Juni – Vatertag
(* US) Independence Day	4. Juli – Unabhängigkeitstag der USA
(* GB) August / Summer Bank Holiday	letzter Montag im August – Sommerfeiertag (große, drei Tage dauernde karibische Karnevalsfeiern und -umzüge im Londoner Stadtteil Notting Hill)
(US) Steuben Day Parade	drittes Wochenende im September – großes deutsch-amerikanisches Fest
(US) Columbus Day Parade	um den 12. Oktober – Feiern zur »Entdeckung« Amerikas durch Kolumbus
Hallowe'en	31. Oktober – Hallowe'en, Abend vor Allerheiligen
Remembrance Sunday	zweiter Sonntag im November – Gedenktag für die Toten des Ersten Weltkriegs. Zum Gedenken werden in Großbritannien Mohnblumen als Anstecker getragen und Kränze am Cenotaph in London abgelegt.
(GB) Guy Fawkes' Day	5. November – in Großbritannien mit Lagerfeuern und Feuerwerk gefeiert, zur Erinnerung an Guy Fawkes' Versuch, im Jahre 1605, das Parlamentsgebäude in die Luft zu sprengen.
Thanksgiving Day	letzter Donnerstag im November – Erntedankfest, besonders in den USA gefeiert (meist mit Truthahnessen)
(GB) St. Andrew's Day	30. November – St. Andreastag (Schutzpatron der Schotten)
Christmas Eve	Heiligabend
* Christmas Day	1. Weihnachtstag
* Boxing Day (in Irland: **St. Stephen's Day**)	2. Weihnachtstag
New Year's Eve	Silvester (in London versammeln sich Tausende von Menschen auf dem Trafalgar Square, in New York auf dem Times Square)

ZAHLEN

Merry Christmas and a Happy New Year!	Frohe Weihnachten und ein gutes neues Jahr!

(iv) *Welchen Tag haben wir heute?*

- Das Datum wird, wie im Deutschen, durch Ordinalzahlen angegeben. Diese können vor oder nach dem Monat stehen.

- Wenn das Datum nur in Ziffern angegeben ist, werden die Zahlen durch Punkte oder Längsstriche getrennt. In den USA wird dabei die Monatszahl vor die Tageszahl gesetzt.

- Wenn der Tag vorangeht, wird das Wort **of** zwischen dem Tag und dem Monat gesprochen, häufig aber nicht ausgeschrieben.

- Vor Jahresangaben steht das Wort **in**.

He was born on 21st October/ October 21st (the twenty-first of October/October twenty-first).	Er wurde am 21. Oktober geboren.
Born on the 4th of July	(Filmtitel) Am 4. Juli geboren
Purley, 14th March 1994	Purley, 14. März 1994
16.4.1955 / 16/4/1955 (USA: 4/16/1955)	
In 1066, Britain was invaded by the Normans.	(Im Jahre) 1066 wurde England von den Normannen überfallen.

G
SACHREGISTER

SACHREGISTER

N.B. Die Ziffern beziehen sich auf die Abschnittsnummern. (D) zeigt an, daß die Bezeichnung an der angegebenen Stelle erläutert wird.

A **a few** 30c (i)
   a little 30c (ii)
   a lot 22c (ii)
   Adjektiv, von Präpositionen modifiziert 33f (iii)
   Adjektive
      attributiv 32a (i), (iii), (v)
      dem Nomen nachgestellt 32a (vii)
      Modifikation eines Nomens durch mehrere 32d (ii)
      ohne Formänderung 32d (i)
      prädikativ 32a (ii), (iv), (v)
      primäre 32b (i)
      Satzstellung 32a
      Wortform 32b
      zusammengesetzte 32b (i)
   Adjektivkonstruktion, komplexe 32e (i)
   Adjektivsteigerung
      regelmäßig 32c (i), (ii), (iii)
      unregelmäßig 32c (v)
   Adverb 34a
   adverbiale Bestimmungen
      und Adjektive 35a (ii)
      und andere Adverbien 35a (vi)
      und der ganze Satz 35a (vii)
      und ihre Formen 34
      und ihre Wirkung auf Sätze 35
      und Nominalphrasen 35a (iii)
      und Präpositionen/Präpositionalphrasen 35a (v)
      und Verben 35a; 35a (i)
      und Zahlen/Zahlwörter 35a (iv)
   adverbiale Bestimmungen ➤ Adverbien
   adverbialer Nebensatz 34a
   Adverbialphrase 34a
   Adverbialsätze (D) 9
      der Art und Weise 9d (ii)
      der Bedingung 9cL
      der Zeit 9a
      des Grundes 9d (i)
      des Ortes/der Richtung 9b
      des Zwecks 9d (iii)
      konzessive 9d (iv)
   Adverbien 4c
      abgeleitete 34b (i)
      aus komplexen Ausdrücken bestehend 5e (iv)

A

    Besonderheiten bei der Stellung von 5e (vii)
    der Art und Weise 35b (iii)
    der Art und Weise, der Häufigkeit und der Intensität 5e (ii)
    der Verneinung 35b (vi)
    der Zeit 35b (i)
    des Grades und der Stärke 35b (iv)
    des Ortes 35b (ii)
    des Ortes/der Richtung und der Zeit 5e (i)
    gleichgeartete, in Sätzen 5e (v)
    mit besonderen Steigerungsformen 34c (ii)
    mit derselben Form wie Adjektive 34b (iii)
    mit zwei verschiedenen Formen und verschiedenen Bedeutungen 34b (iv)
    negative und Satzgliedstellung 22b
    Stellung 5e (iii)
    und Aussagen über die Häufigkeit 35b (i) C
    und Aussagen über eine Richtung 35b (ii) B
    und Aussagen über einen bestimmten Zeitpunkt 35b (i) A
    und Aussagen über einen Standpunkt 35b (ii) A
    und Aussagen über einen unbestimmten Zeitpunkt 35b (i) B
    verschiedenartige, in Sätzen 5e (vi)
Adverbien, die Bedeutungsnuancen ausdrücken 35b (vii)
Adverbien, die einen Gesichtspunkt ausdrücken 35b (v)
Adverbien, wie Adjektive gesteigert 34c (i)
Aktiv 19
all 30b
Alphabet 2b
already 22c (ii)
Alternativfragen 6c
and 2d (ii) A; 8a (i) A, B, D
andere Steigerungsformen von Adverbien 34c (iii)
Anführungszeichen 2d (i)
Anordnung der Satzglieder ➤ Satzgliedstellung
Anrede 2d (ii) A
any 22c (i); 30f (i), (ii)
any
    Zusammensetzungen 30f (v)
appear 15b (iii)
Artikel
    bestimmt 29c
    unbestimmt 29b
as ... as 12b
at no time 22b
Ausrufe 6a (v) B
Ausrufezeichen 2d (i)
Aussagen der Adverbien 35b
Aussagesätze (D) 4b; 7c

SACHREGISTER

Aussprache
    Konsonanten 2a (ii)
    Vokale 2a (i)
avoid 21b (ii)

B
be 16a; 16c (i)
be able to 16i (iv) A
be allowed to 16i (iv) B; 16i (v) B
be assumed to 16i (iii) E
be expected to 16i (iii) D
be going to 17b (ii)
    im Passiv 16c (ii)
be likely to 16i (iv) C
be obliged to 16i (iii) D
be possible 16i (v) A
be used to 16j (iii)
Bedeutung der einzelnen Präpositionen 33e
Bedingungssätze 9c; 16i (ii) B
Befehle, negative 7b
Befehlssätze (D) 4b; 7a; 7e; 11d
Bestimmungswörter 29; 29a
Betonung 20a (i), (ii); 3b (i) D; 3b (ii); 20a
Beziehungen zwischen Satzteilen herstellen 33d
both 30b
Brüche und Dezimalzahlen 36c
Brüche
    Messen 36c (ii) B
    Schreibweise und Aussprache 36c (i)
    Verwendung 36c (ii)
    Zeit und Zeitraum 36c (ii) A
but 8 a (iii) A-C

C
can 16e (i); 16g; 16h; 16i (iv) A
could 16g; 16h; 16i (iv)

D
dare 16j (i)
Datum 37b (iv)
defekte Hilfsverben ➤ modale Hilfsverben
Deklarativsätze ➤ Aussagesätze
deny 21b (ii)
Dezimalzahlen 36c (iii)
direkte Rede 2d (ii) A; 11a
direktes Objekt (D) 15d (i)
dislike 21b (ii)
do 6a (ii); 6a (iv) B; 16a; 16d (i)
    Ersatzelement in Fragen 6a (ii) B
    in Fragen 16d (ii)
Doppelpunkt 2d (i)
dress (oneself) 31d (i) B

A-H

E **each** 30h
each other 31e
einfaches Präsens 17a (ii); 17a (iii); 17b (v)
either ... or 8a (ii) B
either 30b (v)
else 30g
Endungen ➤ Suffixe
enjoy 21b (ii)
Entscheidungsfragen 6a
Ergänzungsfragen 6b
Erstens, zweitens, drittens 36b (iii)
every 30h
    Zusammensetzungen von 30h (ii)

F Fest- und Feiertage 37b (iii)
few 30c (i)
finish 21b (ii) B
Frageanhängsel 6a (iv)
Fragepronomen 6b; 31i
Fragesätze (D) 4b; 11c; 16d (ii)
Fragezeichen 2d (i)
Funktionswörter (D) 1a (ii)
Futur
    be going to 17b (ii)
    einfaches Präsens 17b (v)
    shall/will 17b (ii) B
    Verlaufsform 17b (iv) A, B
    Verlaufsform Präsens 17b (i)
Futurperfekt 16 b (iii); 17d (ii)
    Verlaufsform 17d (ii) C

G Genitiv 28
    Gebrauch 28 (i)
    Schreibung und Aussprache 28 (ii)
Genitivkonstruktion, besondere 28 (iv)
Genus 26e; 31a (iii)
Gerundialsatz als Ergänzung zur Präposition 33d (i) B
Gerundium 21b (ii)
Geschlecht ➤ Genus
Geschlechtsneutrale Wörter 26e (iii)
get als Passiv-Hilfsverb 19f
Großschreibung 2c (i)
Grundzahlen 36a

H **had better** 16j (iv)
half 29b (vi); 30b
hardly 22b
hate 21b (iv)
Hauptsatz (D) 8b

SACHREGISTER

have 16a; 16b (i), (ii), (iii)
have got to 16i (i) C
have to 16i (i) A, B
Hervorhebung 5e (vi) B; 5f; 13b, c; 31d (ii)
Hilfsverben 14b; 16; 16a
how 6b (v); 31i (iii)
however 2d (ii) A

I
Idiomatische Bedeutung von Verb + Präposition 33f (ii) C
if-Satz 9c
Imperativsätze ➤ Befehlssätze
indirekte Befehlssätze 11d
    Stellung der Satzglieder 11d (i)
    Verkürzung 11d (ii)
indirekte Fragesätze 11c
    Stellung der Satzglieder 11c (i)
    Verkürzung 11c (ii)
indirekte Rede 11b; 16i (i); 16i (ii) B
indirektes Objekt (D) 15d (i)
Infinitiv
    als Subjekt oder Komplement 16 (i) B
    komplex 21a (iii)
    mit **to** 21a (i)
    Nebensatzverkürzungen 21a (ii)
    ohne **to** 21a (i)
    Überblick 21a (iv)
Infinitivsätze 21a (ii)
ing-Formen 4a (ii) B; 21b (i), (ii), (iii), (iv)
Inhaltswörter (D) 1a (i)
Interpunktion (D) 2d
Interrogativsätze ➤ Fragesätze
Intonation 6a (iii) D; 6c (ii)
Intonationsfrage (D) 6a (iii)
intransitiv 15a
Inversion ➤ Satzgliedumstellung
it is (high) time 18c

K
Kardinalzahlen 36a
    Schreibweise 36a (i)
Komma 2d (ii) A
Komplement (D) 15b (i)
Komplexe Präpositionen 33c
Komplexe Sätze 8
Konjunktionen (D) 8a
Konjunktiv 16f (ii)
Konjunktiv Formen 18a
Konjunktiv Präsens 18b
Konjunktiv Präteritum 18c
Konversion ➤ Wortklassenwechsel
Koordination ➤ Satzverbindung

H-N

L
let's 7d
like 21b (iv); 22 (i)
little 30c (ii)
love 21b (iv)

M
many 30d (i)
many a 30d (ii)
Maßangaben, unbestimmter Artikel bei 29b (v)
may 16e (i); 16g; 16h; 16i (v)
Mengenangaben 30
might 16g; 16h; 16i (v); 16i (v) C
mine 31c (i) B
modale Hilfsverben 16e (i); 16f (i), (ii)
    Bedeutungen 16f
    Einschätzung von Tatbeständen 16g
    Veranlassung oder Aufforderung 16h
Monate und Jahreszeiten 37b (ii)
more 32c (ii)
most 32c (ii)
much 22c (ii); 30d (iii)
Multiplikatoren 36b (iv)
must 16e (i); 16g; 16h; 16i (i)

N
Nebensatz (D) 8b
need 16j (ii)
Negation ➤ Verneinung
neither 30b (iv)
neither ... nor 8a (ii) C
never 22b
no 30e (i)
no one 30e (iv)
no sooner 30e (iv)
nobody 30e (iv)
Nomen
    abstrakte und konkrete 26c
    aus Adjektiven 27b (vi)
    aus dem Lateinischen und Griechischen 27b (ix)
    Bezeichnungen für Menschen 26d
    Eigennamen und allgemeine 26a
    Gattungsbezeichnung 29d
    Gruppenbezeichnungen 27b (xii)
    Nationalitäten 27b (vii), (viii)
    nur Plural 27b (x), (xi)
    Untergliederung 26
    zählbare und nichtzählbare 26b
none 30e (ii)
Nominalphrase als Ergänzung zur Präposition 33d (i) A
Nominalphrase, von Präpositionen modifiziert 33f (i)
not once 22b

SACHREGISTER

nothing 30e (iii)
nowhere 30e (iv)

O Objekt und adverbiale Bestimmung 15c
Objektsätze 10b
Objektumstellung bei Pronomen 15c (iii)
obviously 2d (ii) A
of 28 (iii)
of course 2d (ii) A
one
    Personalpronomen 31b
    Pronomen 31g
    Zahlwort 30a
one another 31e
or 8 a (ii) A, D, E
Ordinalzahlen 36b
    Schreibweise 36b (i)
    Verwendung 36b (ii)
Ordnungszahlen 36b
Orthographie (D) 2
    Änderung von Buchstaben 24b
    Besonderheiten 24
    Tilgung von Buchstaben 24a
    Verdopplung von Buchstaben 24c
ought to 16g; 16h; 16i (iii) C

P Partikelverben 6b (iii) C; 15c (ii); 19e (i)
Partizip Perfekt 17c (iv) A; 19a (i)
Partizip Präsens 17a (i) B
Partizipien 21b
    Überblick 2b (vii)
    verkürzte Nebensätze mit 21b (vi)
Passiv 5g; 16c (ii)
    einfache Tempora 19a (i)
    Gebrauch 19b
    Verben mit Partikel 19e (i)
    Verben mit zwei Objekten 19c
    Verlaufsformen 19a (ii)
Phrasal Verbs 33f (ii) C
plenty of 30d (iii) B
Plural
    Aussprache 27a (ii), (iii)
    Besonderheiten 27b (viii)
    Nationalitäten 27b (vii)
    nicht erkennbar 27b (iv)
    regelmäßiger 27a
    Schreibungen 27a (i), (iii)
    unregelmäßiger 27b
    von Adjektiven abgeleitete Nomen im 27b (vi)

Pluralia tantum 27b (x)
Pluralnomen mit Verb im Singular 27b (xiii)
Plusquamperfekt 16b (ii); 17d (i)
    Verlaufsform 17d (i) D
    Prädikat (D) 4a (i), (iii)
Präfixe 3a (i) A-D
Präpositionale Ausdrücke aus mehreren Präpositionen 33c (i)
Präpositionale Phrasen 33c (ii)
Präpositionen 33
    als Antwort auf Fragen 33d
    aus einem Wort 33b (i)
    der Art und Weise 33e (iii)
    der Bewegung 33e (ii) B
    der Position 33e (ii) A
    der Zeitdauer 33e (i) C
    des Grundes und der Absicht 33e (iv)
    des Ortes 33e (ii) A
    des Zeitpunkts 33e (i) A
    des Zeitraums 33e (i) B
    für zeitliche Beziehungen 33e (i)
    im Fragesatz 33d (ii) A
    im Passiv 33d (ii) C
    in Relativsätzen 33d (ii) B
    mit **-ing**-Sätzen 33d (ii) E
    mit dem Infinitiv 33d (ii) D
    mit übertragener Bedeutung 33c (v)
Präpositionen, Liste der 33g
Präpositionen, Verben oder Adjektiven verwandt 33b (i)
Präsens 17a
Präsens einfaches 17a (ii) A, B; 17a (iii)
Präteritum 17c (ii)
    Verlaufsform 17c (iii)
Present Perfect 16b (i); 17c (iv)
    Verlaufsform 17c (v)
Present Perfect und Präteritum: Vergleich 17c (vi)
Pronomen
    Demonstrativ- 31f
    Frage- 31i
    Personal- 31a
    Possessiv- 31c
    Reflexiv- 31d
    Relativ- 8c (ii) A-D; 31h
    Reziprok- 31e
    Punkt 2d (i)

Q   **quite** 29b (vi)

SACHREGISTER

R **rarely** 22b
Redewendungen (Uhrzeit) 37a(iii)
regelmäßige Verben (D) 17c (i) A
Relativpronomen 8c (ii) A-D; 8c (vi) A, B
Relativpronomen auslassen 8c (iii) A, B
Relativsätze (D) 8c
    nichtrestriktiv 8c (v)
    restriktiv 2d (ii) B; 8c (i) A

S Sätze zur Hervorhebung von Satzgliedern 13
Satzgefüge 8b
Satzgliedstellung
    Adverbien 5e
    Aussagesatz 5a
    Fragesätze 6a (i); 6b (i), (ii); 6c (i)
    Nebensätze 8b
    Objekte 5d; 15d (ii)
    Passiv 5g
    Prädikat 5b
    Veränderte Stellung von Objekten 5f
    Verneinung 5c
Satzgliedumstellung 8a (ii) C; 9c (iv) C; 15d (ii), (iii); 22b
Satzmelodie ➤ Intonation
Satztypen 4b
Satzverbindung (D) 8a
Satzverkürzung 8a (iii) B; 31j (iii)
scarcely 22b
seem 15b (iii)
seldom 22b
-self 31d (i) A
-selves 31d (i) A
Semikolon 2d (i)
shall 16e (i); 16i (iii) A; 17b (ii) B
shan't 23b (i)
should 16g; 16h; 16i (iii) B
should have 16i (iii) D
so 31j (ii)
some 22c (i); 30f (i), (ii)
    Zusammensetzungen von 30f (v)
Spaltsatz 13a
Steigerung von Adverbien 34c
Stellung der Präposition im Satz 33d (ii) A
still 22c (ii)
stop 21b (iv)
Stunden und Minuten 37a (i)
Subjekt (D) 4a (i), (ii)
Subjektsätze (D) 10
such 29b (vi)
Suffixe 3a (ii) A
Syntax (D) 4a

T Tage, Monate, Jahre 37b
Tempusformen (D) 14c
that 31h
that-Sätze 2d (ii) B
then 31j (i)
there 31j (i)
Tilgung von Satzgliedern 8a (i) C; 8a (ii) D
too 2d (ii) A; 22c (ii)
transitiv 15c; 19a (iii)
transitive Verben 15c; 19a (iii)

U Uhrzeit 37a
under no circumstances 22b
unless 9 (iii)
unregelmäßige Verben (D) 17c (i) B
ursprüngliche Adverbien 34b (i)
ursprüngliche Präpositionen 33b (i)
used to 16i (ii) C; 16j (iii)

V Verabschiedungsfloskeln 2d (ii) A
Verb, von Präpositionen modifiziert 33f(ii)
Verben (D) 14
    intransitiv 15a
    Kopula- 15b (i), (ii)
    mit impliziter Ergänzung 33f (ii) B
    mit Präpositionen 33f (ii) A
    ohne Passivkonstruktion 19d
    transitiv 15c (i), (vi), 15d; 19a (iii)
Verbformen ohne eigenen Zeitbezug 21
Verbtabellen 25
Vergleichssätze 12; 32f
    einfache Konjunktionen 12a)
    Komparativ 12c
    Verkürzung von 12d
    Zweiwort-Konjunktionen 12b
Verkürzungen von Nebensätzen 21a (II); 31j (II), (III)
Verlaufsform Futur 17b (iv)
Verlaufsform Präsens 17a (i); 17b (i)
Verlaufsform, weitere Hinweise 17e
Verneinung 5c; 7b; 22
    mit **not** 22a
    und Hilfsverben 23b
24-Stunden-Tag 37a (ii)
Vollverben 14a; 15
vom Partizip Präsens abgeleitete Adverbien 34b (ii) B
vom Partizip Perfekt abgeleitete Adverbien 34b (ii) C
von Adjektiven abgeleitete Adverbien 34b (ii) A
Vorsilben ➤ Präfixe

SACHREGISTER

W **wash (oneself)** 31d (i) B
what 6b (i), iii; 31i (i)
when 6b (v); 31i (iii)
whenever 9 (iii) B
where 6b (v); 31i (iii)
which 31h; 31i (ii)
who 6b (i); 31h; 31i (i)
who/whom 6b (iii); 31h; 31i (i)
whose 31h
why 6b (v); 31i (iii)
will 16e (i); 161g; 16h; 16i (ii) A; 17b (iii)
wish 18c
Wochentage 37b (i)
won't 23b (i)
Wortableitungen 3a
Wortbildung (D) 3
Wortklassenwechsel 3a (iii) A, B
Worttrennungen 2c (ii)
Wortzusammensetzungen 3b
would 16i (ii) B-D

Y **yet** 22c (ii)

Z Zahlen
    als Substantive 36a (ii)
    andere Substantivierungen 36a (ii) D
    und Zahlwörter 36
Zahlwörter 30a
    für Alter und Zeitalter 36a (ii) C
    für Gruppierungen und Maße 36a (ii) B
    für unbestimmte, große Mengen 36a (ii) A
Zeit (D) 14c
Zeiten
    und Daten 37
    verschiedene 17
Zeitenverschiebung 11a D b), c)
Zusammenziehungen
    bei Hilfsverben 23a
    umgangssprachliche 23